성령의 사람 ❶

하늘이 보낸 사람, 송요한

레슬리 라이얼

하늘이 보낸 사람, 송요한
John Sung, Flame for God in the Far East

초판 1쇄	2016년 9월 15일
지은이	레슬리 라이얼(Leslie T. Lyall)
옮긴이	하늘씨앗 편집부
펴낸이	강남호
펴낸곳	하늘씨앗
홈페이지	www.heavenlyseeds.net
이메일	info@heavenlyseeds.com
출판등록	제402-2015-000011호
주소	(우)15825 경기도 군포시 산본천로 33, 707-1704
전화	031-398-4650
팩스	031-5171-2468
ISBN	979-11-955097-3-7

책 값은 뒤표지에 있습니다.

이 저작물은 아모레퍼시픽의 '아리따 글꼴'과 서울시의 '서울한강체'를 사용하여 디자인되었습니다.

본 저작물의 한국어판 저작권은 한국OMF를 통하여 국제OMF와 독점 계약한 하늘씨앗에 있습니다. 신저작권법에 의하여 한국 내에서 보호받는 저작물이므로 무단 전제와 복제를 금합니다.

성령의 사람 ❶

하늘이 보낸 사람, 송요한

레슬리 라이얼 지음
하늘씨앗 편집부 번역

하늘씨앗 *omf*

차례

머리글 ·· 6

저자 서문 ·· 13

프롤로그 ··· 15

제1부
준비기간

1. 소년 시절 ·· 21

2. 푸텐 부흥 ·· 27

3. 작은 목사 ·· 31

4. 미국으로 ·· 35

5. 내적 갈등 ·· 42

6. 송요한이 되다 ·· 49

7. 하나님의 훈련소 ·· 57

제2부
타오르는 부흥의 불길

8. 고향에서 ·· 65

9. 부흥의 불씨 ·· 77

10. 마침내 임한 부흥 ·· 83

11. 벧엘 전도단과 만주에서 ··· 101

12. 벧엘 전도단과 중국 남부에서 ……………………………………… 121

13. 벧엘 전도단과 중국 북부에서 ……………………………………… 131

14. 마지막 동역 ……………………………………………………………… 146

15. 광야의 외침 ……………………………………………………………… 157

16. 고향 땅에서 ……………………………………………………………… 165

17. 신유의 기적 ……………………………………………………………… 171

제3부
주의 길을 예비하다

18. 중국을 넘어서 …………………………………………………………… 181

19. 중국을 흔들다 …………………………………………………………… 191

20. 중국의 세례 요한 ……………………………………………………… 199

21. 번제가 되다 ……………………………………………………………… 211

22. 송요한의 땅 끝 ………………………………………………………… 215

23. 마지막 경주 ……………………………………………………………… 231

에필로그 ……………………………………………………………………… 240

연표 …………………………………………………………………………… 244

주요 방문지(중국 지도) …………………………………………………… 248

주요 방문지(동남아시아 지도) …………………………………………… 249

편집자의 편지 ………………………………………………………………… 250

머리글

이 전기는 한 비범한 인물에 관한 솔직한 기록이다. 저자는 송요한의 특이한 성격이나 영적 결함을 감추거나 미화할 의도가 조금도 없는 것 같다. 송요한은 고집이 세고 성정이 불같은 사람이었다. 너무나 완고해서 어디에도 쉽게 속할 수 없었다. 어린 시절부터 반항아였고 평생을 독불장군처럼 살았다. 무뚝뚝했고 심지어 무례할 때도 있었다. 부인과 가족은 때로는 송요한이 자신들을 버려뒀다고 느꼈을 것이다. 뛰어난 학자임에도 불구하고 전혀 학자처럼 설교하지 않았고 오히려 배우지 못한 사람처럼 투박하게 설교했다. 외모도 호감을 주지 못했다. 이마로 흘러내린 흐트러진 머리칼과 보잘것없는 옷차림새, 걸걸한 목소리가 그의 특징이었다. 독자로서 언뜻 보기에는 왜 하나님이 송요한의 사역을 특별히 기뻐하시고 축복하셨는지 의아할 수도 있다.

이런 단점에도 불구하고 이 책의 저자인 레슬리 라이얼은 송요한을 '중국 역사상 가장 위대한 전도자'라고 평했다. 하나님은 송요한을 사용해서 당신의 영향력을 동남아 전 지역으로 넓히셨다. 많은 열매를 맺게 하셨고 그 열매는 지금도 남아있다. 중국내지선교회(CIM:China Inland Mission)의 후신인 OMF선교회(Overseas Missionary Fellowship)의 선교사들은 지금도 타이완, 인도네시아, 타일랜드, 싱가포르, 말레이시아에서 송요한의 순회 사역을 통해 회심한 중국인과 마주치고 있다. 기도와 말씀에 열중하는 수많은 교회가 송요한의 방문으로 부흥이 시작되었다고 회고한다. 송요한이 가는 곳마다 부흥의 불이 붙었다.

송요한의 놀라운 사역에 비결이 있을까? 그의 기이한 면모를 어떻게 보아야 할 것인가? 하나님은 왜 그를 사용하셨을까? 왜 그를 통하여 수많은 죄인에게 구원을, 수많은 신자에게 삶의 충만함을, 수많은 교회에 부흥을 허락하셨을까? 어떻게 15년에 불과한 단기간의 사역을 통해서 그런 놀라운 일을 이루셨을까? 그의 경험과 삶에서 하나님이 축복하신 특별한 이유를 찾아볼 수 있을까? 여러분은 이 매력적인 인물의 전기를 읽는 동안 끊임없이 이런 질문을 하게 될 것이다. 독자로서 당연한 질문이다. 신자가 부흥에 관심을 가지는 까닭은 거룩한 삶과 놀라운 섬김을 가능하게 하는 능력의 비결을 알고 싶기 때문이다.

　찰스 피니 같은 이는 교회가 특정한 조건을 갖추면 언제든지 부흥이 일어난다고 생각했다. 이러한 생각에 반대하는 사람들은 부흥은 하나님이 주권적으로 일어나게 하시는 것이라고 믿었다. 당신은 어떻게 생각하는가? 송요한이 관련된 영적 부흥은 중국 교회의 조건과 상관없이 중국 교회가 혹독한 시련을 앞두고 강해져야만 할 바로 그때 일어났다. 동시에 이 부흥은 송요한의 성품과 노력이라는 조건 없이는 불가능한 것이었다. 나는 하나님이 정하신 때에 송요한을 사용하셨다고 믿는다. 동시에 송요한은 하나님이 사용하시기에 적합한 그릇이었다.

　무디가 세상을 떠난 후에 토레이는 "왜 하나님은 무디를 사용하셨나?"라는 소책자를 쓰고 일곱 가지 이유를 제시한 적이 있다. 이 책을 읽는 독자는 "왜 하나님이 송요한의 사역을 탁월하게 하셨나?"를 물을 것이다. 독자는 나름대로 결론을 내리겠지만 나는 여기서 송요한의 인격과 사역의 네 가지 특징을 제시하고 싶다.

　첫째로, 송요한은 자신을 제물로 바친 사람이었다. 저자도 이것을 강조하고 있다. 제임스 데니는 이렇게 말했다. "큰 포기가 위대한 그리스도인을 낳는다." 저자는 송요한의 삶이 이것을 보여준다고 보았다. 송요한도 여러 번 넘어졌지만, 그의 중심은 변함없이 확고했다. 자신을 부인하고 그리스도를 따르는 것이 무엇인지 확실하게 알고 있었다. 그에게 십자가는 바라보는 것뿐만 아니라 짊어져야 하는 것이었다.

그는 자신의 구원을 위해 주님의 십자가를 이용할 생각이 조금도 없었다. 주님이 주시는 십자가를 기꺼이 받아들이고 그것을 평생 지고 살았다. 영예로운 학자의 삶을 포기했고, 뛰어난 총명의 상징인 졸업장도 바다에 던져버렸고, 부모의 간곡한 만류도 뿌리쳤다. 누가 이러한 처절한 몸부림에 감동하지 않겠는가! 송요한은 명예와 돈을 탐하지 않았고 인기도 구하지 않았다. 칭찬받는 것조차 싫어했다. 그는 종종 "여러분은 사람을 보러 오신 것이 아닙니다."라고 이야기하곤 하였다. 강단에서 이목을 집중시키는 행위는 진리를 드러내려는 것이지 자신을 드러내려는 것이 아니었다. 자신의 영광을 구하지 않았고 주님을 드러내기 위해 어리석은 자가 되려고 했다. 자신이 높아지는 것을 너무나 두려워한 나머지 청중의 환호와 갈채로부터 높아져서는 안 될 자신을 보호하려고 무례한 행동을 하기도 했다. 그는 '복음을 위해 타오르는 불꽃'이었다. 오직 주님을 위해서 자신을 아낌없이 불태웠다. 엄청나게 광범위한 지역을 여행했고 수많은 사람에게 복음을 전했다. 매일 새벽에 일어났고 끼니는 간단하게 때웠다. 그는 자기 병의 고통조차 무시하고 옷이 땀으로 흠뻑 젖을 때까지 강단에서 복음을 전했다. 복음을 전하다가 죽기를 원했다.

하나님은 오늘날도 이런 일꾼을 부르신다고 믿는다. 그러나 자기를 높이려고 하는 은밀한 욕망으로 인해 우리의 섬김이 얼마나 타락했는가! 우리는 성공적인 전도를 통해 명성을 떨치고 싶어 한다. 우리는 우리의 선교단체와 교회가 유명해지기를 간절히 바란다. 우리는 사람의 칭찬에 들뜨고 그것이 사라지면 낙담한다. 우리는 세상의 공명심에 사로잡혀 권력과 인기와 특별대우를 갈망한다. 우리는 자신을 사랑하며 다른 사람이 자신을 높여주기를 바란다. 그러나 송요한은 하나님과 사람을 위해 자신을 산 제물로 드렸다.

둘째로, 송요한은 능력의 근원이 어디인지를 분명히 알았다. 천성적으로 탁월한 지성과 특별한 개성이라는 은사를 받았지만, 그것에 의존하지 않았다. 사도 바울이 고린도전서 1:17-2:5에서 고백한 대로 하나님의 능력은 오직 말씀과 그리스도의 십자가와 성령에 있음을 알았다. 그는 체험을 통해서 기도의 막강한 능력을 배웠다. 사실 엄청난 영적 능력은 하나님의 말씀, 그리스도의 십자가, 성령, 기도가 함께할 때 드러난다. 십자가의 말씀이 기도와 함께 성령의 능력으로 선포될 때에 사람의 능력이 아니라 하나님의 능력이 나타나는 것이다. 송요한을 통해 나타난 능력의 근원은 사람이 아니라 분명히 하나님이었다.

송요한은 성경을 사랑했다. 미국에서 정신 병원에 입원했을 때부터 걸신들린 듯 말씀을 먹기 시작하였고 성경은 말 그대로 일용할 양식이 되었다. 매일 11장씩 성경을 읽으며 마음과 정신을 하나님의 신성한 가르침에 푹 절였다. 심지어 성경과 신문 외에 어떤 것도 읽지 않았다. 이것이 그가 성경을 강해할 때 성경의 장과 권을 넘나들며 남이 보지 못한 깊은 교훈을 연결하여 가르칠 수 있었던 비결이었다. 때로는 알레고리에 의존하여 기발하고 엉뚱한 해석을 할 때도 있었다. 그러나 어떤 경우에도 성경의 교훈을 벗어나는 법이 없었다. 오히려 깊이가 있고 놀라울 정도로 균형이 잡혀 있을 뿐만 아니라 항상 십자가가 중심이었다. 그는 설교할 때 청중을 놀라게 할만한 행동이나 극적인 몸짓을 하는 것으로 유명했다. 그러나 그런 것도 성령의 인도를 따라 했고 깊은 기도의 결과였던 것이 분명하다. 정죄하는 설교도 했지만, 영혼을 세우기 위한 기도도 끊이지 않았다. 그의 기도생활은 잘 훈련되어 있었고 중보기도는 체계적이었다. 매일 새벽 4, 5시면 일어나 회심한 신자들의 사진과 이름이 적힌 목록을 보며 기도하였다.

오늘날 교회에는 타협 없는 설교가 절실하게 요구된다. 십자가는 여전히 하나님의 능력이요 지혜이다. 그리스도의 복음은 여전히 구원에 이르게 하는 하나님의 능력이다. 성령은 여전히 인간의 연약함을 사용하신다. 성령은 여전히 더듬거리는 단순한 말을 통해 청중의 양심에 호소하신다. 하나님은 오늘날에도 여전히 기도에 응답하신다. 그런데 우리는 능력의 근원을 다른 데서 찾고 있는 것은 아닌가!

셋째로, 송요한은 참된 사람이었다. 그를 무례한 사람이라고 비난할 수 있지만 참되지 못하다고 비난할 수는 없다. 그에게는 아첨의 요소가 조금도 없었다. 그는 예수님처럼 위선을 혐오했다. 목회자건 아니건 이름뿐인 그리스도인의 기만적인 요소를 강하게 질책하는 것을 조금도 주저하지 않았다. 그는 존 웨슬리에게 부흥의 첫 전조는 '죄의 자각'과 '철저한 죄의 고백'이라는 것을 배웠다. 그래서 그는 청중에게 항상 이 두 가지를 기대했다. 인간의 죄를 폭로하는 데 조금도 두려움이 없었다. 때로는 집회 중 공개적으로 개인을 지목해서 죄악을 폭로하는 것도 서슴지 않았다. 지목을 당한 신자들은 크게 부끄러워하였지만, 이후에 죄의 고백을 통해 더 큰 은혜를 경험할 수 있었다. 그는 마치 세례요한처럼 죄인들을 질책했다. 특히 변질된 복음을 전하거나 삶이 복음 진리와 모순된 목회자에 대해서는 가차 없었다. 하지만 그의 설교는 질책으로만 끝나지 않았다. 항상 실천 가능한 것을 제시하였고 죄의 폭로는 고백과 용서를 받게 하려는 방편이었다. 그는 죄인들이 구원을 얻으려면 반드시 변상해야 할 것을 변상하며, 어그러진 관계를 바로잡아야 한다는 것을 항상 강조하였다.

바리새주의는 오늘도 서구의 교회를 배회하고 있다. 하나님이 싫어하시는 일을 하면서도 모든 것이 잘되어 간다고 확신하게 하는 이 끔찍한 위선의 영은 늘 우리를 점령해왔다. 이 영은 진정한 기독교를 파괴한다. 왜냐하면, 위선은 우리를 하나님의 축복으로부터 단절시키기 때문이다. 이제는 우리 자신을 보호해야 할 때이다. 우리는 하나님 앞에 더욱 정직해질 필요가 있다. 서로에 대해서도 스스로에 대해서도 그렇게 해야 한다. 만약 우리가 송요한처럼 하나님의 쓰임을 받기 원한다면 더욱 그렇게 해야 한다.

넷째로, 송요한은 교회를 통해 일했다. 자신은 독립적인 기질의 사역자였지만 한 번도 기독교의 공동체성을 망각하지 않았다. 그는 교단의 영향으로부터 자유로웠기 때문에 어떤 교회의 초청에도 응할 수 있었다. 그럴 때마다 교회와 함께 일했고 교회를 통해서 일했다. 그래서 그가 지나간 곳에는 회심한 신자들뿐 아니라 부흥한 교회가 남았다. "송요한의 집회 후 수많은 사람이 세례를 받았습니다. 온 교회가 부흥을 경험했습니다." 이런 고백은 이 전기를 통해서 계속해서 반복된다. 그의 사역의 특이한 점 중 하나는 집회가 끝나면 작은 전도단을 만든 것인데 주로 한 조에 세 명이 속해 있었고 일주일에 한 번은 복음을 전하기로 서약한 회심자들로 구성했다. 후저우에는 50개의 전도단이, 푸저우에는 96개의 새로운 전도단이 생겨났다. 샤먼과 구랑위 섬 지역에는 147개의 전도단이 조직되었다. 싱가포르에서는 송요한의 집회가 절반 정도 진행된 시점에 약 503명의 회심자로 조직된 111개의 전도단이 생겼다는 기록을 볼 수 있다. 타이완의 타이중과 타이난에서는 신자들이 조직된 295개의 전도단을 지원하기 위해 많은 돈과 보석을 헌납하기도 했다. 송요한은 회심자들이 성령 충만을 통해 거룩해져서 영적 전선에 동원되기를 열망하였기 때문에 신자들을 격려하고 가르치기 위한 사경회와 성경학교를 계속해서 열고 또 열었다.

하나님은 송요한을 일으키셔서 새로운 길을 만드셨다. 그래서 그 길을 많은 신자가 따를 수 있었다. 그는 복음 전도가 안수받은 목회자나 능력 있는 소수 그리스도인의 일이라고 생각하지 않았다. 모든 그리스도인은 어리든지 성숙하든지 주님의 증인이다. 이것이 신약성경의 일관된 가르침이다. 중국은 송요한 같은 위대한 전도자들뿐만 아닌 평범한 그리스도인의 살아있는 간증으로 복음화되었다. 하나님의 뜻은 모든 신자가 예배자로서뿐만 아니라 증인으로서 회중을 이루는 것이다. 그리하여 모든 그리스도인이 하나님의 사역을 나누어 감당하는 것이다. 중국에서 하나님이 그렇게 하셨다면 영국

뿐만 아니라 모든 나라에서도 마찬가지이다. "하나님 나라의 복음과 예수 그리스도로 말미암는 구원의 소식을 전하는 의무와 특권은 모든 교회와 모든 그리스도인의 것이다." (남인도 교회 헌법 중)

우리는 위대한 섬김의 능력을 소수의 영적 거장만 가질 수 있다고 생각하는 실수를 저질러서는 안 된다. 하나님의 변화시키시는 능력은 대가를 치르고 믿음으로 그 능력을 붙잡는 모든 사람에게 주신다. 그러므로 우리는 하나님이 축복하신 이 일꾼의 자질과 하나님이 왕성하게 하신 그 사역의 특징을 주의 깊게 살펴볼 필요가 있다.

1954년, 존 스토트

저자 서문

1944년 8월 18일, 송요한은 마흔세 번째 생일을 얼마 남겨 놓지 않고 생을 마쳤다. 그 후 10년이 흘렀는데도 그를 통해 구원받은 사람들과 부흥한 교회가 여전히 그를 증언하고 있다. 나는 이 위대한 중국 복음 전도자의 놀라운 삶이 서구 교회에 큰 교훈을 줄 것이라고 믿는다.

처음 이 책을 쓰기로 마음먹었을 때 내 손에는 단편적인 몇 가지 자료만 들려 있었다. 이런 사정이 밀리언 지에 의해서 알려지자 그때부터 송요한을 알던 중국인과 선교사, 그의 집회에 참석했던 사람들로부터 큰 반향이 있었다. 그가 재학했던 미국의 대학 당국도 학업에 대해 알 수 있는 실마리들을 제공했다.

이 전기의 1부는 송요한의 자서전인 '나의 간증'을 기초로 했다. 다행히 집필하기 직전에 개정판 원고가 발견되어서 1934년까지의 이야기를 보강하는 데 보탬이 되었다. 벧엘 전도단의 연례 보고서에서도 유용한 정보를 많이 얻었다. 송요한이 네덜란드령의 동인도 지역을 방문했을 때의 기록은 바르브 선교사의 '송 박사와 자바 부흥'이라는 소책자와 네덜란드 선교연구회의 서기였던 보이세바인 박사가 준 네덜란드 잡지의 기사가 도움되었다.

송요한이 썼던 일기와 죽음을 앞두고 베이징에서 가까운 친구들에게 구술한 자료들은 현재 우리의 손이 닿지 않는 중국에 남아있다. 이러한 기록들이 있었다면 더 완전한 전기가 되었을 것이다. 중국어 전기는 오랫동안 기다렸지만, 아직 나오지 않았다.

결과적으로 여러분이 읽고 있는 이 책은 나의 노력에도 불구하고 완성되지 못한 조각 그림과 같이 되어버렸다. 내용 중에 송요한의 미얀마와 수마트라 방문기록은 자료의 부족으로 시간의 공백이 꽤 있다. 하지만 진전없는 자료 조사를 기약 없이 계속할 수는 없었다. 비록 완전하지는 않지만, 아시아에서 전해온 이 위대한 이야기를 독자 여러분에게 내놓는다. 부흥을 기대하는 모든 그리스도인에게 큰 도전이 될 것이다.

1954년, 레슬리 라이얼

프롤로그

이전처럼 여름비는 황하의 지류인 펀허 강 절벽을 깎아 만든 진흙 길을 깨끗하게 씻어 내었다. 하지만 날씨가 개고 길이 완전히 마르기 전에 버스가 다니는 것은 위험했다. 그래서 버스는 멈추어 섰고 오랜 여행에 지친 벧엘 전도단의 산시 남부 지역 사역은 지연될 수밖에 없었다. 전도단의 일원이었던 그 유명한 송요한은 기다리다 참지 못하고 정류장 책임자에게 따졌다. 그리고는 거칠게 씩씩거리며 길가에 털썩 주저앉아 버스가 다시 출발하기를 기다렸다.

송요한은 지난주 훙둥에서 감동적인 설교를 끝내고 다음 목적지로 가던 중이었다. 한 주 내내 여러 지역에서 많은 인파가 몰려들었고 성령께서 전례 없이 놀랍게 역사하셨다. 벧엘 전도단은 이 지역에 여러 차례 들렀지만, 송요한이 동행한 것은 이번이 처음이었다. 그는 통역을 통해 여러 방언을 사용하는 사람에게 설교했고 때로는 집회에 참석한 외국인 선교사에게 영어로 말씀을 전하기도 했다. 한번은 사마리아에서의 부흥을 이야기하며 빌립과 선교사들을 비교하기도 했다.

빌립의 사역이 비록 예루살렘에는 놀라운 역사로 알려졌지만, 그 결과는 불완전했듯이 중국에서 활동하는 외국인 선교사들의 사역도 본국에는 대단한 역사가 있는 것처럼 보고되지만, 결코 온전한 것은 아니라고 신랄하게 비판했다. 송요한은 외국인 선교사의 사역에 성령의 능력이 없음을 한탄하였고 성령의 능력이 없이는 결코 선교가 온전하지 못하다고 설파했다.

또 한 번은 교회가 처한 상황을 교회를 상징하는 조각배를 큰 파도가 위협하는 그림으로 설명하기도 했다. 칠판에 그림을 그리면서 큰 파도를 그릴 때마다 높이 뛰었다가 쾅 소리를 내며 바닥을 굴렀는데 그럴 때마다 청중은 송요한의 몸이 얇은 강단 판자를 뚫고 바닥에 떨어질까봐 마음을 졸였다.

마지막 설교에서는 흔들리는 야이로의 믿음을 환자의 불완전한 체온에 비유하여 병상 기록부의 그래프를 칠판에 그려가며 설명했다. 그리고는 큰 감동 속에서 송요한이 가장 좋아하는 찬송을 힘껏 부르며 집회를 마무리하였다. "사람을 의지하지 맙시다. 상황에 휘둘리지도 맙시다. 오직 주님만을 의지합시다." 그렇게 회중의 믿음을 한껏 고양했던 송요한의 믿음은 오늘 아침 버스 정류장에서 바닥으로 추락하고 말았다.

우여곡절 끝에 전도단은 산시 성에 도착했다. 송요한은 집회 기간 내내 외국인 선교사들과 중국 교회 지도자들의 따뜻한 호의를 쌀쌀맞게 거절하였다. 그들은 당황했지만, 곧 송요한이 사람의 호의 따위는 관심이 없고, 온 마음을 다해 주어진 과업 완수에만 몰두하는 사람인 것을 알게 되었다. 하나님은 송요한의 헌신을 받으시고 당신의 축복을 회중에 붓기 시작하셨다.

잊을 수 없는 그 날 밤, 강대상 앞은 죄를 자복하며 성령의 능력을 구하는 외국인 선교사와 중국인 성도들로 미어터졌다. 외국인 선교사들은 결코 집회에서 중국인 성도들과 한 자리에서 무릎을 꿇은 적이 없었다. 하지만 능력의 말씀으로 교만이 꺾여 처음으로 영국과 미국에서 온 선교사들과 중국인 성도들이 함께 하나님의 임재 앞에서 긍휼을 구하며 무릎을 꿇었다.

이미 시작된 부흥의 불길은 이때 더욱 활활 타올랐는데 이것이 장차 산시 지역에 닥칠 길고 긴 환란을 이겨낼 원동력이 되었다. 한 유별난 하나님의 종을 통해서 산시의 수많은 사람이 순결하게 변화되는 일이 일어났다. 이 종은 하나님의 사람들이 오랫동안 기도하며 기다리던 사람이었다. 하지만 사람들이 기대하던 그런 모습은 아니었다.

오래전, 1885년에 송요한의 고향인 푸젠 성에 파송된 교회선교회의 에드윈 조슈아 듀크스는 이런 기록을 남겼다.

"중국인이 쉽게 이해할 수 있는 설교를 하려면 외국인으로서는 한계가 있다. 그들에게 맞는 비유와 해석을 하려면 설교자는 반드시 중국인이어야만 한다. 지금은 수천 명의 영국과 미국인 선교사가 필요한 것이 아니라 기름 부은 입술과 마음을 가진 한 사람의 중국인이 필요하다. 학자가 필요한 것도 아니다. 물론 학자와 같은 지성인이면 좋겠지만, 그보다는 용감하고 진실하며 혼자서도 과감히 일어설 수 있는 성령 충만한 사람이 필요하다. 즉 지금은 중국인 사도가 필요한 때이다.

그가 어디에 있는지 과연 나타날지는 모르겠다. 분명한 것은 그는 중국인이며 외국인은 아니란 것이다. 신학교를 나왔을까? 아니면 하나님이 보내신 사람들이 그렇듯이 의외의 출신 배경을 가진 사람일까? 우리는 알 수 없다. 하지만 하루빨리 그를 볼 수 있기를 바랄 뿐이다. 광야의 세례요한이 그랬듯이 속히 이 나라를 흔들어 깨울 수 있기를 기도할 뿐이다."

중국은 이런 사도를 오랫동안 기다려야 했다. 하지만 막상 하나님이 그를 보내셨을 때 그 모습은 정말 유별났다. 강단에서는 불타올랐지만, 강단 아래에서는 무뚝뚝했다. 예의 바른 친절한 그리스도인의 모습과는 거리가 멀었다. 최고 학위를 가졌지만, 막상 설교할 때는 배움이 있는 고상한 말을 찾아볼 수 없었다. 강단에서는 가정 예배의 중요성을 늘 강조하였지만, 정작 자신은 늘 가족과 떨어져 지냈다. 강단에서는 익살스럽고 요란한 그가 일상에서는 조용하고 침울한 표정으로 지냈다. 외국인 선교사의 도움을 많이 받았는데도 중국에 돌아와서는 늘 외국인 선교사를 비판했기 때문에 척외주의자로 오해받기도 했다. 어디를 가든 매섭게 죄를 다그쳤지만, 그처럼 깊은 하나님의 사랑으로 사람의 마음을 움직인 사람도 없었다. 그는 타고난 조직력과 지도력을 갖추었기 때문에 오히려 늘 새로운 단체를 조직하려는 유혹과 싸워야만 했다.

그는 엄청난 사랑과 미움을 동시에 받았다. 하지만 그는 세간의 평가에 조금도 신경 쓰지 않았다. 중국의 가장 위대한 복음 전도자인 송요한은 이런 사람이었다.

　송요한은 같은 이름을 하나님께 받았던 세례 요한처럼 사역의 절정에서 세상을 떠났다. 통틀어 15년밖에 되지 않는 짧은 사역 기간이었다. 하지만 이 짧은 기간에 중국과 동남아시아 전체 교회를 각성시켰고 그를 통해 회심한 사람은 헤아릴 수 없을 정도였다. 동남아시아 전역에 흩어져 있던 중국인 교회는 송요한의 영향으로 태평양전쟁 기간을 견딜 수 있었고 그들의 뜨거운 현재 신앙이 그의 유산임은 의심할 여지가 없다.

　오늘날 중국과 남중국해의 섬, 미국, 서인도제도, 영국 등 중국인 그리스도인이 있는 어느 지역을 가더라도 그의 사역 흔적을 볼 수 있다. 놀라운 주님의 종을 통해 회심과 삶의 변화를 체험한 수많은 지도자가 송요한의 열매이며 그를 통하여 일하신 주님의 살아있는 증인이다.

제1부

준비기간
1901-1927

※송요한의 이름은 어린 시절에는 주은(主恩)으로, 웨슬리안대학교 등록 이후에는 송상절(宋尙節)로, 회심 이후에는 송요한으로 표기하였습니다. 송요한은 John Sung의 우리말식 표기입니다.

송요한의 아버지 송학련 목사가 시골 마을 사람들에게 성경을 가르치고 있다. (안경을 쓰고 웃고 있는 사람)

1. 소년 시절

1901-1909

> "사람이 죽으면 어디로 가지요?" 주은은 아버지에게 물었고 송 목사는 자신이 알고 있는 대답을 하였다. "예수님이 계신 천국에 간단다." 종교적인 답변은 의문을 해결해 주지 못했다.

중국 동남부 푸젠 성의 푸톈은 우거진 나무와 꽃이 가득한 삼림으로 둘러싸인 평야에 있다. 이곳의 한 마을에서 1901년 9월 27일에 감리교 소속 송학련(宋学连) 목사의 여섯째 아이가 태어났다. 이 아이는 송 목사의 부인이 회심 후에 얻은 첫아들이었다. 그녀는 이미 임신 중에 이 아이를 하나님의 사역을 위해 드리기로 작정하였다. 아이의 이름은 주님의 은혜란 뜻으로 주은(主恩)이라고 지었다.

그런데 이 아이의 모습이 좀 남달랐다. 머리는 유별나게 컸고 얼굴의 아랫부분은 유난히 작았다. 아버지 송 목사는 가무잡잡한 이 아기를 처음에는 좋아하지 않았다. 극심한 빈곤에 먹여야 할 입이 더 생기는 것도 달갑지 않았다.

아버지 송 목사

푸톈은 전통적으로 불교가 깊게 뿌리내리고 있었는데 1862년에 복음의 빛이 비치기 시작하였다. 교회선교회 소속의 한 젊은 사역자가 복음을 전하기 시작했고, 1887년에 비로소 조그만 예배당이 세워졌다. 1890년에 이 교회는 미국 감리교 선교회 소속이 되었다. 이 선교회 소속의 부르스터 박사는 푸톈으로 건너오면서 이 땅을 바라보며 이런 맹세를 하였다고 한다. "여기서

나는 오직 예수 그리스도와 그의 십자가 외에는 어떤 것도 알지 않겠다!" 이 말은 훗날 이 지역에서 평생 하나님을 섬긴 송 목사의 좌우명과 같았다.

주은의 아버지 송 목사는 네 형제 중 막내였다. 그의 형제들이 1886년에 집에서 가정교회를 시작하였다. 모두 젊고 믿은 지 얼마 되지도 않을 때였다. "우리 집 방 하나를 예배 처소로 쓰도록 하자." 맏형의 제안에 글을 읽을 줄 알았던 둘째 형은 그들이 가진 유일한 성경인 마태복음을 매 주일 읽겠다고 자원했다. 셋째 형은 기도 인도자의 역할을 맡았고, 세 형은 이구동성으로 말 잘하는 열여섯 살 막내에게 설교를 맡겼다.

세 형은 설교를 곧잘 하는 막내를 목회자로 만들기 위해 푸젠 신학교에 보내기로 했다. 송 목사는 신학교에 입학하기 위해 나무로 뒤덮인 산과 계곡을 지나 처음으로 긴 여행을 하게 되었다. 잘 개간된 언덕이 추수의 햇살 아래 풍요로운 색의 조각 이불처럼 펼쳐졌다. 경작지의 수평선 너머에는 구름을 뚫고 수천 미터의 회자색 화강암 산봉우리들이 높이 솟아 있었고 히스꽃이 무성한 황야는 연한 붉은색으로 변하고 있었다.

신학교가 있는 푸젠에서의 삶은 송 목사에게 영적으로 힘든 싸움이었다. 2년간의 소득 없는 학업을 마칠 무렵에야 비로소 중생하고 그리스도를 만났다. 송 목사는 신학교를 졸업하고 다시 푸톈으로 돌아와 언덕과 골짜기에서 농사를 짓는 주민들을 위한 외로운 사역을 시작했다.

송 목사는 신학교를 졸업하고 7년 후에 독실한 불교 집안의 딸과 결혼했다. 송 목사가 태어나기도 전에 이미 양가 부모가 둘을 결혼시키기로 약속했던 터였다. 그때만 해도 송 목사의 부인은 그리스도인이 아니었지만, 결혼식은 기독교식으로 치렀다. 아이들이 태어나기 시작했고 다섯째 아이를 사산하면서 부인은 사경을 헤맸다. 구사일생의 경험을 한 후 부인도 비로소 회심하였다.

송 목사가 여러 지역을 여행하며 사역에 온 힘을 쏟을 때 부인은 부족한 생활비를 충당하기 위해 조그만 밭에서 땀을 쏟았다. 식구가 늘어가자 어려움이 더욱 커졌다. 첫 딸이 태어날 때 송 목사는 시골 목회자의 삶을 포기하고 도시에서 학자의 길을 걸을까 심각하게 고민하였다. 그러던 어느 날 이른 아침에 무릎을 꿇고 기도하던 송 목사는 속삭이듯 말씀하시는 주님의 음성을 들었다. "네 마음을 다하여 나를 의지하고 너의 지혜를 의지하지 마라. 두려워 마라. 너에게는 내가 있다. 나는 너의 필요를 이미 알고 있다!" 송 목사는 이 음성에 가책을 받고 회개하였다. 그는 부인에게 이 일을 말해주고 이후로는 뒤를 돌아보지 않고 목회의 길을 걸었다.

반항아

푸젠 성은 빼어난 경치로 유명하다. 고도 2,500m의 산맥이 전역을 가로질러 남중국해까지 뻗어 있다. 웅장한 협곡이 산맥을 여러 하천으로 갈라놓아 바다에 이르게 하고 사람과 동물의 모습을 한 신기한 암석이 산 정상을 뒤덮고 있다. 인접한 장시 성에서 시작되는 강물은 좌우에 솟은 깎아지른 절벽으로 이루어진 자연의 문을 통해서 멋들어지게 흘러내린다. 에메랄드색 카펫 같은 들판과 차나무로 가득한 언덕은 푸젠의 자랑 중 하나이다. 푸젠은 차로 유명해서 해마다 차를 생산하려는 사람들이 푸젠으로 가기 위해 푸저우와 샤먼 항구에 몰려들곤 했다. 그리고 해안에는 많은 바위섬이 점점이 산재해 있다.

푸젠 성 주민들은 이런 자연을 닮아서인지 북부지역 사람들에 비해 다소 거칠고 용맹스럽다. 푸젠 성 안에서도 내륙의 산악지방 사람들은 이런 험준한 지역에서 오랜 세월 살아오면서 활달하고 모험적인 성품을 가졌고 해안 지역에 가까운 곳에 사는 사람들은 산지 인과 해양 인의 성품을 골고루 가지고 있었다. 송 목사 일가의 성품이 바로 그러했다. 송 목사는 성격이 급한 편이었는데 아들 주은도 이를 빼닮았다. 주은은 자라면서 아버지 송 목사와의 충돌이 끊이지 않았다. 송 목사는 주은이 반항심으로 부모를 거역할 때면 대나무 회초리로 사정없이 때려 그를 길들이려고 하였다.

어느 날은 무슨 일로 분을 삭이지 못한 주은이 마당에 놓여있는 오지항아리를 머리로 들이받아 박살 내었다.

또 한 번은 어린 두 동생이 밥상머리에서 다투자 먹던 뜨거운 밥그릇을 동생의 얼굴에 던져서 화상을 입히고 그릇을 산산조각낸 일이 있었다. 그는 매 맞는 것이 두려워서 급기야 우물에 뛰어들려다가 우물쭈물 기회를 놓치고 아버지를 피해 침대 밑에 온종일 숨어 있었다. 밤이 되어서 침대 밑에서 나올 수밖에 없었던 그는 낮에 맞아야 할 매보다 훨씬 더 많이 맞았다.

회초리로 오랫동안 때리고 나서 송 목사는 갑자기 서재로 들어가 버렸다. 주은은 방문 틈으로 아버지를 훔쳐보았는데 깜짝 놀랐다. 송 목사가 머리를 감싸고 흐느끼고 있는 것이 아닌가! 성질 급한 주은은 뛰어들어가며 소리쳤다. "왜 그러세요. 회초리를 맞은 제가 울어야 하는 데 왜 아버지가 울고 계세요? 왜 그러시는 거예요!" 송 목사는 이렇게 말할 뿐이었다. "내가 이렇게 마음이 아픈데 하나님이 너를 보실 때 얼마나 마음이 아프시겠느냐!"

죽음의 공포

주은의 좌충우돌에도 불구하고 가정은 대체로 평온했던 것 같다. 주은은 여섯 아들 중 둘째였고 위로는 네 명의 누나가 있는 대가족의 일원이었다. 아이들은 꽃이 만발하고 새가 지저귀는 언덕에서 놀기도 하고 냇가에서 고기잡이도 하면서 마음껏 뛰어놀며 지냈다. 아름다운 자연은 자신이 창조주 하나님의 걸작이라는 것을 아이들에게 가르쳤고 아이들의 마음에는 창조주의 능력에 대한 지워지지 않는 가르침이 남았다.

1907년에 송 목사는 푸톈의 감리교 성경학교의 교감으로 임명되었다. 이때 온 가족이 도시로 이사했다. 주은은 대여섯 살 무렵부터 주일학교에 출석하기 시작했다. 영특해서 주일학교에서 배운 이야기와 예화를 모두 기억할 수 있었고 후에 그가 설교할 때 이 모든 것이 유용하게 사용되었다. 그를 가르쳤던 주일학교 교사는 아이들을 이해하고 사랑하는 참된 신자였다. 이 교사는 주은을 비롯한 많은 학생에게 좋은 영향을 끼쳤던 것 같다.

어린 주은은 교회에서 운영하는 학교에서 뛰어난 재능을 보였다. 송 목사는 배움에 더딘 다른 자녀와는 달리 놀라운 학습 능력을 보이는 주은을 좋아했다. 아이들은 그를 '큰 머리'라고 부르곤 했었는데 주은은 이 별명을 매우 싫어하였다. 당시 중국의 아이들은 대부분 머리를 짧게 깎았는데 주은은 늘 머리칼이 눈을 가릴 정도로 덥수룩했고 그래서 두상이 실제보다 더 크게 보였다.

아무튼, 그는 순조롭게 자라는 장난기 많은 건강한 소년이었다. 그의 부모는 때때로 위험한 장난에도 불구하고 큰 사고가 없도록 보호해 주시는 주님께 감사할 수밖에 없었다.

그런데 갑자기 큰 슬픔이 가족을 덮쳤다. 어느 날 주은이 학교에서 돌아와 집에 도착했을 때 부모가 막내 여동생의 시신 앞에서 울고 있는 것을 보았다. 그는 달려가 이미 싸늘하게 식은 누이의 손을 덥석 잡았다. 누이의 손은 차가웠고, 이때 주은은 섬뜩한 죽음의 신비에 처음 직면했다.

"사람이 죽으면 어디로 가지요?" 주은은 아버지에게 물었고 송 목사는 자신이 알고 있는 대답을 하였다. "예수님이 계신 천국에 간단다." 종교적인 답변은 의문을 해결해 주지 못했다. 죽음의 공포가 어린 주은을 사로잡았고 그 뒤로 오랫동안 악몽을 꾸었다.

사랑하는 누이의 시신은 외롭고 쓸쓸한 언덕에 묻혔다. 주은은 어쩌면 죽음 이후에는 아무것도 없을지도 모른다고 생각했다.

2. 푸톈 부흥

1909-1913

> 흐느껴 우는 무리 중에 송 목사의 아홉 살 난 아들 주은도 있었다. 회개의 눈물이 옷깃을 흠뻑 적셨다. 성금요일에 푸톈에서 일어난 그 일은 성령의 역사임이 분명했다.

"푸톈 지역의 부흥을 위해 기도해 주십시오!"

푸톈에서 사역하는 한 선교사가 미국의 지인에게 간절히 호소했다. 두 노부인이 이 간청을 듣고 성령의 임재가 푸톈에 임할 때까지 작정하고 기도를 시작했다. 그들은 성금요일에 성령의 역사가 시작된다는 확신을 하게 되었고 곧 푸톈에 있는 선교사에게 편지를 보내 알렸다. 그런데 편지는 배달이 지연되어 부활절이 지나서야 도착을 했다. 편지가 도착하기 전에 부흥이 일어났는데, 그 시작일은 하나님이 두 노 부인에게 알려주신 대로 성금요일이었다.

'푸톈 오순절'

성금요일 아침의 설교자는 명성이 있거나 특별한 은사가 있는 사람이 아니었다. 그러나 그는 하나님이 기쁘게 사용하실 수 있는 깨끗한 그릇이었다. 여느 성금요일처럼 구주의 고난에 대해 설교를 했는데 시작할 때는 전과 다름이 없었다. 그런데 설교 중 갑자기 감당할 수 없는 자신의 죄를 깨닫게 되어 자신도 모르게 강단에서 무릎을 꿇고 흐느끼기 시작했다. 그러자 즉시 죄의식이 온 회중을 사로잡았다. 모든 회중이 하나님 앞에서 자신의 죄를 자각했다. 회개의 영이 온 교회를 덮었다. 회중은 서로 화해하고 오랫동안 적대 관계에 놓여있던 사람들이 친구가 되었다.

이렇게 죄에서 해방되어 깨끗하게 된 교회는 즉시 전도하기 시작했고 한 두 달이 못 가서 약 3,000명의 회심자를 얻었다. 곳곳에 새로운 예배당이 지어졌다. 푸톈 지역의 교회는 예전의 냉랭하고 무기력한 상태에서 벗어나 그리스도인의 새로운 경험의 단계로 도약했다. 이것이 푸톈 지역에 임한 첫 번째 부흥이었다.

어린 주은도 1909년 성금요일 아침 현장에 있었다. 그는 그때의 설교를 평생 잊을 수 없었다. 설교 제목은 '겟세마네 동산의 예수'였고 설교자는 그 장면을 생생하게 묘사했다. 주님의 고통과 순종이 잠에 취한 제자들의 모습과 대조되었다. 가장 어려운 순간에 가까운 친구는 주님 곁에 아무도 없었다. 소명을 따라가시는 예수의 당당한 모습은 배신자 유다, 비겁한 제자들과 생생하게 대조되었다. 설교는 날카로운 화살처럼 날아가 청중의 가슴에 꽂혔다. 그들은 제자들에게서 자신의 모습을 보았다. 청중은 모두 통곡하며 회개의 슬픔에 깊이 사로잡혔다.

흐느껴 우는 무리 중에 송 목사의 아홉 살 난 아들 주은도 있었다. 회개의 눈물이 옷깃을 흠뻑 적셨다. 성금요일에 푸톈에서 일어난 그 일은 성령의 역사임이 분명했다. 뜨거운 예배가 끝없이 계속되었다. 날이 갈수록 많은 남녀가 죄의 짐을 벗고 평안을 얻었다. 수많은 사람의 심령이 깨끗하게 되고 새로운 삶을 살게 되었다.

훗날 송요한은 자신이 미국에서 커다란 영적 위기에 봉착했을 때 중생했다고 생각했다. 하지만 필자는 모든 정황을 놓고 볼 때 푸톈의 부흥 기간에 중생했다고 생각한다. 성령으로 말미암지 않고서는 누구도 주 예수의 이름을 부를 수 없는 것이 사실이라면 아마 송요한은 그때 하나님의 자녀가 되었을 것이다. 부흥 이후에 소년 주은의 생활에는 하나님의 말씀에 대한 갈망과 기도의 열정, 그리고 하나님의 말씀을 전하고 싶은 열망이 나타나기 시작했다. 이는 거듭나지 않은 사람에게는 기대하기 힘든 모습이다.

요즈음 중생이 즉시 온전한 삶을 가져다주는 것으로 착각해서 자신의 예전 체험을 의심하는 경향이 강해지고 있다. 송요한이 미국에서 영적 위기를 겪은 후에 앤드루 기 목사가 인도하는 집회에서 중생에 대한 설교를 듣고 강단 초청에 응해서 앞으로 나간 적이 있다. 지금도 정확한 이유는 알려지지 않았지만, 필자는 송요한에게 푸톈에서의 경험을 의심케 하는 교리의 혼돈이 있었다고 추측하고 있다. (편집자 주: 송요한 자신은 어린 시절의 푸톈이 아닌 미국에서의 경험을 참된 중생으로 끝까지 확신하고 있었다.)

푸톈의 부흥 소식은 곧 널리 퍼져서 푸젠 성 전 지역에서 사람들이 몰려들었다. 샤먼과 푸저우 같은 인근 큰 도시에서도 단순한 호기심으로 혹은 부흥의 현장에 참여하기 위해서 사람들이 몰려왔다. '푸톈 오순절'로 알려진 성령의 역사를 보기 위해 미국에서도 사절단이 왔다. 늘어나는 회중을 수용하기에 예배당이 너무 비좁게 되어서 즉시 4, 5천 명을 수용할 수 있는 큰 천막이 세워졌다.

주은은 이 모든 일이 미국 그리스도인이 부흥을 위해 기도해준 결과라고 생각했다. 이때의 가슴 벅찬 영광스러운 경험은 그에게 평생 잊지 못할 행복한 추억이 되었다. 후에 유명한 설교자가 되었을 때 그는 늘 이렇게 기도하였다. "오순절 성령께서 제게 임하사 제가 가는 곳마다 푸톈의 그 날처럼, 뭇 심령의 메마른 땅이 봄비를 맞는 화원처럼 되게 하옵소서."

기도 응답

성령의 새롭게 하심과 충만케 하시는 역사를 체험한 무리 중 송 목사도 있었다. 그는 가족과 교회를 위한 기도의 부담을 가지고 매일 이른 아침에 가까운 언덕에 올라가 하나님과 홀로 있는 시간을 가졌다. 주은도 종종 동참했고 스스로 기도하는 법을 배우게 되었다. 어느덧 기도는 그에게 실제가 되었고 기도의 응답을 여러 번 경험하기도 하였다. 하나님과의 교제는 그들에게 말할 수 없는 기쁨이었고, 송 목사 부자는 하나님 임재의 비밀을 기도로 함께 나누었다.

부흥의 기간이 끝나고 얼마 지나지 않아서 송 목사는 순회 사역 후 집으로 돌아오는 길에 폭풍을 만나 감기에 걸렸다. 이것이 악화하여 심한 천식 끝에 송 목사는 중태에 빠졌다. 집안은 온통 죽음의 어두운 그림자로 뒤덮였다. 너무나 낙심하여 기도할 기력조차 잃어버린 아들에게 송 목사의 부인은 이렇게 당부했다. "울지마라! 어서 가서 네 아버지를 위해 기도해라. 하나님은 반드시 기도를 들으신다!"

아버지의 죽음이 두려웠던 주은은 그의 방으로 가서 육신의 아버지를 위하여 하늘 아버지께 마음을 쏟아붓기 시작했다. 하나님은 즉시 그 기도에 응답하셨다. 아버지 송 목사는 매우 빠르게 회복되었고 다시는 재발하지 않았다. 기도의 응답으로 인해 온 가족은 매우 기뻐했다. 이날 이후 주은은 하나님이 기도를 들으시고 병을 고치신다는 것을 의심하지 않았다. 훗날 그가 신앙을 떠나 회의에 빠져 있을 때조차 기도의 효력에 대한 믿음은 흔들리지 않았다.

부흥을 경험했고, 기도의 사람이었던 아버지가 곁에 있었고, 놀라운 기도 응답을 체험한 송요한이 죽는 날까지 기도의 사람이었던 것은 어쩌면 당연한 일이 아닐까!

3. 작은 목사

1913-1919

> 주은은 어느 날 일기에 이렇게 썼다. "물총새의 파란 깃털처럼 화려하고, 여름철의 싱그러운 나뭇잎처럼 잎은 무성해 보이지만, 나에게 주 예수께 바칠 신선한 열매는 하나도 없다."

"작은 목사님이 오셨습니다! 오늘은 작은 목사님이 설교하실 것입니다."

1913년, 푸톈에서 이런 말을 흔히 들을 수 있었다. 주은은 아버지 송 목사의 조력자로 교회 일에 참여하게 되었다. 주은의 아버지는 어느덧 도시의 중견 목사가 되었고 교회뿐만 아니라 보육원, 남자 성경학교, 여자 성경학교, 그리고 남녀 고등학교 등 여러 기관의 중책을 맡고 있었다. 학생의 9할 이상이 기독교 가정의 자녀였으며 마을마다 집이나 예배당에 모여 교제와 기도를 하는 모습을 어렵지 않게 볼 수 있었다.

이 모든 것이 푸톈 부흥의 결과였다. 부흥은 일시적인 것이 아니었고 교회는 계속해서 빠르게 성장했다. 매 주일 교인들은 예배를 드리기 위해 시골에서 도시로 몰려왔고 어떤 이들은 예배에 참석하려고 멀리서 산을 넘어오기도 했다. 기존의 예배당이 너무 비좁게 되어 세 번으로 나누어서 주일 예배를 드릴 수밖에 없는 상황이 되었다. '하나님의 말씀이 점점 왕성하여 예루살렘에 있는 제자의 수가 더 심히 많아지고…'(행 6:7) 성령이 역사하실 때 늘 이런 일이 일어난다. 마침내 큰 예배당이 세워지고, 푸톈의 그리스도인은 선한 행실로 하나님과 사람에게 칭송을 받았다.

고등학생이 된 주은은 자기 이름을 지방 설교자 명단에 올리게 되었고 순회사역에도 참여했다. 계속되는 사역에도 지치지 않고 기쁜 마음으로 아버지의 전도여행에 동행했다. 아버지가 사정이 있어 집회에 갈 수 없을 때는 기꺼이 대신 설교하였다. 기억력이 좋아서 한 번 들었던 설교는 외워버렸다. 주일학교 때 들은 예화들을 되살려 설교에 활용하곤 했다. 그의 초기 설교는 미리 준비한 설교문을 침착하게 읽는 방식이었다. 야외 설교, 전도지 배포, 성경 판매, 성가 지휘. 주은은 이 모든 일을 사랑했다. 그의 어린 시절에 '작은 목사'의 역할보다 더 행복한 일은 없었다.

열심히 주님 일을 했지만 그도 평범한 다른 그리스도인 청년들과 별반 다르지 않았다. 홀로 있을 때 진실한 것이 집 밖에서 진실한 그리스도인으로 행세하는 것보다 훨씬 어려운 법이다. 버럭 화를 내는 모습도 여전했고 자만심과 이기심도 극복하지 못했다. 아버지는 목회자의 자질이 부족하다고 생각했는지 해군 사관학교에 지원하라고 권유했다. 결국, 주은은 해군 사관학교에 진학하기로 했다.

닫힌 문

푸젠 해군 사관학교 입학시험은 험한 북쪽 산길로 650㎞나 떨어진 푸저우에서 치르게 되어 있었다. 주은은 경쟁률이 아무리 높아도 자신이 떨어질 리 없다고 생각했다. 뛰어난 체력과 건장한 체격을 가졌고 공부도 늘 일등이었다. 시기한 친구들이 "너무 열심히 하지 마. 그러다 죽을라!"라고 할 정도로 공부를 열심히 하였다. 교사들도 합격을 확신했다.

그러나 '사람이 마음으로 자기의 길을 계획할지라도 그의 걸음을 인도하시는 이는 여호와'(잠 16:9)이신 법이다. 갑자기 주은은 병이 들어 두 다리가 퉁퉁 부었다. 여행은 엄두도 못 낼 지경이었지만 고집을 부려 여행길에 올랐다. 목적지에 도착했을 때 상태가 더욱 악화하였고 결국 신체검사와 논술 모두 불합격했다. 논술의 주제는 '君子矜而不爭 群而不黨'였다. '군자는 긍지를 가지고 있지만 독선적이지는 않다'는 공자의 말이다. 이 일은 주은이

겸양에 대해 깊이 생각하는 계기가 되었다. 하나님은 이 젊은이를 다른 문으로 인도하기 위해 야망의 문을 걸어 잠그셨다. 주은은 다시 학교로 돌아와서 열심히 공부하였다.

당시의 중국은 격동기였다. 중국은 1915년에 자국의 주권을 침해하는 일본의 21개 조의 요구 대부분을 수용할 수밖에 없었다. 이 때문에 반일 반봉건 감정이 극도에 달했다. 웬만한 청년이라면 애국심으로 여러 정치적인 활동을 하던 시기였다. 그러나 주은은 학업에 열중하는 것이 진정한 애국이라고 생각했고 애국심이 없다는 주변의 비난도 기꺼이 감수하고자 했다.

학업 외에 편집장으로 있던 주간학보 일도 열심히 했다. 이 경험은 훗날 많은 독자를 가진 아버지의 잡지 '부흥'의 편집장이 되었을 때 많은 도움이 되었다. 주은은 책을 사랑했고 편집인 역할을 좋아했다. 아버지 서재에서 새로운 책을 읽는데 많은 시간을 보냈고 이것이 훗날 그의 자산이 되었다. 일기를 자세하고 체계적으로 쓰기 시작한 것도 이 무렵이었는데, 주은은 1917년에 시작된 이 습관을 일평생 지속하였다.

잎은 무성하지만

휴일이나 여유가 있을 때는 늘 복음 전도에 힘썼다. 어느 해 여름에는 학교에 다니지 못하는 아이들을 위해 성경을 읽는 독서 반을 만들기도 했다. 또 다른 여름에는 한 마을을 전도하여 5, 60명의 회심자를 얻기도 했다. 어느덧 '작은 목사'의 명성은 점점 더 높아져 갔다.

고등학교 졸업이 다가왔다. 당시 중국 학생은 서양 학생처럼 말끔한 교복을 입지 않았다. 모자를 쓰지 않았고 양말도 신지 않았으며 외모에 관심이

3. 작은 목사

없었다. 주은도 사치를 부릴 만한 여유도 없었거니와 독서 외에는 아무 관심이 없어서 늘 평범한 중국 학생 차림이었는데 파란 졸업식 가운에는 유난히 집착했다. 1919년 6월, 거스리 기념 고등학교 졸업식 날에 처음으로 새 가운을 입고 자랑스럽게 앞으로 나가 졸업장을 받았다. 자신의 이름이 졸업생 명단 제일 위에 놓여 있었기에 더욱 자랑스러웠다. 여행할 때는 언제나 이 가운을 챙겼고 특별한 자리에서는 늘 이것을 입었다.

주은은 고등학교를 졸업한 이후에 난징에 있는 진룽대학교(지금의 난징대학교)에 응시할 생각이었다. 모든 준비가 끝나갈 무렵에 누나가 갑자기 세상을 떠났다. 주은은 또다시 닥친 사랑하는 사람의 죽음 때문에 인생의 불확실성을 다시 한 번 절실히 느꼈다. 이 일로 학업에 대한 열정마저 식어버렸다. 진학을 포기한 그는 송 목사가 발간하는 부흥지의 편집장이 되었고 여러 마을을 다니며 순회 설교를 계속하였다. 고등학교 전도단을 만들어 차례로 마을 학교를 찾아다니며 학생들을 위해 예배를 인도하기도 하였다. 젊은 전도 단원들의 열정은 때로는 정도에 지나쳤다. 그들은 절간의 우상을 부수고 불상의 팔다리를 잘라버리는 일을 하기도 했다.

이러한 열정과 헌신에도 불구하고 온전한 만족이 없었다. 자신이 어떠한 사람인지는 누구보다 잘 알고 있었고 그런 빈약한 삶이 진정한 삶일 리가 없었다. 그것이 그리스도인의 삶의 모든 것이라면 너무나 허무하게 느껴졌다. 주은은 어느 날 일기에 이렇게 썼다. "물총새의 파란 깃털처럼 화려하고, 여름철의 싱그러운 나뭇잎처럼 잎은 무성해 보이지만, 나에게 주 예수께 바칠 신선한 열매는 하나도 없다."

4. 미국으로

1919-1923

> 어느새 그는 천국에서 기쁨 가득한 군중 사이에 있었다. 많은 사람이 그의 손을 잡고 감사하다고 말하며, 하나님께 영광을 돌리고 있었다. 이 꿈은 송상절의 생에 대해 말해주는 하나의 상징이었다.

"아버지, 저는 미국으로 가서 공부하기로 결심했습니다."

이제 나이가 많은 송 목사는 아들의 말을 듣고 할 말을 잃은 듯했다. 잠시 후 분노가 터져 나왔다. "서양 물이나 먹고 머리에 바람만 잔뜩 집어넣으라고 내가 땀 흘리며 일을 한 거냐! 도대체 너는 나를 뭐라고 생각하는 거냐? 나는 푸톈의 고관대작이 아니야! 네 아비는 가난한 설교자에 불과하다는 것을 너는 모르겠니?"

기도 언덕

1919년의 중국은 매우 불안정했다. 베르사유 조약의 결과로 독일이 가지고 있던 권익 일부가 일본으로 넘어가게 되었다. 또 일본의 고자세와 위협적인 태도는 중국인의 자존심을 계속해서 자극했다. 청년 학생들은 격분해서 정부에 이것저것을 요구하며 격렬한 시위를 이어갔다.

야망으로 가득 찬 열여덟 살 청년 주은은 이렇게 혼란스러운 시기에는 중국 어느 대학에서도 학업에 집중할 수 없다는 것을 깨닫고 미국 유학을 꿈꾸는 고향 청년들의 행렬에 동참하기로 했다. 부모는 심하게 반대했지만, 그는 조금도 물러서지 않았다. 믿는 구석이 있었다. 늘 기도하는 언덕의 특정한 장소에서 하늘 아버지께 간절히 기도했다. 미국에 가서 공부하고 싶다고, 그리고 꼭 중국에 돌아와 복음을 전하겠다고 약속했다. 그렇게 꼬박 일주일 동안 길을 열어달라고 하나님께 간청했다.

얼마후 베이징에서 한 미국인 여자 선교사가 보낸 편지가 도착했다. 궁금해서 바로 봉투를 뜯었는데 깜짝 놀랄 내용이 적혀있었다. 미국의 오하이오 웨슬리안대학교에 보내주겠다는 것이었다. 전액 장학금을 지원하겠다는 도저히 거절할 수 없는 제안이었다. 확실한 기도 응답이었다. 이 편지를 들고 의기양양하게 아버지를 찾아갔다. 하지만 송 목사는 요지부동했다. "그래. 좋은 제안이다. 하지만 네 여비는 어떻게 하지? 내가 30년간 목회를 하였지만, 미국행 편도 뱃삯도 살 형편이 안되는 것을 너도 잘 알지 않니? 보내고 싶어도 여비가 없으니 어떻게 하라는 말이냐!"

주은은 다시 언덕으로 갔다. 이번에도 하나님이 그의 기도를 들어주셨다. 주은의 동기들은 이미 사회에 나가 직업을 가지고 있는 사람이 많았는데 형편을 알게 되어 몇 사람이 돈을 보내오기 시작했다. 주은은 최대한 빨리 꼭 갚을 요량으로 꼼꼼하게 후원금을 기록했다. 모인 돈은 500불이 넘었는데 때마침 미화의 환율이 급락하는 바람에 그 돈으로 여비는 물론 양복과 다른 필요한 것들을 마련할 수 있었다. 아버지 송 목사는 여전히 내키지 않았지만, 이제 반대할 명분이 없었다.

유학길의 마지막 난관은 급성 트라코마였다. 당시 미국은 안 질환에 걸린 사람의 입국을 거부하였다. 주은은 고통이 심한 황산구리를 이용한 치료를 받으며 열심히 기도했다. 그런데 어느 날 이발을 하던 중 이발사가 자신이 아는 민간요법을 권했다. 주은은 시술해 달라고 부탁했다. 이발사는 뼈로 만든 소독도 하지 않은 기구로 눈꺼풀을 문지르고 씻는 일을 몇 차례 반복했다. 놀랍게도 눈은 완전히 깨끗하게 되었다. 주은은 하나님이 기도를 들으시고 미국으로 가는 모든 장애물을 깨끗하게 제거해 주셨다는 것을 굳게 믿었다.

1920년 2월 10일. 드디어 출항하는 날이 되었다. 이별의 슬픔에 마음이 무거웠던 어머니는 집에서 주은에게 인사만 하고 아들을 떠나 보낸 뒤 그저 집안일에만 몰두하고 있었다. 아버지는 출타 중이어서 남동생과 친구 몇 명만이 부두까지 따라와 주은이 상하이로 가는 조그만 증기선에 오르는 것을 지켜보았다. 주은은 집을 떠나는 슬픔으로 가슴이 아팠다. 돌아와서 부모와 재회하는 데 7년이나 걸릴 것을 알았더라면 더 많이 아팠을 것이다.

송상절

주은은 일곱 명과 함께 여행하게 되었다. 일행 중 그리스도인은 주은 혼자였다. 상하이에서 미국행 여객선을 기다리는 동안 여비가 두둑했던 다른 사람들은 시내를 두루 구경하며 즐겁게 지낼 수 있었다. 그러나 가난한 주은은 가까이 있는 유명한 백화점도 구경하지 못하고 호텔에 틀어박혀 있을 수밖에 없었다. 조용히 출항일을 기다리면서 자신의 일과를 따라 성경을 읽고 기도하거나 신문을 읽었다. 나머지 시간에는 일기를 썼다. 일행은 자신들과 너무나 다른 이런 주은을 비웃었다.

3월 2일이나 되어서야 나일호가 출항했다. 선실은 편안했고 태어나서 처음으로 마음껏 호사를 누렸다. 하와이에 정박했을 때도 일행은 해변을 즐겼지만 주은은 엄격한 일과를 계속하였다. 일행은 이번에는 그를 골탕 먹이기로 계략을 꾸몄다. 그들은 주은이 소중히 여기는 일기장을 훔쳤다. 주은은 크게 실망하고 화를 냈지만, 일기장을 되찾지는 못했다. 3월 22일에 드디어 샌프란시스코에 도착하여 일행과 헤어지게 되었으나 그의 마음에는 조금도 아쉬움이 없었다.

여행할 때도 외로웠지만, 미국에 도착하니 더욱 외로웠다. 영어 실력은 형편없었고 미국식 삶의 방식과 풍습에 대해서도 무지했다. 설상가상으로 4월에 대학이 있는 델라웨어에 도착했을 때, 도움을 주기로 한 선교사가 여전히 베이징에 머물고 있다는 사실을 알게 되었다. 하지만 주은은 자신의 어려움보다 자신에게 도움을 준 사람들을 먼저 생각했다. 그에게 246불이 남아 있었는데 6불만을 남기고 즉시 아버지에게 모두 송금했다. 또 한 번의 환율의 급격한 변화로 송 목사는 이 돈으로 500불 정도였던 후원금을 모두 돌려줄 수 있었다.

다행히 오하이오 웨슬리안대학교의 담당자는 등록금은 염려하지 말라고 주은을 안심시켰다. 4월 20일에 주은은 '송상절(宋尚节)'이라는 이름으로 등록할 수 있었다. 그러나 하루 1불이나 드는 하숙비는 어떻게 할 것인가? 그가 미국에서 처음 직면한 현실적인 어려움이었다. 그는 바로 일자리를 구하러 다니기 시작했다. 이런 어려움 속에서 더욱 하나님을 의지할 수밖에 없었고 오히려 역경 속에서 그의 자질은 더욱 빛났다.

그가 얻은 첫 일거리는 시간당 25센트를 받는 상점 청소 일이었다. 그다음 해 여름에는 웨스팅하우스에서 주당 27불을 받으며 11시간 교대로 일하는 자리를 구할 수 있었다. 그런데 그 회사의 주임은 생소한 곡조를 흥얼거리는 중국인 청년에게 흥미를 느꼈다. 송상절을 불러 자초지종을 들은 그는 복잡한 기계를 다루는 일을 맡기고 시간당 무려 1불을 받을 수 있게 해 주었다. 부업으로 호텔에서 숙박비 대신 관리인으로 일하며 주당 27불을 받는 일도 병행했다. 송상절은 여름 방학 동안에 무려 600불을 마련해서 이 돈으로 1년 동안의 생활비를 감당할 수 있었다. 송상절이라고 불린 청년 주은의 미국 생활은 이렇게 시작되었다.

뛰어난 고학생

미국에서의 첫 4년은 가난과 질병과의 끊임없는 싸움이었다. 웨슬리안대학교의 성서학 교수인 롤린 워커는 가난하고 일에 찌든 유학생의 친구가 되어 주었고 이 둘 사이에는 깊은 우정과 존경심이 싹텄다. 송상절은 워커 교수를 '미국 아버지'라고 부르며 따랐고 그의 성서학 강의를 들으며 많은 것을 배웠다. 워커 교수의 동료들도 송상절에게 관심이 많았다. 하지만 도움을 주려고 해도 굳이 마다하는 독립심 강하고 고집스러운 이 중국인 학생은 그들에게 걱정거리가 되었다. 교수들은 송상절이 제대로 된 잠자리와 식사를 하고 있는지 염려스러웠지만, 그것마저도 알아내기가 쉽지 않았다.

송상절은 매 끼니를 손수 만들어 먹었는데 사실 식사는 형편없었다. 그러나 그는 남에게 도움을 받기보다는 고생을 택하는 편이었다. 설거지하고 마루를 닦고 카펫을 털고 잔디를 깎는 일을 마다하지 않고 닥치는 대로 일했다. 때로는 주물공장에서 좀 편한 일을 할 때도 있었지만, 전반적으로 볼 때 그는 고생하는 유학생의 본보기였다.

송상절은 학생으로서 보기 드물 정도로 우수했다. 특히 화학 과목에서 놀라운 재능을 발휘했다. 처음에는 의예과와 신학과를 병행하려고 하였지만, 부담이 너무 크다는 것을 알고 일단 포기하고 수학과 화학에 집중하기로 마음먹었다. 4년 과정을 3년에 마치는 것이 포부였다. 그러나 담당 교수는 부족한 영어 실력 때문에 적어도 5년은 걸릴 것이라고 말해주었다. 그런데 1학년 말이 되었을 때 평점은 A였고 과에서 수석을 했다. 3년 안에 졸업하겠다는 목표는 이제 가능해 보였다. 놀라운 집중력과 뛰어난 기억력이 사람들에게 알려졌다. 학교의 모든 교수와 학생이 중국에서 온 젊은 천재를 주목하기 시작했다.

1921년의 미국은 경제 불황으로 실업자가 넘쳐났다. 송상절도 그해 여름 일자리를 구하지 못해 형편이 매우 어렵게 되었다. 설상가상으로 형도 미국으로 오게 되어 그는 두 사람 몫을 벌어야만 했다. 매 끼니를 걱정하던 그때 갑자기 척추 아래에 누공이 생겨 고열에 시달리게 되었다. 의사는 수술을 권했지만, 그는 수술비도 없고 일 때문에 입원할 시간도 없다고 말하며 수술을 받지 않으려고 하였지만 친구들이 강권해서 할 수 없이 수술을 받았다. 한 그리스도인 간호사의 헌신적인 노력과 교회 친구들의 위로로 그는 빠른 속도로 회복했다. 두 사람의 교우가 수술비용 모두를 지급해 주었다. 그는 이 일로 믿음 없이 두려움에만 빠져 있던 자신을 질책하였다. (편집자 주: 그에게 생긴 '누공'의 후유증이 나중에 오랫동안 그를 괴롭혔다.)

꿈과 현실

학교 공부도 해야 하고 생활비도 벌어야 하는 상황에서 점점 약해져 가는 건강은 송상절을 우울증으로 몰고 갔다. 이 시기에 그를 숨 쉴 수 있게 하는 유일한 돌파구는 신앙 활동이었다. 정기적으로 교회에 출석했고, 많은 사람이 원하고 주변에서도 격려해 주어서 종종 설교할 기회가 있었다. 교회에서 전도단을 조직하기도 하였다. 추수 감사절과 부활절이나 성탄절과 같은 휴일이 되면 전도단을 이끌고 시골 마을로 가서 복음을 전했다. 친구도 많이 사귈 수 있었다. 그는 이 일을 매우 좋아했다. 또한, 이 일을 통해 아름다운 그리스도인 가정들을 많이 보고 크게 감명받아서 중국의 가정도 그렇게 되기를 간절히 구했다. 송상절은 중국에 복된 그리스도인 가정을 세우는 것을 자신의 사명 중 하나로 삼겠다고 남몰래 굳게 다짐하기도 했다.

1922년, 추수 감사절이 되었다. 송상절은 휴가 기간에 오하이오의 스미스빌에 있는 친구 집에 머물렀다. 이곳에서 기이한 꿈을 꾸었다. 꿈에서 푸텐으로 돌아가 있었다. 늘 기도하던 언덕이었다. 그런데 갑자기 바다로 흘러내리는 강에서 비명이 들렸다. 많은 사람이 물에 빠져들어 가고 있었다. 곧장 달려가 물에 빠진 사람들을 구하려고 했지만, 오히려 자신이 위험해졌다. 그때 격랑 속에 걸쳐있는 십자가를 발견하였다. 그는 십자가를 밟고 서서 사람들을 건지기 시작했다. 한 명, 또 한 명. 수많은 사람을 건져 냈을 때 갑자기 장면이 바뀌었다. 어느새 그는 천국에서 기쁨 가득한 군중 사이에 있었다. 많은 사람이 그의 손을 잡고 감사하다고 말하며, 하나님께 영광을 돌리고 있었다. 이 꿈은 송상절의 생에 대해 말해주는 하나의 상징이었다. 그는 하나님이 그를 어떻게 다루셨는지를 간증할 때면 이 꿈을 자주 이야기했다.

　마지막 학기가 큰 부담으로 다가와서 송요한은 학위 시험을 앞두고 극도로 긴장했다. 억지로라도 틈을 내어 공부해야만 했다. 자연히 성경 공부와 기도를 소홀히 했고 그 결과는 삶에 나타났다. 그 시기에 무례하고 건방진 태도로 미국에 온 형을 대하기 시작했고, 신경질을 참을 수 없었다고 기록했다. 심지어 다른 사람이 하듯 공부할 틈을 얻기 위해 근무시간을 속이기도 하고 시험시간에 부정을 저지르기도 하였다. 이 일은 송상절의 기억 속에 부끄러운 오점으로 남아 있다.

5. 내적 갈등

1923-1926

> '일단 두 가지를 모두 잡자. 목회의 길이 아니라면 포기하면 돼. 그 길이 아니라면 1년쯤 공부하고 친구들에게 핑계를 대면 되지! 과학은 내게 맞지만, 신학은 내게 맞지 않는다고!'

1923년, 여름 방학이었다. 위스콘신의 레이크 제네바에서 국제 그리스도인 학생대회가 열렸다. 송상절은 그가 조직한 전도단의 한 회원과 함께 참석하기로 하였다. 자신의 영적 갈등이 이 대회를 통해 해결되기를 기대했다. 레이크 제네바는 오하이오에서 수백 킬로미터 떨어진 작은 도시였다. 그들은 지나가는 차를 세워 동승을 부탁했다. 마침 길에서 한 신혼부부가 태워 주었다. 우연히도 운전자 부부는 웨슬리안대학교 출신이었고 그들은 송상절이 며칠 전 신문에서 보았던 유명한 중국인 유학생인 것을 알고 무척 반가워했다.

오병이어

학생대회는 마음에 들지 않았다. 모인 사람들은 그리 헌신적이지 않았고 분과 토의 시간에는 영적 갈등을 푸는 데 도움이 되지 않는 사소한 문제로 서로 언성을 높이기만 하였다. 결국, 내면의 갈등과 어려움을 들어주고 기도해 줄 사람을 찾아 나서기로 했다. 그러나 그런 사람을 만날 수가 없었다. 차라리 혼자서 기도하고 말씀을 읽는 것이 대회에 참여하는 것보다 더 나아 보였다.

호수가 내려다보이는 언덕에 올라가 복음서의 다섯 덩이의 떡과 물고기 두 마리로 오천 명을 먹이신 사건을 읽었다. 호수 주변의 경관이 영감을 주었을까? 어느덧 그는 성경의 사건 속으로 빠져들기 시작했다. 억제할 수 없는 기쁨 속에서 예수님이 5,000명을 먹이신 이야기를 읽고 또 읽었다. 하나님은 굶주린 인류에게 아무것도 줄 수 없는 절망적인 사역자의 상황을 보여주셨다. 그리고 아이가 바친 보잘것없는 것으로 창조주 하나님이 무엇을 하실 수 있는지 보여주셨다. 오직 하나님만이 세상이 필요로 하는 것을 주실 수 있다는 사실이 너무나 절실하게 느껴졌다.

그리고, 로마서 12장 1절의 말씀이 무서운 힘으로 그를 압도했다. 송상절은 오병이어가 주님께 드려져야 했던 것처럼 그의 몸도 주님께 산 제물로 바쳐야 하나님께서 그를 사용하신다는 것을 깊이 생각하기 시작했다.

송상절은 다섯 떡 덩어리를 우리의 오감과 다섯 장기, 혹은 다섯 손가락과 발가락을 상징하는 것으로 해석했다. 두 물고기는 두 귀, 두 눈, 두 손, 그리고 두 다리였다. 자신이 바친 보잘것없는 육체를 창조주 하나님이 굶주린 영혼을 먹이는 일에 사용하실 가능성만으로도 감격을 억누를 수 없었다. 그것으로 충분했다. 그의 삶이 하나님께 드려졌을 때의 놀라운 가능성에 대해 새롭게 알게 된 그의 마음은 기쁨으로 차올랐다. 하나님께서는 집회가 아닌 레이크 제네바의 호수 언덕에서 송상절에게 자신을 나타내셨다.

대회가 끝나고 델라웨어로 돌아왔다. 남은 여름 방학 동안 돈을 벌어야 했다. 그런데 공장에서 며칠 일하지 못하고 고열 때문에 그만둘 수밖에 없었다. 의사는 결핵 증상이 있으니 반드시 실외에서 일하라고 충고했다. 다행히 목회자 친구가 농장일을 소개해 주었지만, 체력이 부쳐 3주를 채 일하지도 못하고 그만두어서 품삯도 받지 못했다. 다시 도시로 돌아갔지만 이미 마음도 몸도 병들어 있었다. 가난과 질병의 망령이 끈질기게 그의 주위를 배회했다.

그는 여관 주방에서 설거지하는 일을 시작했다. 그러나 자신을 무식한 외국인 품팔이 취급을 하는 주인의 태도에 마음이 상해 바로 그만두었다. 곧이어 고속도로 주변 풀을 깎는 일을 하였다. 다행히 시간당 45센트를 벌며 온종일 바깥 공기를 마시며 일할 수 있었다. 곧 결핵 증상이 완전히 사라졌다. 간유와 같은 비싼 약을 먹을 처지가 못되었던 그는 건강이 회복된 것을 하나님께 감사했다. 건강이 회복되자 내면의 갈등도 좀 나아졌고 새로운 기대 속에서 가을 학기를 맞을 수 있었다.

밝은 미래

1923년, 학사학위 시험이 치러졌는데 송상절은 300명 중 최고 우등생의 영예를 거머쥐었다. 평균 학점은 3.0 만점에 2.73이었는데 당시에는 놀라운 성적이었다. 물리학과 화학에서 금메달과 상금을 받았고 우수한 졸업생만 가입할 수 있는 '파이 베타 카파' 회원으로 뽑혔다. 그해 6월 13일에 졸업식에서 우등상장을 받았다

중국인 학생이 불리한 여건 속에서 4년 과정을 3년 만에 우수한 성적으로 졸업한 것은 초유의 일이었다. 송상절의 사연이 사진과 함께 미국의 많은 신문에 게재되어 하루아침에 유명인사가 되었다. 명성이 유럽에까지 미치고 유명 일간지들이 전도양양한 젊은 청년 과학자의 이야기를 앞다투어 보도하였다.

미네소타대학교에서 화학 조교의 자리를 넉넉한 보수와 함께 제안해왔다. 하버드대학교에서는 의학을 공부한다면 1년에 1,000불의 장학금을 주겠다는 제의를 했다. 신학을 공부하라는 주변의 조언도 있었다. 신학을 공부하라는 조언을 받아들여야 한다고 생각하면서도 갑자기 높아진 명성 때문에 혼란스러웠다. 여러 생각 끝에 그는 결국 오하이오 주립대학교의 석사 과정과 매년 300불의 장학금을 선택하였다. 미국 유학을 가능하게 해 주었

던 푸텐의 미국인 여자 선교사의 시동생인 웨슬리안대학교의 화학과 교수의 추천으로 이루어진 일이었다.

오하이오 주의 콜럼버스에 있는 오하이오 주립대학교가 이제 새 모교가 되었다. 이 대학에는 13개국 출신의 만 명 이상의 유학생이 있었다. 송상절은 유학생 협회를 활성화하는 데 중요한 역할을 했고 회장으로 선출되어 학생 활동을 이끌게 되었다. 그는 또 국제평화동맹의 회원이기도 했다. 기금 마련을 위해 음악회를 열기도 하고 회원들이 각 나라의 음식을 시식할 수 있는 만찬 클럽도 시작했다. 이 자리에서는 백인과 흑인 학생의 인종 차별 철폐를 위해서 백인 흑인 가리지 않고 모두 한자리에 앉게 했다. 그는 얼마 지나지 않아 국제평화동맹의 회장으로도 선출되었다.

유학생 협회의 활동이 다른 대학교에도 알려지게 되어 각 대학교에 이와 비슷한 성격의 단체가 여럿 생겨났다. 이 운동에서 발휘한 송상절의 지도력은 그에게 새로운 유명세를 안겨주었다. 그는 어느덧 오하이오 주의 가장 유명한 학생으로 언론에 알려지기 시작했다.

이런 많은 활동에도 불구하고 석사과정을 9개월에 끝냈다. 1924년 6월에 송상절은 이학 석사학위를 획득했다. 이번에도 그의 이름을 우등생 명단의 첫 줄에 올렸고 과학 협회가 수여하는 메달과 황금 열쇠를 받았다. 학위 수여식을 마치고 나오는 덥수룩한 머리에 거무스름한 동양인의 가슴에는 금장식이 있었고 그의 얼굴에는 미소가 가득했다. 모든 사람이 그에게 주목할 수밖에 없었다.

송상절은 화학 분야, 특히 화약에 관심을 가졌다. 고국을 위해 뭔가 이바지할 수 있을 것으로 생각했기 때문이었다. 그는 박사 학위를 가지고 중국에 돌아가기를 원했다. 그런데 박사과정에 들어가려면 불어와 독일어가 필수였다. 불어는 이미 공부를 했지만, 독일어는 한 번도 배워본 적이 없었다. 그해 여름 그는 기숙사에 홀로 남아 독일어 공부에 매달렸다. 두 달 공부하니 독일어 전공 책은 대략 읽을 수 있는 수준이 되었다. 곧바로 박사과정에 지원했다. 시험관은 두꺼운 화학책을 주어진 시간에 번역할 것을 요구했다. 송상절은 짧은 시간에 번역을 마쳤다. 그래서 시험관은 그가 수년간 독일어를 공부한 사람인 줄 알았다고 한다.

모든 것이 잘되어 갔다. 친구도 많이 사귀고 야유회나 파티에도 빠지지 않고 참석했다. 송상절은 그런 생활을 즐겼다. 그는 이미 명사였고 여러 모임에서 그를 초청하는 인기 있는 연사이기도 했다. 사람들은 그에게 아낌없는 환대를 베풀었다. 중국에도 명성이 알려져서 정부의 후원금도 받았다. 강사 월급도 넉넉해서 이제는 가난과 질병의 망령이 완전히 그를 떠난 듯했다.

그는 뛰어난 연구 벌레였고 그래서 석사 학위를 받은 지 불과 1년 9개월 만에 박사 과정도 끝낼 수 있었다. 1926년 3월 19일, 송상절은 많은 귀빈 앞에서 박사학위를 받았다. 수많은 축하세례가 잇따랐다.

자신은 이러한 놀라운 성취의 시기를 어떻게 평가할까? 그는 이 기간에 더욱 공부에 집중해야 했다고 회고하였다. 너무나 많은 시간을 사회 활동과 종교 활동에 소모한 것이 마음에 걸린다고 썼다.

송상절은 이 무렵에 서서히 자유주의 신학에 물들기 시작했던 것 같다. 그는 예수를 인류의 모범으로만 여기기 시작했다. 하나님이 인간을 용납하실 수 있는 유일한 근거인 그리스도의 보혈이 서서히 그의 마음 한구석으로 밀려나기 시작했다. 이 시기의 그의 기록을 보면 인종 간의 화합이나 사회봉사의 이상에 대해서는 할 말이 많았지만, 죄의 사슬에 얽매인 사람들에게는 별로 해줄 말이 없는 듯했다.

이제 고난은 끝이 나고 밝은 미래만이 남아 있는듯했다. 그러나 정작 그의 마음 깊은 곳에는 평안함이 없었다. 모든 것이 잘되어 가는 것처럼 보였지만 영적 불안은 점점 더 심해져 갔다.

두 가지 길

송상절은 오하이오 주립대학교에 교직원으로 남았다. 새 책의 출간을 준비하고 있던 한 화학과 교수가 함께하자는 제안을 했다. 미국 정부는 화학공장 관련 법안을 연구해 달라고 요청했다. 그런데 학위를 끝냈는데도 그의 지식에 대한 욕구는 만족을 몰랐다. 그때 독일에서 일체의 연구비용을 받는 특별 연구원으로 와달라는 매력적인 제안을 해왔다. 동시에 베이징대학교에서 의과대학의 생리화학과 교수로 와달라는 긴급 전보가 날아들었다. 본래 계획대로라면 중국으로 돌아가야만 했다. 하루빨리 돌아와 다른 형제들의 양육에 이바지하라는 아버지의 요청도 있던 터였다. 하지만 그는 지식에 너무나 목말랐다. 그의 마음은 베이징이 아닌 독일로 거의 기울었다.

어느 날 밤 송상절은 달빛 아래 앉아서 떠나온 고국과 고향 집을 생각하며 향수에 젖어 있었다. 어떤 길을 가야 할지 곰곰이 점검하고 있을 때 하나님의 음성이 들려왔다. "사람이 만일 온 천하를 얻고도 제 목숨을 잃으면 무엇이 유익하겠느냐!" 그는 이 말씀을 경고로 여겼다.

다음 날 아침에 윌버 파울러 목사가 예고 없이 송상절을 방문했다. 파울러 목사는 오하이오 주립대학의 웨슬리 재단 대표로 일하고 있었다. 그는 다짜고짜 송상절에게 이렇게 말했다. "자네는 과학자가 아니라 설교자가 되어야 하네!" 순간 어젯밤 일이 떠올라서 그 일을 파울러 목사에게 소상하게 말했다. 그러자 파울러 목사는 당장 뉴욕의 신학교에 가서 신학을 공부하라고 강력하게 권유했다. 송상절은 잠시 망설였다. 그러나 곧바로 새로운 길에 매력을 느꼈다. 뉴욕은 미국에서 가장 매력적인 도시가 아닌가! 그 유명한 콜롬비아대학교도 그곳에 있지 않은가! 그곳에는 틀림없이 그를 충족시켜줄 수 있는 무엇인가가 있을 것만 같았다. 그는 중국도 독일도 아닌 뉴욕으로 가기로 했다. 하룻밤 사이에 이루어진 결정이었다.

송상절은 즉시 뉴욕의 유니언신학교에서의 신학 공부와 근처 콜롬비아대학교에서의 과학 연구를 병행할 당찬 계획을 세우기 시작하였다. 그는 사역의 길로 인도하시는 하나님의 손길을 느끼면서도 과학에 대한 미련을 버릴 수 없었다. 그때 유니언신학교에서 연락이 왔다. 장학금과 함께 생활비도 지원하기로 했다는 기쁜 소식이었다.

그런데도 송상절의 마음이 깨끗하게 정리된 것은 아니었다. 보이지 않는 손의 이끌림을 부인할 수 없으면서도 마음 한편은 막연한 길보다는 분명한 길을 원하고 있었다. 많은 것을 이룬 분야를 버리고 사역자로 나서는 것은 너무도 위험해 보였다. 과학연구는 그에게 실제였으나 종교는 아직 관념에 지나지 않았다. 과거에 경험했던 체험은 이미 희미해져 가고 있었다. '일단 두 가지를 모두 잡자. 목회의 길이 아니라면 포기하면 돼. 그 길이 아니라면 1년쯤 공부하고 친구들에게 핑계를 대면 되지! 과학은 내게 맞지만, 신학은 내게 맞지 않는다고!'

송상절은 뉴욕으로 갔다. 그의 앞에는 넓은 길과 좁은 길, 아직 선택하지 못한 두 길이 놓여 있었다.

6. 송요한이 되다

1926-1927

> 한밤중까지 흐느끼며 기도하던 그에게 음성이 들렸다. "아들아. 네 죄 사함을 받았느니라! 너의 이름을 요한으로 바꾸어라!" 그 음성을 듣는 순간 어깨의 모든 짐이 떨어져 나가는 것 같았다.

뉴욕으로 가는 길에 송상절은 나이아가라 폭포에 들렀다. 높은 절벽에서 거대한 물줄기가 우렁찬 소리를 내며 떨어지는 광경에 입을 다물지 못했다. 그는 장엄한 대자연 앞에서 이렇게 기도했다. "주님, 생명수가 폭포처럼 제 가슴 속에서 흘러나게 하옵소서!"

송상절은 1926년 9월 20일에 유니언신학교에 입학했다. 그때 유니언신학교는 헨리 스론 커핀 박사가 막 새로운 총장으로 취임했고 저명한 헨리 피트니 듀센 박사와 해리 에머슨 포스딕 박사가 강의하고 있었다. 교정은 자유주의 신학의 명성에 걸맞게 현대판 바벨탑 같은 마천루 한가운데 자리 잡고 있었다.

하지만 학생 중에는 보수적인 신앙을 가진 이들이 꽤 있었고 서로 함께 모이기도 했다. 한국에서 선교사로 활동하다가 잠시 안식년으로 뉴욕에 머물며 근처 유니언 감리신학교에서 강의하던 찰스 데밍 선교사의 집에서 복음주의 신앙을 가진 학생들이 기도를 위해 정기적으로 모였다. 그때까지만 해도 보수적인 신앙을 아주 버리지는 않았던 송상절은 데밍 선교사의 집을 드나들며 이들과 두터운 친분을 쌓았다.

과학 분야의 박사 학위를 가진 사람이 신학교에 와서 공부하는 것을 많은 학생이 놀라워했다. 송상절은 그들에게 이렇게 말하곤 했다. "세상 지식은 충분히 쌓았지요. 이제는 하나님의 지식을 쌓고 싶습니다!"

심연

송상절은 그가 늘 그랬듯이 예리한 지성과 놀라운 집중력으로 신학 연구에 빠져들기 시작했다. 3년의 정규과정을 1년 안에 마치기 위한 특별과정을 선택했다. 당연히 다른 학생보다 몇 배의 노력을 해야만 했다. 1학기가 마쳤을 때 과목 평균 점수가 90점에 달할 정도로 열심히 하였다. 송상절은 유니언신학교의 정신을 급히 들이켰고 자유주의의 독은 오래지 않아 그를 영적 죽음으로 내몰았다.

유니언신학교에서는 모든 신앙의 문제를 인간의 이성으로 다루었다. 과학으로 설명될 수 없는 성경의 많은 요소가 인간의 이성에 의해 거절되었다. 교수들은 창세기의 내용은 역사성과는 동떨어진 고대인의 신앙이라고 평가했으며 성경의 수많은 기적은 비과학적이므로 믿을 수 없다고 가르쳤다. 예수는 위대한 인물이었지만 대속적인 죽음과 부활은 제거된 채 분석되었으며 기도에 대해서는 개인의 주관적 가치만을 인정했다. 이러한 견해에 동조하지 않는 학생은 자연스레 교수와 학우의 조롱거리로 전락했다.

송상절도 다른 학생과 마찬가지로 짧은 시간에 성경과 기독교 신앙은 하나의 거대한 철학 체계에 불과하다고 믿게 되었다. 매일 기도하는 습관은 여전했지만 남은 것은 형식뿐이었고 거기에는 어떠한 능력도 없었다. 믿음은 급격히 소멸하기 시작했다. 급기야 유니언신학교에 초청되어 온 복음주의적인 목사들을 친구들과 함께 조롱하기까지 했다.

복음주의 신앙에서 평안을 얻지 못하게 된 송상절은 자연스럽게 동양의 고대종교에도 눈을 돌렸다. 그를 격려하듯 대학 도서관에는 불교와 도교 서적이 가득했다. 그는 도교의 경전을 영어로 번역하며 어쩌면 노자가 주장한

'정적(靜寂)과 무위(無爲)의 길'이 마음의 평화를 가져다주리라 기대하기도 했다. 수업시간에 다른 교우에게 노자의 글을 읽어줄 정도로 노자 사상에 푹 빠졌다. 그가 기독교 신앙 안에서 누렸던 것은 점점 희미해져 가고 그의 마음은 만족을 줄 가능성이 있는 온갖 것들을 찾아다니기 시작했다. 어느덧 동양의 신비주의에도 빠지게 되어 석가의 가르침을 따라 자기 부정을 하면 도움이 될까 하여 남몰래 자기 방에서 독경할 지경까지 이르렀다.

여러 종교의 경전을 탐구했지만 빛을 찾을 수 없었다. 과학과 종교를 깊이 연구한 그의 최종 결론은 과학과 종교 모두가 다 해답은 아니라는 것이었다. 절망에 빠진 송상절은 급기야 진리의 빛을 찾아 뉴욕 시내의 여러 사이비 집단을 미친 듯이 찾아다니기 시작했다. 심지어 신지학회 모임에도 참석해 보았다. 빛을 잃은 그에게 세상은 무의미했고 삶은 고통이었다. 당시의 일기장에는 이런 기록이 있다. "내 영혼은 광야를 헤매고 있다. 잠을 잘 수도 없고 먹지도 못할 지경이다. 내 믿음은 이제 선장도 나침반도 다 잃었다. 나는 너무나 비참하다."

여명

그러나 여명 직전이 가장 어두운 법이다. 성탄절을 앞두고 송상절은 친구들과 함께 존 스트라튼 목사가 사역하는 갈보리 침례교회의 특별 집회에 참석하였다.

송상절은 그의 구미에 맞는 유창하고 박식한 설교자를 기대했다. 그런데 뜻밖에도 그날의 설교자는 열다섯 살의 율딘 어틀리라는 소녀였다. 소녀가 강단에 서서 성경을 읽고 기도를 할 때 송상절은 평소와 다른 기운을 느꼈다. 어린 소녀를 통해서 복음은 명확하고 힘 있게 회중의 마음을 두드렸고 마침내 주님의 십자가가 높이 들려졌다. 설교 후에 많은 사람이 강단으로 나와 눈물로 회개하며 구원을 구했다.

동행한 친구들은 그 모습을 보고 비웃었다. 하지만 송상절은 비웃을 수 없었을 뿐만 아니라 큰 충격을 받았다. 어린 소녀가 가진 기도와 설교의 능력을 자신도 가질 수 있다면 어떤 것도 희생할 수 있을 것 같았다. 그 능력의 비밀을 알고 싶었다.

그날 일기에 이렇게 썼다. "그녀가 설교를 마치자 많은 사람이 앞으로 몰려나와 회개의 눈물을 흘렸다. 그들 중에는 지역 유지들과 정부관리, 심지어 목사까지 있었다. 조용하게 말하면서도 능력 있는 설교에 너무나 큰 감명을 받았다. 나는 자존심이 강한 사람이다. 그러나 그 어린 소녀가 내 영혼의 갈급함을 채운 것을 부인할 수 없다." 그는 이어지는 나흘의 집회에 모두 참석했다. 그러자 갈망이 더욱 커졌다. 결국, 그는 소녀가 가진 능력의 비밀을 스스로 알아내기로 했다.

겨울 방학이 되었다. 얼마 전에 능력의 비밀을 알아내기로 굳게 결심한 후 지난날의 위대한 그리스도인들의 전기를 읽기 시작했다. 어떻게 그들이 충만한 삶을 살 수 있었는지 알고 싶었다. 그리고 하나님을 만나고 싶은 열망으로 인해 날이 갈수록 더 깊은 기도로 빠져들어 갔다.

섣달 그믐날 밤의 일이었다. 기도하고 있었는데 마음에 말씀이 섬광처럼 번쩍였다. "내가 지혜 있는 자들의 지혜를 멸하고 총명한 자들의 총명을 폐하리라." 이 말씀은 송상절의 양심에 유죄를 선고했다. 두려움에 떨었다. 그날 밤 지식의 공허함과 능력의 허무함을 생각하며 잠을 이루지 못했다. 지혜를 추구했으나 지혜의 근본이신 이에게는 한 걸음도 나아가지 못하고 있다는 것을 알았다. 자신의 노력으로 단 한 걸음도 하나님께 나아갈 수 없다는 사실, 그 사실 너머에 있는 은혜의 십자가의 빛이 희미하게 송상절의 마음에 비치기 시작했다.

성탄 휴가 동안에 여러 신학생의 집회가 미 중서부 지역에서 열렸다. 초청 연사 중에는 우드바인 윌리라고도 불렸던 스튜더트 케네디 목사도 있었다. 그는 영국 출신이고 1차 세계대전 당시의 유명한 군목이었다. 그의 집회에 참석했던 참가자들은 의견이 극명하게 둘로 갈렸다. 어떤 이들은 깊은 감명을 받았다고 했고 어떤 이들은 심한 적개심을 보였다. 집회를 평가하는 자리에 송상절도 참석했다. 케네디 목사의 설교에 대한 반감을 표출한 사람 중에는 사범대 교수이면서 행동주의 심리학을 추종하는 교수도 있었다. 그 교수는 일어나서 케네디 목사의 십자가 복음은 그저 감상에 불과한 것이라고 혹평하였다. 그의 눈과 목소리에는 십자가와 십자가의 복음에 대한 적개심이 서려 있었다.

그의 말이 끝나자 정적이 흘렀다. 그때 송상절이 일어났다. 그는 그곳에 모인 학생과 교수 앞에서 그에게 그리스도의 십자가가 어떤 의미인지 간증하기 시작했다. 최근에 새롭게 알기 시작한 십자가의 복음을 이야기했다. 송상절의 마음이 뜨겁게 달아올랐다. 몇몇이 그를 제지하려고 했으나 그의 단호한 태도와 알 수 없는 두려움으로 다시 자리에 앉고 말았다. 그래서 회의론자였던 이 중국 그리스도인은 그의 새로운 확신을 끝까지 말할 수 있었다.

지금까지 악한 세력이 송상절을 사로잡고 있었다. 그의 영혼을 그토록 고통스럽게 했던 그 세력에게 첫 반격을 가하는 순간이었다.

그러나 이것은 작은 시작에 불과했다. 머리로는 확신했지만, 마음에는 여전히 평화가 없었다. 확신의 기쁨도 없는 것은 아니었지만, 오히려 영혼의 짐은 날이 갈수록 무거워져만 갔다. "그렇다! 포기해야 한다. 모든 것을 포기해야 한다. 성령의 능력과 충만을 얻을 수 있다면 나는 모든 것을 포기해야 한다!" 방향은 분명해 보였지만 더 나아갈 수 있는 돌파구가 없었다. 기도에 집중하는 시간이 점점 늘어났다. 이제 수업도 빠지기 시작했다.

새해가 되었다. 영혼의 어두운 밤은 더욱 깊어져 갔다.

송요한이 되다

1927년 2월 10일이 되었다. 송상절의 눈앞에 지금껏 그가 저질렀던 모든 죄악이 너무나 생생하게 펼쳐졌다. 그는 죄악을 벗을 길이 전혀 없었고 지옥은 바로 그의 발밑에 있었다. 보지 않으려고 눈을 감았지만, 그 광경은 그의 마음을 떠나지 않았다.

그는 견딜 수 없어서 짐가방에서 신약 성경을 찾아내어 읽기 시작했다. 누가복음 23장을 펼쳤다. 주님의 십자가 이야기가 그의 마음에서 살아 움직였다. 마치 구주가 송상절을 대신해서 죽는 것 같았다. 마치 자신이 갈보리 십자가 밑에서 주님을 올려다보며 보혈이 자신에게 흘러내리기를 간절히 구하는 것 같았다. 그는 다메섹 도상의 바울처럼 죽은 듯이 엎드려 울며 기도했다.

한밤중까지 흐느끼며 기도하던 그에게 음성이 들렸다. "아들아. 네 죄 사함을 받았느니라! 너의 이름을 요한으로 바꾸어라!" 그 음성을 듣는 순간 어깨의 모든 짐이 떨어져 나가는 것 같았다. 말할 수 없는 안도감이 밀려왔다. 드디어 영혼의 무거운 짐에서 해방되었다는 것을 알았다. 순간 "할렐루야"를 외치며 밖으로 뛰쳐나갔다. 모두가 잠든 깊은 밤이라는 것도 잊은 채 기뻐서 뛰며 하나님을 큰 소리로 찬양하며 기숙사 복도를 뛰어다녔다. 하늘에서 내려오신 성령이 깨끗하게 비워진 그의 마음에 들어오셨다. 송상절은 충만하게 채워주시는 그 기쁨을 억누를 수 없었다.

송상절이 '송요한'이 되는 순간이었다. 이날 이후 그는 자신을 '존 성(John Sung; 송요한)'이라고 부르기 시작했다.

며칠 뒤에 이상한 꿈을 꾸었다. 꿈속에서 그는 자신의 관을 보고 있었다. 학사모와 졸업가운을 입고 졸업장을 품에 안은 채 자신의 시신이 관속에 누워있었다. 그런데 위에서 한 음성이 들렸다. "송요한은 죽었다! 세상에 대하여 죽었다!" 그러자 천사들이 울기 시작했고 그 후에 갑자기 시신이 흔들리더니 다시 살아났다. 살아난 송요한은 천사에게 말했다. "울지 마시오. 천사들이여. 나는 이제 세상과 나에 대해 죽었습니다." 꿈에서 깨어난 그는 이후로 자신이 어떠한 삶을 살게 될지 알게 되었다.

일주일도 채 지나지 않아 또 하나의 특이한 경험을 하였다. 전혀 모르는 사람이 그에게 다가왔다. 그리고는 다짜고짜 지구본을 주고는 떠나버렸다. 얼떨결에 그는 지구본을 받아들고 곰곰이 생각했다. 그리고는 이 일이 땅끝까지 복음을 전하라는 하나님의 소명이라고 여기게 되었다. 이 소명을 위해 능력 주시기를 구하며 더욱 기도에 힘썼다.

친구들은 송요한의 새로운 모습에 놀랄 수밖에 없었다. 늘 시무룩하고 어두운 표정이었던 얼굴에는 기쁨이 가득했다. 할 수만 있으면 복음을 전하려고 했다. 유학생 협회에 단 5분 만이라도 간증하게 해 달라고 요청했다. 그의 바람은 그리스도를 전하는 것뿐인 듯했다. 만나는 사람마다 죄를 자백하고 그리스도께 돌아와 영생을 얻으라고 눈물로 호소하였다. 평소에 알고 지내던 목회자를 하나하나 찾아가서 그들의 불성실과 복음 전도에 게으른 것에 대해서 회개할 것을 강력히 촉구했다. 용서와 죄 씻음을 구하는 기도를 함께하자고 요청하기도 했지만 그의 권면으로 변화된 사람은 극소수였다. 그러나 송요한은 실망하지 않았다. 하나님의 일을 감당하고 있다는 사실 자체가 그를 기쁘게 했다.

이제 그의 입에는 기쁨의 노래와 찬양이 넘쳐 흘렀다. 모든 신학 서적을 뒤로하고 뒷전이었던 성경 읽기에 몰두했다. 복도를 이리저리 다니며 성경 구절을 암송하기도 했고 방 안에서는 큰소리로 기도하였다. 그는 이제 새로운 사람이었다. 성령의 충만함을 입었다. 이것은 마치 그의 두 번째 회심과도 같았다.

몇몇 사람은 그를 주시했다. 천재의 마음은 신경증에 가까운 법이니까! 그들은 가끔 천재가 미치는 경우를 보아왔다. 과도한 공부에 이은 영적 방황이 마음의 균형을 깨뜨렸을 가능성은 충분히 있었다. 사람들에게 천재성과 날카로운 감성을 함께 가진 영원한 해답을 추구하던 이 젊은이의 변화는 정상이 아닌 것으로 비쳤다.

송요한과 깊은 속내를 나누는 몇 안 되는 친구 중의 하나인 롤핀 워커 교수는 걱정되어 이 일을 유니언신학교 총장 커핀 박사와 의논했다. 커핀 박사는 곧바로 어떤 조처를 하지는 않았지만 좌충우돌하는 이 젊은이를 유심히 관찰하기 시작했다.

7. 하나님의 훈련소

1927

> 송요한은 되돌아가는 다리를 불태워버리기로 마음먹었다. 졸업장과 메달, 그리고 명예단체의 회원 열쇠를 선실에서 꺼내왔다. 갑판 난간에 서서 바다를 바라보았다.

"비상입니다. 위험한 환자 한 명이 정신병동에서 사라졌습니다. 즉시 추적해서 다시 데리고 와 주십시오!"

뉴욕 화이트플레인스에 있는 한 정신병원으로부터 경찰서로 온 급한 연락에 수색대가 경찰견을 데리고 환자를 찾아 나섰다. 얼마 후 근처 밀밭에 숨어 있던 중국인이 붙잡혔다.

정신 병원

송요한은 정신병 환자가 가득한 정신병동으로 다시 잡혀 왔다. 탈출했다가 돌아오니 이들과 함께 있는 것이 더 힘들었다. 평생을 여기서 보내야 할지 모른다는 두려움이 엄습했다. 절망에 싸여 자살까지 생각했다. 하나님은 즉시 음성으로 그를 책망하셨다. 송요한은 하나님께 호소했다. "주님, 저는 은혜를 갚고 싶습니다. 주님을 섬기고 싶습니다. 그런데 저는 여기서 이러고 있어야 합니다. 도대체 그 이유를 알 수가 없습니다."

하나님은 이렇게 대답하셨다. "나는 나를 사랑하는 자에게 모든 것이 합력하여 선을 이루게 한다. 네가 만일 193일 동안의 이 시험을 인내한다면 십자가를 지고 순종하며 걷는 것이 무엇인지 배울 수 있을 것이다!" 송요한은 이 일로 자신의 시련을 새로운 관점으로 보게 되었다. 주님의 영광이 그를 감쌌고, 그때부터 정신병원은 그의 훈련소가 되었다.

1927년 2월 10일의 특별한 영적 체험 이후 송요한은 완전히 다른 사람이 되었다. 이것을 지켜보던 대학 당국은 이 천재 젊은이가 정신적인 문제를 겪고 있다고 판단했다. 커핀 총장은 워커 교수가 했던 말이 생각나서 즉시 송요한을 불러 정신과 의사와의 면담을 주선했다. 정신과 의사는 입원을 권유했다. 송요한은 자신의 마음이 이전에는 문제가 있었으나 지금은 오히려 정상이라고 주장하였다. 그러나 총장의 집요한 권유에 6주간 정신병동에서 휴양하는 것에 동의할 수밖에 없었다. 1927년 2월 17일, 193일의 훈련소 생활은 이렇게 시작되었다.

처음에는 만족스럽게 지낼 수 있었다. 음식도 좋았고 성경을 읽을 수 있는 시간도 많았다. 그의 몸도 휴식이 필요했던 터라 6주간의 억지 휴가가 싫지만은 않았다. 그런데 의사들이 진찰을 계속 되풀이하며 정신병 환자 취급하는 것이 너무 싫었다. 게다가 블루밍데일 병원 측이 자신의 편지를 일일이 읽어 본다는 것을 알고는 견딜 수가 없었다. 하지만 이 모든 것을 감내하고 성경 읽기에 전념하기로 했다. 거꾸로 매달아도 시간은 간다 하지 않은가!

드디어 약속한 6주가 지나 퇴원을 요구했다. 그런데 무슨 일인지 의사는 퇴원을 허락하지 않았다. 그러자 불같은 옛 기질이 폭발하고 말았다. 놀란 의사는 송요한의 상태가 위중하다고 판단하고 위험한 환자들이 수용된 병동으로 강제 이송하고 말았다.

송요한은 그곳의 환경을 견딜 수 없어서 탈출했다가 금세 다시 잡혀 왔던 것이다. 탈주 사건이 발생한 후 일주일이 지나서야 의사에게 자초지종을 설명할 기회를 얻었다. 다행히 의사는 그를 이해했고 그래서 송요한은 다시 원래의 평화로운 병동으로 돌아갈 수 있었다.

하나님의 신학교

봄부터 여름까지 병원에서 지내는 동안 바깥은 시끄러웠다. 심한 홍수와 치솟는 물가에 관한 기사가 연일 지면을 오르내렸다. 하지만 송요한은 성경에만 집중할 수 있었다. 하나님이 그런 환경을 마련해 주셨다고 생각했다. 잠자는 시간을 제외하고 온종일 성경을 반복해서 읽었다. 읽으면 읽을수록 꿀보다 더 달콤했다. 입원 기간에 성경 전체를 40번 읽었다. 매번 읽을 때마다 창조적인 방법을 동원하였다. 마침내 성경의 1,189장 각 장을 이해하는 열쇠를 가진 듯했다. 특히 성경에 나오는 단어를 깊이 연구했는데 그때 적은 공책은 책 몇 권이 될 정도였다.

어느 날 간호사가 공책을 몰래 보는 것을 안 이후로는 중국어로 쓰기 시작했다. 성령께서 말씀과 환상을 통해 많은 것을 가르쳐주셨다. 그는 그것을 마음에 새기고 훗날을 위해 일기에도 적었다. 이렇게 해서 송요한에게 정신병원은 신학교가 되었다. 그곳에서 하나님의 말씀 안에 있는 깊은 진리를 이해하게 되었고 묵묵히 순종하는 법도 배울 수 있었다. 그는 이 일에 관해 이런 고백을 하였다. "하나님이 이곳에서 저를 순종하는 종으로 훈련하셨습니다. 하나님이 이곳에서 저의 고집을 꺾으시고 못된 성정을 버리게 하셨습니다!"

얼마후 병원은 송요한이 편지 보내는 것을 허용했다. 그는 지인과 친구들에게 편지를 많이 보냈다. 워커 교수는 송요한의 편지가 이전과 너무 달라 깜짝 놀랐다. 마치 다른 사람이 보낸 것 같았다. 정신적인 문제를 가진 사람이 보낸 편지가 아니었다. 오히려 편지를 보낸 사람은 아름답고 겸손한 그리스도의 모습을 닮아 있었다.

중국 영사관과 워커 교수가 송요한의 퇴원을 주선했다. 특별히 송요한의 '미국 아버지' 워커 교수는 병원장과 뉴욕 보건당국을 설득하고 보증을 서주어 결정적인 도움을 주었다. 송요한이 미국을 떠나 중국으로 돌아간다는 타협이 이루어졌다. 1927년 8월 30일, 드디어 송요한은 병원문을 나섰다. 이날은 특별한 날이었다. 하나님이 미리 말씀해 주신 대로 병원에 들어온 지 정확하게 193일이 되는 날이었고, 2월 10일의 특별한 영적 체험을 한 지 200일이 지났다. 블루밍데일 병원은 그에게 진정한 신학교였다. 퇴원한 그 날이야말로 하나님께 최고의 학위를 받은 날이었다.

송요한과 유니언신학교의 관계는 자연스레 단절되었다. 송요한은 이전에 읽던 신학 서적을 '마귀의 책'으로 여기고 모두 불태웠다. 신학교 쪽에서도 그의 이름을 학적부에서 지웠다. 소위 '중국의 웨슬리'는 결코 유니언의 자랑스러운 학생이 될 수 없었다. 어느 교수가 단호한 목소리로 이렇게 선언했다고 한다. "유니언신학교는 송요한과는 아무런 관련이 없다!"

위대한 포기

송요한은 오랜 친구이자 그를 이해하는 유일한 친구인 워커 교수의 집에서 약 한 달간 머무르며 귀국을 준비했다. 드디어 10월 4일, 그리운 고국으로 돌아가는 날이 되었다. '미국 아버지' 워커 교수와 아쉬운 작별을 하고 배가 시애틀 항구를 떠났다. 부푼 꿈을 안고 고향을 떠나올 때보다 더 심하게 심장이 두근거렸다. 7년 반이라는 적지 않은 시간이 흘렀고 이제 송요한은 내세울 만한 학자로 우뚝 서 있었다. 중국의 저명한 대학들이 화학을 전공한 그를 반길 것은 불을 보듯 분명했다.

그러나 그에게는 복음이 있었다. 오랜 방황과 시련을 통해 배운 하나님에 대한 지식은 그가 가진 다른 어떤 지식보다 귀중했다. 사람들이 물에 빠져 비명을 지르던 환상이 갑자기 생각이 났다. 또 호수가 내려다보이는 언덕에서 생생하게 다가왔던 하나님께 드려진 오병이어의 기적이 망각의 껍데기를 깨고 올라왔다. 갑자기 또 다른 꿈에 대한 기억이 현실처럼 그의 앞에 살아났다. "나는 이제 세상과 나에 대해 죽었습니다!" 그는 과거에 이미 죽었다. 그가 성령께 배우고 확신한 이 모든 것을 동포들과 반드시 나누어야 한다는 소명감이 마음에 끓어 올랐다.

송요한은 동포에게 복음을 전하는 것이 하나님의 주권적인 인도임을 결코 의심할 수 없었다. 그러나 마음 한구석에서는 다른 매력적인 생각이 스멀스멀 피어오르기 시작했다. "학문으로 조국을 이롭게 할 수는 없는 것일까? 어쩌면 대학의 강단이 예배당의 강대상보다 복음의 영향력이 더 큰 것이 아닐까?" 애써 머리를 저으며 다시 마음을 다잡으려고 애썼다. "나는 세상과 나에 대해 이미 죽었다!" 바다의 밤은 어두워가고 송요한은 잠을 이룰 수 없었다.

중국이 가까워질수록 그의 갈등은 점점 깊어졌다. "나는 이미 모든 것을 하나님께 드렸다. 그것으로 충분한 것은 아닐까? 나는 이미 충분히 희생한 것이 아닐까? 하나님께서는 나에게 주신 재능과 학위를 가지고도 충분히 선한 일을 이루실 수 있지 않을까?" 그때, 오랜 기도로 단련된 예리한 분별력이 번득이기 시작했다. 자신이 평생 직면해야 할 유혹의 위험이 보이기 시작했다. 마음속에서 계속 들려오는 이 목소리는 앞으로 계속해서 들을 가족들과 친구들의 목소리였다. 이 목소리가 평생 따라다닐 것을 알았다. 갑자기 사도 바울의 고백이 떠올랐다. "그러나 무엇이든지 내게 유익하던 것을 내가 그리스도를 위하여 다 해로 여길뿐더러"(빌 3:18)

송요한은 되돌아가는 다리를 불태워버리기로 마음먹었다. 졸업장과 메달, 그리고 명예단체의 회원 열쇠를 선실에서 꺼내와 갑판 난간에 서서 바다를 바라보았다. 손에 쥔 것은 학업을 훌륭하게 마쳤다는 증명서 같은 것이었다. 그것들은 조국에서 출세 가도의 통행권과 같은 것이었다. 중국인들은

7. 하나님의 훈련소

그러한 것들을 매우 자랑스럽고 소중하게 생각했고 그런 면에서 송요한도 천생 중국인이었다. 송요한은 그 모든 것을 힘껏 움켜쥐었다가 숨을 한 번 크게 쉬고 바다 멀리 던져버렸다. 박사학위 증서 하나만 남겨두었다. 아버지를 위해서 집에 걸어두고 그것을 보고 묻는 사람에게 이렇게 말할 참이었다. "저것은 제게 아무런 의미가 없습니다. 하지만 제 아버지에게는 의미가 있죠!"

송요한은 "큰 포기가 위대한 그리스도인을 만든다."는 데니 박사의 유명한 말을 아마 알고 있었을 것이다. 그러나 그때 송요한의 마음속에는 이른바 '위대한 그리스도인의 꿈'과 같은 것은 전혀 없었다. 그날 배 위에서 송요한은 자신의 보잘것없는 육신을 주님께 드렸다. 그가 드린 것은 작은 자가 주님께 드린 오병이어였다. 그는 어느 여름날 레이크 제네바의 호수가 내려다보이는 언덕에서 그가 자신을 하나님께 드리게 될 것을 예감했었다. 많은 여정을 거쳐 인제야 주님께서는 송요한을 온전히 받으셨다. 그다음은 주님께서 송요한을 통하여 많은 사람을 먹이실 차례였다.

배 위에서 송요한은 하나님을 소리높여 찬양했다. "죽으신 구주 밖에는 자랑을 말게 하소서. 보혈의 공로 힘입어 교만한 맘을 버리네. 온 세상 만물 가져도 주 은혜 못다 갚겠네. 놀라운 사랑 받은 나 몸으로 제물 삼겠네."(새찬송가 149장 중)

제2부

타오르는 부흥의 불길

1927-1934

상하이에서 벧엘 전도단 형제들과 함께 (좌로부터 필립 리, 앤드루 기, 송요한, 링컨 니, 프랭크 링)

8. 고향에서

1927-1930

> 1930년 한 해에만 이런 모임이 1,000개나 넘게 새로 생겼다. 후예 중국이 공산화되고 지하교회가 생겨나기 시작했을 때에야 송요한이 고안한 이런 방식이 얼마나 적절하고 효과적이었는지 알 수 있었다.

송요한은 상하이에 도착하여 양복을 벗고 평범한 중국 옷으로 갈아입었다. 푸톈으로 향하는 연안항로를 다니는 작은 배로 갈아탔을 때는 유학생 티를 벗고 다른 중국 승객 사이에 자연스레 녹아들었다. 한편 부두에서는 이제는 나이가 든 아버지 송 목사가 동생 넷과 함께 자랑스러운 아들을 기다리고 있었다. 하선해서 내려오는 승객들을 뚫어지게 바라보면서 넥타이를 맨 신사를 기대했다.

송 목사는 아들이 평범한 무명 옷차림으로 나타나자 적지 않게 실망하였다. 그러나 그때까지만 해도 더 큰 실망이 그를 기다리고 있을 줄은 전혀 예상하지 못했다.

실망

그립던 집에 도착하니 가족이 모여 있었다. 7년 만에 만난 송요한을 환영하는 떠들썩한 인사말이 오가고 어머니가 정성껏 준비한 온갖 진수성찬이 차려진 테이블에 가족이 둘러앉았다. 오늘의 주인공은 송요한이었다. 그래서 자연스럽게 그가 미국에서 보고 겪은 일과 여행에 관한 이야기가 오갔다. 늦은 밤 즐거운 잔치가 끝날 무렵, 아버지는 진지하게 속마음을 꺼냈다. "주은아. 네가 학위를 받아 와서 너무 기쁘구나. 이제 국립대학교의 교수 자리를 얻는 것이 좋겠다. 나는 평생을 가난한 성경 선생으로 살았다. 네 엄마가 없었다면 너희 열 남매를 먹이지도 못했겠지. 그런데 이제 네가 성공을 하고 돌아왔으니 내가 동생들의 학업에 대한 짐은 덜었구나. 고맙다!"

모든 상황이 우려했던 대로 흘러가고 있었다. 송요한은 잔치의 주인공이었고 온 가족의 미래가 그의 어깨에 얹혀 있었다. 하지만 가족의 기쁨에 찬물을 끼얹을 수밖에 없었다. "아버지. 저는 그렇게 할 수 없습니다. 저는 아버지처럼 평생 복음 전도자로 살겠습니다." 말을 조심스럽게 했지만, 충격은 컸다. 아버지뿐만 아니라 온 가족이 실망으로 한숨지었다. 눈물을 흘리는 사람도 있었다. 잔치는 급하게 끝났고 아버지 마음의 벅찬 기쁨도 사라졌다.

부모는 이미 아들이 정신병원에 수용되었다는 이야기를 들어서 알고 있었다. 7년간 수고한 학위와 명성을 헌신짝처럼 버리는 것을 보고 아들이 소문대로 정말로 미쳤을지도 모른다고 생각했다. 부모는 걱정하며 아들을 유심히 살피기 시작했다. 송요한은 하루 중 대부분을 기도와 성경연구를 하며 보냈다. 새로 깨달은 내용을 매일 공책에 추가하며 정리했다. 한 주간이 지나자 부모는 좀 안심이 되었다. 정신 착란이라고 하기에는 삶이 너무도 경건했다. 자신들이 체험하지 못한 깊은 영적인 체험의 결과가 분명했다.

아버지 송 목사는 목회자로서 복음의 가치를 스스로 부정하며 아들의 길을 막을 수는 없었다. 아들이 그것을 알기를 얼마나 기도했는가! 결국, 부모는 아들의 선택을 수용하고 축복할 수밖에 없었다.

귀국 후 송요한이 처음 한 일은 모교에서 후배들에게 연설하는 것이었다. 선생과 학생 모두 성공한 졸업생을 자랑스러워했다. 미국, 과학, 애국심에 관한 이야기를 기대했다. 그들로서는 당연한 기대였다. 송요한이 말을 시작했을 때 그들은 깜짝 놀랐다. 송요한은 처음부터 끝까지 '오병이어'에 대해서만 이야기했다.

시련의 시작

송요한의 귀국이 알려지자 이런저런 좋은 제안이 들어오기 시작했다. 만주의 군벌이었던 장쒀린 장군도 그를 초청했다. 폭발물 제조와 관련된 일이었다. 큰돈을 벌 수 있는 이런 제안은 꽤 매력적이었지만 그리스도를 전하겠다는 그의 열망을 꺾을 수는 없었다.

이 정도 일은 시험도 아니었다. 더 큰 시험이 닥쳤다. 그것은 결혼이었다. 중국인이라면 부모가 유년시절에 결정한 결혼을 거부할 수 없었다. 양가 부모는 이미 기다릴 대로 기다린 데다가, 이제 귀국하였으니 혼례만 치르면 된다고 생각했다. 이 문제는 성공이나 학위 같은 것과 달랐다. 한 여자의 인생까지 망칠 수 있는 문제여서 이것까지 뿌리칠 수는 없었다.

어쩔 수 없이 결혼하겠다고는 했지만, 마음에는 기대감이 전혀 없었다. 신부를 본 적도 없었고 심지어는 그녀가 그리스도인인지도 알지 못했다. 어영부영하는 사이에 혼인 날이 다가오고 말았다. 전통 혼례가 거행되었고 수많은 친구와 친척이 신혼부부를 축하했다. 그날 밤 송요한은 그가 전혀 원하지 않았던 한 여자의 남편이 되어 있었다.

사흘 후에 푸텐 지역의 감리교 선교사이자 은사인 존스 목사 부부댁을 방문했다. 그 자리에서 존스 목사의 부인은 송요한과 함께한 다른 젊은이에게 자연스럽게 물었다. "결혼했나요?" 그 청년은 아니라고 대답했다. 옆에 있던 송요한은 신음하듯 내뱉었다. "정말 좋으시겠습니다!"

결혼생활은 출발부터 삐거덕거렸다. 부인이 된 위진후아(余錦华)는 그리스도인이 아니었고 무척 성미가 급한 여자였다. 송요한 또한 가정적인 것과는 거리가 먼 사람이라 두 사람은 자주 다투었다. 사람들이 보기에도 둘은 기질이 맞지 않았다. 자연스레 아이가 생겼지만 좋은 아빠가 되기는 힘든 상황이었다. 사역은 점점 바쁘게 전개되었고 여행 시간도 더욱 늘어났다.

이때 송요한은 동생의 대학 학비를 벌기 위해 모교인 거스리 기념 고등학교와 해밀턴 여자 고등학교에서 일주일에 사흘간 화학과 성경을 가르치는 교사로 일하고 있었다. 나머지 나흘은 복음을 전하는 일에 전념했다. 그해 겨울과 1928년 봄, 일하고 남는 시간을 작은 전도단을 만들어 푸톈 지역 주변을 돌며 노방전도하고 성경을 가르치는 일에 헌신하였다. 고등학생 시절부터 '작은 목사'로 유명했던 그는 어디서나 환영을 받았다.

그 무렵 중국은 정치적 격동기였다. 민족주의와 반기독교적 정서가 하늘을 찔렀다. 송요한은 중국 혁명의 아버지로 불리는 쑨원 박사의 초상에 절하는 행위를 우상숭배라고 비판했다. 그로서는 가는 곳마다 이런 말을 할 수밖에 없었다. 그런데 당시에는 어디에나 국민당의 지구당 사무소가 있었다. 열성적인 지구당 간부들은 송요한의 비판을 혁명에 대한 반대로 받아들였다. 그들은 송요한을 반혁명 분자로 고발했다.
  지구당 간부들은 경찰과 함께 그를 체포하려고 몇 번이나 집회 장소로 들이닥치곤 하였다. 그러나 하나님이 미리 경고해 주셔서 그들은 매번 허탕을 쳤다. 급기야 그들은 학교에 압력을 넣어 송요한을 해고하려고 시도했다. 심지어 거짓말과 뇌물로 학생을 동원하여 공격하기도 했다. 군중이 송요한을 구타하려고 할 때 갑자기 폭풍우가 일어나 위기를 모면한 일도 있었다.

결국, 송요한은 이제 전임 사역을 해야 할 때라고 판단하고 짧은 5개월의 교사직을 사임했다.

벧엘 전도단과 조우하다

어느덧 송요한은 국민당의 눈엣가시가 되었다. 이제는 큰 도시를 피해서 복음을 전할 수밖에 없었다. 시골을 다니던 송요한은 푸톈의 한 작은 마을에서 다른 전도단과 우연히 만났다. 그들은 1928년 5월에 앤드루 기 목사가 벧엘 전도단을 이끌고 푸젠 성을 처음 방문했을 때 그리스도께 나아온 사람들이었다. 그들은 여전히 앤드루 기 목사의 지도를 받고 있었다. 송요한은 이들과 조셉 플랙스 박사를 만나서 기뻤는데, 플랙스 박사는 회심한 유대인으로 때마침 그 마을을 방문하고 있었다.

그들도 송요한의 전도단과 마찬가지로 그리스도를 전하는 열망으로 불타오르고 있었다. 송요한도 그들의 사역에 부흥의 축복이 있다는 것을 알았고 벧엘 전도단에 속한 사람들도 송요한의 작은 전도단에 있는 참된 성령의 역사를 보았다.

송요한은 플랙스 박사와 벧엘 전도단과 함께 일하며 그들의 전도 방법을 자세하게 관찰했다. 마을 전도를 함께하며 송요한은 주로 설교를 맡고 다른 이들은 하나님의 은혜를 간증했다. 협력 사역은 많은 열매를 맺었다. 죄의 자각과 고백, 그리고 명백한 거듭남의 증거가 이어졌다.

그때는 어둠이 온 중국을 덮고 있었다. 푸젠 성을 비롯한 중국 전체가 반기독교 운동으로 들끓고 있었다. 곳곳의 예배당이 불탔고 그리스도인은 어느 곳에서나 박해를 받았다. 그런데도 송요한은 빛나는 성과를 들고 그의 고향 마을로 돌아올 수 있었다. 인간적으로는 불가능한, 하나님이 하신 일이 분명했다. 쉰 목소리로 보고하는 그의 얼굴은 하나님이 주신 기쁨으로 빛나고 있었다.

송요한의 사역에 임한 하나님의 축복이 푸저우의 감리교 선교회 본부에 전해졌다. 전도 책임자인 프랭크 카트라이트 목사는 이틀 동안 송요한의 사역을 자세히 살펴보기로 했다. 카트라이트 목사는 선편과 도보로 송요한의 전도단을 따라다니며 전도단의 일거수일투족을 관찰하고 이렇게 기록했다.

"그들은 작은 마을에서 정말로 변변찮은 식사를 하며 일하고 있었다. 송요한은 많은 시간 강단에서 뜨겁게 설교하면서도 일정 시간은 청소년을 위해 할애했다. 그는 확실히 젊은이를 감화시키는 능력이 있다. 나는 그가 젊은이들과 함께 있을 때 바울 사도와 그의 젊은 제자인 디모데를 떠올렸다.

모임은 항상 떠들썩한 분위기였다. 가르침의 주제가 드러난 노래를 활기차게 불렀는데 새로 작곡한 곡도 있었다. 설교의 주제는 하나님의 존재, 하나님의 사랑, 구주이신 그리스도, 죄, 회개, 믿음, 그리스도인의 생활 등 복음의 기본 내용이었다. 송요한은 열정적으로 설교했다. 강단에서 앞뒤로 왔다 갔다 하기도 하고 성찬식 난간을 힘차게 뛰어넘어 회중석 복도에 서서 큰소리로 설교하기도 했다. 회중석 복도를 걸어 나와 청중의 얼굴을 손가락으로 가리키고는 급히 돌아가 성찬식 난간 앞에서 설교를 끝내기도 하였다. 집회가 끝나면 많은 사람이 예수님을 영접하였다.

그들의 기도에 대한 헌신은 놀라웠다. 집회와 다음 집회 사이에는 냉랭한 교회와 이름뿐인 신자를 위한 기도로 채워졌다. 그들의 기도는 분명히 응답되고 있었다. 그들은 많은 명목상 신자들이 거듭나서 그리스도의 산증인이 되는 것을 위해 기도했고 그들의 눈으로 그 응답을 보았다."

송요한은 새로 믿은 신자들이 하나님의 말씀에 확고히 세워지기를 원했기 때문에 그해 7월에 푸톈 천마산에서 특별 성경공부 모임을 열었다. 송요한이 주도하고 선교사 친구들이 도왔다. 이 모임을 통해 새로 믿게 된 50명의 젊은이가 8일간 집중적으로 성경 교육을 받고 하나님의 말씀으로 굳게 세워졌다. 이들은 모임이 끝나자 100여 곳의 시골교회로 흩어져 배운 진리를 지역 주민과 나누었다.

하늘 씨앗

송요한은 자신이 영적으로 좀 지친듯하여 양쯔 강이 내려다보이는 아름다운 산장에서 열리는 연례 하계 수양회에 참석하였다. 쿨링은 아름다운 곳이었고 중국의 많은 교회 지도자를 기념하는 의미 있는 장소였다. 여기서 간증을 할 기회가 있었는데 이 일로 그의 이름이 교계에 알려지기 시작했다.

가을이 되어서 다시 푸젠으로 돌아왔다. 선교사 한 명, 친구 한 명을 데리고 교회를 다니며 집회를 인도하고 교회 전반을 돌아보았다. 수많은 신학교 졸업생들이 있었지만, 교회에는 성령의 은혜와 능력이 없었다. 냉랭한 교역자가 냉랭한 교인들을 양산하고 있었다. 송요한이 보기에 성경지식만 있고 영적 훈련이 부재한 신학교가 영적으로 무지한 삯꾼을 길러내고 있는 것이 자명해 보였다. 그런 삯꾼은 부흥의 열매를 보살피고 그들이 말씀과 교회생활에 굳게 서도록 도울 능력이 없었다. 대책이 필요했다.

송요한은 자그마한 순회 신학교를 시작했다. 아쉬운 대로 다섯 명의 학생을 성경공부와 복음 전도로 훈련했다. 그들을 데리고 해안에서 멀리 떨어진 한 섬으로 가서 여러 흩어져 있는 마을에서 복음을 전했다. 많은 우상이 파괴되고 수많은 사람이 주님께 돌아왔고 다섯 명의 학생은 사역의 산 경험을 하였다. 이들은 송요한의 고향 마을로 돌아와 온종일 송요한과 함께 농부들의 추수 일을 돕고 저녁에는 사람으로 가득한 예배당에서 말씀을 전했는데 큰 반향이 있었다. 이런 식으로 송요한의 순회신학교는 초대교회의 전도자처럼 이곳저곳으로 이동하며 복음을 전했다. 이들이 지나간 곳에는 항상 참된 회심자들이 남았다.

그들은 가는 곳마다 지역 교회와 함께 협력하려고 했다. 그러나 영적인 부흥에는 관심이 없고 문맹 퇴치 등에만 관심이 있는 교회들은 이들을 차갑게 대했다. 송요한은 그런 교회들을 매우 안타깝게 여겼다.

1929년 초에는 송요한의 명성이 먼 곳까지 알려졌다. 남부의 샤먼, 취안저우 등을 방문해 달라는 요청이 줄을 이었다. 이 하나님의 종이 하는 사역에는 분명한 인치심이 있었다. 그의 마음에도 중국의 다른 성과 중국 밖까지 가야 할 하나님의 인도가 점점 뚜렷해지고 있었다. 그러나 아직 때가 이르지 않았다. 아직 이 지역의 교회들은 그의 도움이 필요했다.

여전히 푸젠에는 반기독교 정서가 팽배했고 교회는 고난을 겪고 있었다. 1930년 봄이 되어 송요한은 신창, 옌핑, 양코를 방문하여 핍박의 위험에 처해 있는 교회를 위로하는 데 힘썼다. 특히 옌핑에서는 많은 학생이 환영했지만 그곳의 국민당 사무소는 설교 내용에 반대하여 송요한을 다시 체포하기로 하였다. 그런데 마침 그 전날에 송요한은 몸이 몹시 아팠다. 의사는 즉시 고향에 가서 휴식하라고 권유하였다. 송요한은 할 수 없이 다음날 새벽에 배를 타고 떠났고 경찰이 숙소에 도착했을 때는 그가 떠난 지 이미 한두 시간이 지난 후였다.

송요한은 주변 지역의 교회를 깊은 관심을 가지고 계속 돌보았다. 송요한은 그들이 성경의 기본 원리를 더 잘 알기를 원했다. 그래서 그는 100여 개의 마을 교회를 10개의 지역으로 나누고 차례로 그 지역을 방문하는 데 한 해를 바쳤다.

방문할 때마다 송요한이 머무는 곳에 4, 50명가량의 대표자가 참석하였다. 지역 교회의 전도자를 위한 체계적인 훈련 과정을 만들어서 가정교회에 대해서 교육하고, 새로운 훈련 과정과 자료를 활용하는 방법을 전수했다. 또한, 젊은이를 위한 특별 수업을 마련해서 그들이 교회 지도자와 목사들을 지원하고 협력하는 법을 가르쳤다.

송요한의 교수법은 특이했다. 어느 날은 갑자기 젊은이들에게 밖으로 나가 꽃이나 다른 자그마한 물건을 가지고 들어오라고 부탁했다. 물건을 한데

모았을 때 학생들이 가져온 물건의 수가 그날 가르치려는 요한복음의 한 장의 절 수와 우연히 일치하였다. 그는 이런 우연조차 중요하게 생각하는 경향이 있었다. 그는 즉석에서 학생들이 모아온 물건을 각 절을 가르치는 교구로 활용했다. 성경의 한 절을 가져온 꽃의 의미와 연결하는 그런 식이었다.

송요한은 항상 성경을 자신의 체계에 맞추어가는 경향이 있었다. 신학자는 아니어서 그 지식이 깊지는 않았지만, 최선을 다하여 성경을 한 절씩 해석했고 독특한 해석법은 늘 사람들의 깊은 관심을 불러일으켰다.

송요한은 이처럼 성경의 각 절과 장에 대한 독특한 해석 체계에 사로잡혀 있었다. 한 번은 그가 깨달은 놀라운 해석을 그의 선교사 친구에게 털어놓은 적이 있었다. 그는 친구에게 이런 우연의 일치는 놀라운 것일 뿐 아니라 더 나아가 초자연적인 것 같다고 말했다. 흥분한 송요한에게 그 친구 선교사는 조용히 말했다. "내게 놀라운 것은 자네의 기발한 해석이 아니네. 그런 것을 듣고 사람들이 변화되는 것이 정말 놀랍네!"

지역 교회의 전도자를 위해 기울인 노력은 열매를 많이 맺었다. 회심한 사람들을 남녀 혼성으로 묶어 일주일에 한 번씩 예수님을 전하도록 했다. 이렇게 생겨난 전도단은 시골과 도시를 두루 다니며 복음을 전하고 가정교회를 세웠다. 사람이 많아 교회 공간이 모자라면 집에서 예배하고 신앙을 고백하고 말씀을 배우고 기도하게 했다. 1930년 한 해에만 이런 모임이 1,000개나 넘게 새로 생겼다. 후에 중국이 공산화되고 지하교회가 생겨나기 시작했을 때에야 송요한이 고안한 이런 방식이 얼마나 적절하고 효과적이었는지 알 수 있었다.

송요한은 중국 교회의 풀뿌리와 같은 평신도 전도자들이 이룬 이러한 성과에 크게 고무되었다. 그러나 사례를 받는 목회자들의 반응은 차가웠다. 송요한은 그들의 힘든 처지에는 깊이 공감하였다. 중국 교회 목회자들의 사례비는 형편없었고, 많은 봉급을 주는 일반 직장은 그들에게 항상 큰 유혹거리였다. 그리고 현실적으로 목회자들에게는 영적 성장과 목회 사명을 위한 그 어떤 도움도 주어지지 않았다. 그들에게는 자질이나 훈련뿐 아니라 시간도 부족했다. 송요한은 그들의 어려운 형편에 깊이 공감하면서도 많은 삯꾼 목회자들이 신자들과 불신자들에게 걸림돌이 되는 현실을 매우 마음 아파했다.

첫 유혹

시간이 흘러 1930년 부활절이 다가오고 있었다. 중국에 돌아온 지 어느덧 2년 반이 지났다. 그동안 내내 여행을 하며 정말로 열심히 사역했다.

어느덧 두 아이의 아버지가 되었다. 자녀들은 평범한 중국 이름을 가지고 있었지만, 송요한은 자녀들에게 성경에 나오는 이름을 붙여주기 원했다. 첫 아이는 딸이었고 이름을 창세기로 지었다. 둘째는 아들이었는데 이름을 출애굽기로 지었다. 계속 아이가 태어난다면 말라기까지 이어질 판이었다. 후에 그들은 세 딸과 두 아들을 낳았다. 그런데 당시에 그의 형편으로 두 아이와 한 여자의 생계도 책임지기가 쉽지 않았다. 그는 자비량 사역자였고 규칙적인 사례비를 받는 것도 아니었다. 사례비로는 입에 풀칠하기도 어려운 형편이었다.

송요한이 십자가를 묵상하고 있던 고난주간의 어느 날, 유혹자가 다가왔다. "네가 국립대학이나 정부를 위해 일했다면 이런 어려움을 겪지 않을 텐데!" "하나님을 섬기는 일에 대한 보상이 이렇게 형편없을 줄 알았느냐?" 송요한은 즉시 주님의 십자가를 바라보았다. 주님께서 이렇게 말씀하시는 것 같았다. "너는 나에게 온전히 굴복하였다. 이것이 너의 십자가이다. 십자가를 지는 것을 거부하지 마라. 십자가 뒤에 영광이 있다는 것을 잊지 마라.

나는 네 고통을 잘 알고 있다." 송요한은 십자가를 묵상하던 그 날에 잠시라도 다른 생각을 한 자신이 부끄러웠다.

    그러나 십자가의 인내는 쉽게 배울 수 있는 것이 아니었다. 얼마 후에 장시 성의 성도인 난창과 전 중국의 수도였던 난징에서 송요한을 초청했다. 그는 너무나 이 초청에 응하고 싶었다. 아니, 너무나 고통스러운 이곳을 떠나고 싶었는지 모른다. 그러나 하나님의 말씀은 변함없었다. "내 아들아. 기다려라. 아직 때가 이르지 않았다." 그는 너무나 가고 싶었지만, 하나님 뜻 또한 너무나 분명했다.
    그러던 중 갑자기 심한 종기가 생겨서 거동이 불편하게 되었다. 이것이 그의 조급한 마음을 잠시 잠재워주었다. 그러나 종기가 낫자 더 참지 못하고 짐을 꾸리고 떠나려고 했다. 주님은 이번에는 푸톈 지역에 돌고 있던 콜레라를 재갈과 굴레로 사용하셨다. 결국, 굴복할 수밖에 없었다. 송요한은 고열로 끙끙 앓으며 주님보다 앞섰던 죄를 회개했다. 그리고 하나님의 뜻이라면 이 시골에서 무명 전도자로 평생을 지내도 좋다고 고백했다. 하나님은 병상에서의 조건 없는 굴복을 받아주셨다. 어쩌면 하나님은 그때까지 기다리셨는지 모른다.
    송요한이 미국에 있을 때 푸톈 지역은 산적들의 살인과 약탈로 인해 극도로 위험했다. 귀국 직전에는 상황이 비교적 안정되어 송요한이 자유롭게 주어진 임무를 수행할 수 있었는데 모반을 일으킨 군벌들의 침략으로 푸톈 지역은 다시 공황 상태에 빠지고 말았다. 송요한과 교제하며 함께 일했던 동료 전도자들도 뿔뿔이 흩어졌고 자신도 일단 고향으로 돌아가야만 할 상황이었다. 하나님이 지역 전도의 문을 굳게 걸어 잠그셨다.
    그때 갑자기 아내와 3개월 된 아들 출애굽기가 심한 병에 걸렸다. 그의 부인은 버텼지만, 아기는 잠깐 앓다가 죽고 말았다. 그들은 가슴이 아팠지만, 생후 3개월 만에 집을 떠나야 했던 모세의 이야기에서 위로를 찾았다. 부부는 그의 아들 출애굽기도 세상으로부터 '출애굽' 했다고 믿었다. 그들은 슬픔 가운데서도 믿음으로 아기가 그리스도의 품에 있는 것을 바라볼 수 있었다. 곧바로 하나님의 명령이 떨어졌다. "일어나라. 내 아들아! 때가 이르렀다. 너의 고향을 떠나 내가 인도하는 곳으로 가거라!" 사랑하는 아들이 죽은 지 사흘 후였다.

송요한은 이 말씀에 지체하지 않고 순종했다. 아직 다 낫지 않은 아내와 사랑하는 가족과 작별하고 상하이로 가는 배에 올랐다. 병들고 지친 아내를 차마 쳐다볼 수 없었다. 그러나 그리스도가 가신 십자가의 길을 따르려는 결심은 이제 마치 강철과도 같았다.

9. 부흥의 불씨

1930-1931

> "중국 교회에 참으로 필요한 것은 문맹 퇴치 같은 것이 아니라네. 중국 교회에는 부흥이 필요하네. 목회자 평신도 가릴 것 없이 불같이 일어나는 부흥 말일세. 자네는 이 일에 집중해야 하네."

송요한은 중국교회 지도자들의 영성을 깊이 우려했다. 외국 선교사들은 중국인을 교육해 선교회의 고용인으로 채용했다. 이러한 방식의 문제점은 중국 교회 곳곳에서 드러나기 시작했다. 소명이 분명하지 않은 사역자가 넘쳐났고 심지어 중생의 체험이 없고 그리스도의 주되심을 경험하지 못한 자들이 지도자로 세워졌다. 사실상 이런 사람에게 사역은 밥벌이 수단에 지나지 않았다. 이런 지도자들이 중국 교회에 늘어나고 있었고 그래서 신자들의 영적 수준은 점점 더 낮아져 갔다.

그 피해가 어떠한 것인지 송요한은 두 눈으로 지켜보고 있었다. 이제 조금씩 그 불이 지펴지고 있는 부흥의 불씨가 이런 사람들로 인해 꺼질 위험이 있었다. 성령 없는 기독교의 상층부가 밑에서부터 일어나고 있는 부흥을 방해하고 있는 판국이었다.

세례 요한처럼

1930년, 송요한은 푸톈에서 열린 감리교 수양회에 강사로 참석했다. 강해한 본문은 요나서였다. 당시의 중국교회를 요나가 탄 배에 비유했다. 당연히 배 안에서 폭풍에 아랑곳없이 잠자고 있는 선지자가 중국교회의 설교자였다! 불순종하고 잠에 취해 있는 중국 교회의 지도자들을 노골적으로 비난하였다. 일부 참석자들이 반발했지만, 송요한은 사람들의 반응에 연연하는 사람이 아니었다. 그는 아랑곳하지 않고 회중을 그리스도께로 인도할 책임을 다하지 못하는 사역자들의 죄를 날카롭게 해부하여 드러냈다. 이때부터 일부 중국 교회의 송요한에 대한 오래된 악평이 시작되었다.

그는 죽을 때까지 이름처럼 살았다. 하나님이 정해주신 이름, 송요한. 그는 세례 요한으로 자신의 정체성을 규정하였고 어디서든지 세례 요한처럼 죄를 지적하는 일을 서슴지 않았다. 어떤 반대에 직면해서도 결코 이러한 사명으로부터 물러나지 않았다. 그는 하나님이 자신에게 15년을 허락하셨다고 믿었다. 하나님이 주신 15년간 온 힘을 다해 세례 요한처럼 회개를 촉구하는 일을 그치지 않았다.

교회에 중한 것

이 수양회 이후 송요한은 이전보다 더 광범위한 사역을 하게 되었다. 하나님은 그의 사역을 평신도만을 대상으로 하는 사역에서 중국 교회 전체를 위한 것으로 넓히셨다. 때가 되어 고향 지역을 벗어나 넓은 지역으로 여행하는 첫 번째 기회가 주어졌다. 푸저우의 감리교 감독이 신학과 실험적인 대중 교육에 관해 연구하는 임무를 그에게 주어 베이징 근처의 톈진으로 보내기로 했다. 이 대중 교육 프로그램은 제임스 옌 박사가 주창한 것이었다.

그때 중국 기독교협의회에 의해서 조직된 기독교 가정교회 운동의 동부 회의가 후저우에서 열린다는 소식을 들었다. 이 회의에는 100여 명의 지역 대표가 참석하기 때문에 혹시 배울 점이 있을까 해서 미리 알리지 않고 참여했다. 송요한은 집에서 만든 평범한 옷을 입었고 얼굴도 까무잡잡하여 번드레한 일반 대표와 다른 행색이었다. 아마 아무도 그를 지역 대표로 여기지 않았을 것이다.

하루 이틀은 이 지역 방언을 알아듣기 힘들어 토론은커녕 사람들과 대화를 하지도 못했다. 그러던 어느 날, 기도회 중에 기도해야 한다는 큰 부담감에 사로잡혀 갑자기 일어나서 기도를 시작했고, 그 기도는 능력이 충만했다. 사람들은 그가 어떤 사람인지 궁금했다. 더욱이 송요한이 미국 장로교 선교부와 기독교 문서회에서 일하던 밀리칸 여사와 유창한 영어로 대화를 나누기 시작하자 사람들은 깜짝 놀랐다.

자신을 나타내지 않고 있던 이 유명 인사에게 기회가 주어지기 시작했다. 송요한은 한 토론회에서 푸젠 성에서 지난 3년간 일어났던 하나님의 일, 특히 가정교회의 놀라운 성장에 대하여 간증하였다. 곧이어 지역 대표들에게도 간증하게 되었고 근방의 지역교회, 학교, 병원 등지에서 그를 초청하는 일이 잇따랐다. 이렇게 해서 하나님은 후저우에서 송요한에게 전국 사역의 문을 활짝 열어 놓으셨다.

집회가 끝나고 항저우에 잠시 들른 후에, 다시 상하이로 와서 밀리칸 목사 부부와 잠시 함께 지냈다. 밀리칸 목사는 송요한이 농어촌 전도, 가정 예배, 문맹 타파 운동에 관해 기독교 문서회에서 강의하는 일을 주선하였다. 그러나 그는 가능한 한 톈진에 일찍 도착하기를 원했다. 서둘러 길을 떠나 도중에 난징에 들러 그가 어린 시절에 가고자 했던 진룽대학교(지금의 난징대학교)의 신학과 교수인 프란시스 존스 목사 부부의 도움으로 신학 훈련 과정과 최근의 신학교재들을 살펴볼 수 있었다. 길을 재촉해서 양쯔 강을 건너 북부의 광활한 평야를 가로질러 드디어 톈진에 도착하였다. 때는 12월이었다.

송요한은 낯선 땅에서 마치 자신이 이방인처럼 느껴졌다. 만다린 방언은 알아듣기 힘들었고, 시베리아로부터 불어오는 살을 에는 겨울바람에 맞설 따뜻한 옷도 없었다. 우선 근처 창리에 있는 듀이 목사를 찾아갔다. 듀이 목사는 오하이오 웨슬리안대학교 동문으로서 송요한에 대해서 잘 알고 있었다. 그는 송요한에게 문서 운동에 너무 힘을 쏟지 말라고 충고했다. "중국 교회에 참으로 필요한 것은 문맹 퇴치 같은 것이 아니라네. 중국 교회에는 부흥이 필요하네. 목회자 평신도 가릴 것 없이 불같이 일어나는 부흥 말일세. 자네는 이 일에 집중해야 하네."

잎은 무성하지만

산하이관을 잠시 방문한 후 배커스 목사가 진행하던 설교자 훈련반에서 지난 3년간의 푸젠에서의 농촌사역을 소개할 기회를 얻었다. 바오딩에 들렀을 때는 혹한 때문에 무척 고생했다. 바오딩의 교회는 한 겨울의 썰물 바닷가와도 같았다. 500여 명이 넘는 참석 대상 학생 중 집회에 나온 수는 여섯 명에 지나지 않았다. 강추위 때문만은 아니었다. 송요한은 다시 톈진으로 돌아가서 예정대로 제임스 옌 박사를 만났다. 푸저우의 감리교 감독이 옌 박사를 만나라고 그를 파송한 터였다. 옌 박사는 세계적으로 유명한 실험적인 대중 교육의 창시자로서 지금은 그 프로젝트의 책임자였다. 송요한은 그의 이야기를 듣고 큰 감명을 받았다.

그날 밤, 중국의 교육에 대해서 깊이 생각하다가 잠이 들었다. 하나님이 꿈을 통하여 말씀하셨다. 큰 무화과나무가 있었다. 잎은 무성하고 싱싱했으나 열매가 하나도 없었다. 그는 깨어서 잠자리에 누운 채 생생했던 그 꿈의 의미를 생각했다. 생각의 결론은 이 모든 방대한 프로젝트는 겉으로는 번창하고 성공적인 것 같지만, 하나님이 기대하시는 영적 열매는 전혀 없다는 것이었다. 중국에 필요한 것은 다름 아닌 하나님의 단순한 은혜의 복음이었다. 그의 소명은 톈진에 온 목적인 대중 교육과는 거리가 멀었다. 이것을 깨닫자 그는 즉시 한두 달 머무르기로 한 계획을 취소하고 상하이로 돌아갔다.

마침 유명한 가가와 도요히코 박사가 상하이 기독 대학의 초청을 받아 강연하고 있었다. 가가와 박사는 그리스도인이었고 빈민을 위한 사역에 헌신한 사람이었다. 그는 강연 시간 외에는 상하이의 빈민굴을 직접 돌아다니며 조사했다. 송요한은 큰 기대를 하고 그의 강연을 들었으나 가가와의 강연에 복음이 없어 적이 실망했다. 송요한의 미국에서의 활동을 알고 있던 가가와 박사는 그를 사회 개혁의 동지로 여기고 기도 모임을 인도해 달라고 부탁했다.

송요한은 모임에서 보혈의 능력, 십자가의 효력, 중생의 필요성, 성령 충만의 중요성 등에 관하여 이야기할 수밖에 없었다. 그는 미국에서의 자신의 삶을 소위 사회 복음으로 허비한 삶으로 규정하고 사회 개혁을 위한 모든 활동은 필요한 것이지만 한 영혼도 구원할 수 없다그 역설했다. 송요한은 이것을 오랫동안 하나님께 직접 배웠기 때문에 다른 내용을 이야기할 수 없었다. 가가와 박사를 초청한 사람들은 송요한의 메시지를 달가워하지 않았다. 가가와 박사와 송요한 박사의 견해차는 너무나 극명했다. 이 일로 송요한은 자신이 미국에 있던 과거에서 얼마나 멀리 와 있는지를 확실하게 알 수 있었다.

송요한은 생명을 줄 수 없는 일에 헌신한 사람들을 보며 안타까워했다. 하지만 자신을 살펴보아도 이들과 크게 다르지 않았다. 사람들에게 절실하게 필요한 복음이 능력있게 전해지고 있는가! 마음이 답답했다. 그후 몇몇 고등학교와 교회에서 간증과 설교의 기회를 얻었고 얼마간 열매가 있었지만, 만족할 수가 없었다. 그는 더 큰 확신과 능력으로 복음이 전해지길 원했고, 수많은 남녀가 끊임없이 그리스도께 나아오는 것을 끊임없이 갈망했다.

하나님의 계획

송요한이 다시 상하이로 돌아왔다는 소식이 알려지자 도시 전역의 여러 교회에서 설교해 달라는 요청이 들어오기 시작했다. 그러나 정작 그가 방문하고 싶은 곳은 벧엘 선교회였다. 벧엘 선교회의 지도자인 매리 스톤 박사와 제니 휴즈 여사도 송요한에 대해서 관심이 많았다. 그들은 앤드루 기 목사를 통하여 푸젠에서의 놀라운 협력 사역을 이미 들어 알고 있었다. 그들이 생각하기에 송요한은 벧엘 선교회에 꼭 맞는 사람이었다.

벧엘 선교회는 송요한을 따뜻하게 영접했다. 벧엘 선교회의 요청으로 고등학교와 간호학교 학생들의 채플 시간에 매일 말씀을 전하게 되었다. 오병이어 사건을 통해 중국에 가장 필요한 것이 무엇인지 그리고 그 필요를 채울 수 있는 유일한 길이 무엇인지 이야기했다. 학생들은 충격을 받았다. 송요한은 그리스도를 영접하지 않으려고 하는 모든 구실을 한꺼번에 제거해버리고 학생들의 마음을 그리스도의 말씀으로 사로잡았다. 사람들은 그의 설교에 반응하였고 계속 이어지는 초청은 사람들이 설교의 영향을 받고 있다는 것을 말해주고 있었다.

그런데도 송요한은 계속해서 목이 말랐다. 비록 그의 독창적인 성경 해석은 사람들의 열렬한 반응을 끌어낼 수 있었지만 그는 계속해서 고민했다. 어떻게 하면 더욱 강력한 능력으로 회중을 그리스도에게로 인도할 수 있을까!

앤드루 기 목사와 프랭크 링 목사가 북부지역으로 순회 사역을 떠나자고 제안했지만, 송요한은 거절했다. 그의 마음은 진정한 부흥을 갈망하고 있었기에 지금까지의 방식으로 계속 사역할 자신이 없었다. 더욱더 위대한 하나님의 일을 기대했으나 아직은 때가 아닌 것 같았다. 일단 갈망이라는 부흥의 불씨를 안고, 고향 푸톈 마을로 돌아가기로 했다. 그러나 하나님의 생각은 그의 계획과 달랐다.

10. 마침내 임한 부흥

1930-1931

> "예전에 존 웨슬리의 전기를 읽은 적이 있다. 그가 설교할 때마다 많은 사람이 죄를 자각하고 그리스도께 나아왔다. 그 장면을 읽을 때마다 나도 그런 경험을 하기를 간절히 원했다. 그런데 비슷한 일이 나에게 일어났다."

아직도 추위가 한창이었다. 송요한은 발을 동동 구르며 고향으로 가는 배를 기다리고 있었다. 그때 긴급 전보를 가진 사람이 찾아왔다. 장시 성의 성도인 난창에서 온 전보였다. "하나님이 일하실 것 같습니다. 지체 마시고 난창을 방문해 주십시오. 감독교회 선교부 슈버트 목사 드림." 그는 이 긴급한 초청의 의미가 특별한 것을 알 수 있었다. 분명한 하나님의 인도였다.

송요한은 이 일을 일기에 다음과 같이 썼다. "이제까지 허공을 치는 느낌으로 사역하고 있었다. 이를 악물고 열심히 했지만 이런 노력이 과연 하나님을 위한 것일까 하는 의구심을 지울 수가 없었다. 운동, 교육, 희생, 봉사의 차원에서 하는 사역의 무익함을 많이 보았다. 운동은 또 다른 운동을 낳고 그 운동을 이끄는 사람들은 갖은 노력을 다했지만, 인간 마음의 근본적인 변화를 끌어내지 못했다. 잃은 자를 찾아 구원하러 오신 주님에 대해서는 말하지만 그들의 사역에는 참된 구원의 역사가 있는가! 그리고 나의 사역은 어떠한가!"

비록 미국에서의 송요한과 지금의 그는 큰 차이가 있다고 하더라도 그는 여전히 어떤 틀 안에 머무르고 있다는 느낌을 지울 수가 없었다. 그가 하는 것은 진정한 사역이 아니며 진정한 섬김도 아니라는 것을 느끼면서도 벗어날 길을 찾을 수가 없었다. 그런데 전보가 도착했을 때 송요한은 어둠 속에서 빛을 발견한 느낌이었다. 불현듯 실망 속에서 다시 고향 푸톈으로 돌아갔다면 하나님을 위해서 가치 있는 일은 조금도 하지 못했을 거라는 생각이 들었다. 온몸에 소름이 돋았다.

잊을 수 없는 밤

벧엘 선교회 동료들은 장시 성 방문을 만류했다. 당시 그곳은 국민당과 공산당의 내전이 한창이어서 여행하는 것은 너무 위험했다. 하지만 송요한은 이 초청이 하나님의 부르심이라고 확신했다. 마침내 동료의 걱정을 뒤로한 채 양쯔 강을 거슬러 올라가는 증기선에 올랐다. 그때까지만 해도 송요한은 그의 여정이 다른 사람의 오랜 기도의 응답이라는 것을 알지 못했다.

슈버트 목사와 그의 중국인 동료는 1930년 말에 한 달 내내 부흥을 위해 기도했지만 기미가 보이지 않았다. 그래서 그들은 이 일이 이루어지기까지 계속해서 기도하기로 했다. 1931년 1월 1일부터 그들은 죽은 교회에 새 생명을 부어주시도록 간절한 마음으로 구했다. 그리고 50일이 지난 2월에 송요한이 난창에 도착했다.

하지만 난창의 교회는 부흥 집회에 별 관심이 없었다. 첫 주간 집회에는 겨우 8, 90명만 참석하였고 뚜렷한 열매도 없었다. 그다음 주간에는 어린 학생들을 대상으로 집회를 열었으나 역시 큰 성과가 없었다.

송요한은 그 주간 마지막 집회를 마치고 무거운 마음으로 침대에 누워 쉬고 있었다. 갑자기 위층에서 크게 기도하는 소리가 들려왔다. 그를 초청한 슈버트 목사의 목소리였다. "주여, 중국 난창에 부흥을 허락하소서. 아니면 저를 다시 미국으로 돌려보내소서!" 정신이 번쩍 들었다. 급히 침대에서 나와 옷을 입고 기도하기 시작했다. "오 주님. 저를 초청한 자는 저렇게 간절한

데 저는 이렇습니다! 제가 진정으로 부흥을 원하고 있습니까? 제가 진정으로 당신의 권능을 보기를 원하고 있습니까! 저를 사용해 주옵소서. 이제 저는 진정으로 주님이 사람들을 구원하시는 큰 역사를 보고 싶습니다! 이제는 주님만을 바라봅니다!" 이렇게 초청한 자와 초청받은 자는 각자의 방에서 뜨겁게 기도했다.

송요한은 계속해서 하나님께 여쭈었다. "왜 사람들이 구원받지 못하고 있습니까? 제게 어떤 문제나 잘못이 있습니까?" 깊은 기도와 묵상 끝에 송요한은 결론에 다다랐다. 그동안 그는 사람들에게 만족을 주기 위한 설교를 하고 있었다. 진정한 영적 유익을 얻는 것을 방해하는 것이 무엇인지 알면서도 정직하게 지적하지 않는 자신의 모습을 보았다. 그리고 그 순간 사역을 영원히 바꿀 한 생각이 그의 마음에 떠올랐다. 그의 설교를 영원히 바꿀 하나님의 빛이었다. "죄의 아성이 무너져야 승리가 온다."

1931년 3월 5일, 집회가 계속되었다. 송요한은 거라사의 광인과 돌아온 탕자 이야기를 통해 위선에 대한 교훈을 전했다. 그가 수없이 전했던 본문 말씀이었다. 그러나 이날의 메시지는 이전과 완전히 달랐다. 청중의 삶을 뒤덮고 있는 죄의 장막이 하나님의 빛을 가로막고 있는 것이 보였다. 그는 말씀의 비밀을 풀어서 사람들을 만족하게 하려는 노력을 멈추고, 청중의 마음에 달콤함을 주는 말을 스스로 금하고, 청중의 마음에 똬리를 틀고 있는 죄를 직접 공격하기 시작했다.

어젯밤에 하나님이 주신 깨달음이 계속해서 송요한의 마음을 사로잡았다. "죄의 아성이 무너지면 그때 승리가 올 것이다! 죄의 성벽이 무너져야 승리가 온다!" 그날 밤은 난창 사람들에게 잊을 수 없는 밤이 되었다. 죄를 공격하는 하나님의 말씀은 수없이 되풀이되었고 그 효력은 다함이 없었다. 하나님의 거룩한 빛에 굴복한 영혼들의 계속되는 회개가 예배당을 끝없이 흔들었다.

난창의 집회는 예정보다 한 주간 더 계속되었다. 성령께서 일하시는 증거가 너무나 분명했기 때문이었다. 회개의 기도가 끊이지 않고 이어졌지만 회개하는 청중을 앞으로 불러내지는 않았다. 대신에 누구든지 원하는 사람은 대표로 기도할 기회를 주었다. 때때로 기도하다가 울음을 그치지 않아 기도를 멈추게 해야 할 때도 있었다. 송요한은 죄를 자각한 이런 사람들에게 집에 돌아가 홀로 있을 때 하나님께 죄를 고백하도록 당부하고, 공개적으로 죄를 과시하는 일이 없도록 했다. 송요한은 이러한 회개의 불길은 죄를 자각하고 구주가 필요한 것을 기꺼이 인정할 때에 일어나는 현상인 것을 알고 있었다.

집회 참석자들은 날로 늘어가고 하나님의 축복도 날이 갈수록 더욱 풍성하게 부어졌다. 교회 지도자들은 지역의 모든 목회자와 전도자를 위한 특별 집회를 열기로 했다. 송요한의 방문이 더 연장되었다는 전보가 가족에게 보내졌다.

특별 집회를 기다리는 동안 송요한은 강을 따라 올라가 주장에서 학생들을 위한 집회를 열었다. 난창의 교회보다 활기가 있었고 복음 사역의 토양이 좋아 보였다. 첫 집회에 학생들을 포함한 400명의 청중이 열린 마음을 가지고 송요한을 맞았다. 연이은 집회를 통해 거의 모든 감리교 고등학교의 학생이 그리스도께 돌아왔다. 220명가량의 학생이 방과 후에 그리스도를 증거하기 위해 자체 전도단을 조직했다. 이런 일은 주장의 교회 역사상 처음 있는 일이었다.

다시 난창으로 돌아온 송요한은 교회 지도자들과 선교사들에게 간곡히 기도를 요청했다. 난창이라는 여리고 성을 무너뜨리려면 기도 외에는 방법이 없다는 점을 강조하였다. 부흥의 축복은 설교자에게 달린 것이 아니라 성도의 기도에 달려 있다고 누누이 강조했다. 난창의 온 교회는 송요한의 요청에 부응하여 온 마음으로 기도에 힘쓰며 특별집회를 기다렸다.

난창 부흥의 교훈

특별 집회가 일주일 후로 다가왔다. 본 집회를 앞두고 어린 학생과 교사들을 위한 집회를 미리 열기로 했다. 일주일의 집회 내내 매일 밤 죄의 문제를 다루었다. 불신자의 죄뿐만 아니라 신자로 자처하는 자들의 죄가 사정없이 폭로되었다.

어느덧 성령께서 직접 청중의 죄를 다루시기 시작했다. 성령의 강력한 책망에 아이들에서 노인에 이르기까지, 청중의 모든 죄악이 한꺼번에 무너져내렸다. 성령의 권능은 모인 어린 학생과 교사 모두에게 죄에 대한 깊은 자각을 불러일으켰다. 어린 학생들은 서로 자신의 죄를 고백하고 용서를 구했고, 교장과 교사들도 서로에게 잘못을 시인하고 용서를 구하는 일이 벌어졌다.

그들의 삶은 실제로 죄를 벗어버린 삶으로 변하기 시작했고 서로에 대한 실제적인 배상이 이루어졌다. 성령은 보이지 않았지만, 심령 가운데 역사하셨고, 각 사람의 숨겨진 죄는 관념이 아닌 실제가 되었다. 그들을 얽매고 있던 강력한 죄의 사슬은 더 강력한 성령의 능력으로 완전히 끊어졌다. 죄의 해방이 실제로 눈앞에서 보였다!

본 집회가 시작되었다. 목회자와 선교 단체에서 일하는 전도자를 위한 특별 집회였다. 송요한은 사역을 위해 성령 충만을 받으려면 정결한 그릇이 되어야 한다고 집회 때마다 강조하였다. 어떤 성경 본문이든 막힘 없이, 열정적으로 전했다. 청중은 마치 처음 듣듯이 생동감 있는 그의 설교에 빠져들었다. 모여든 선교사나 목회자는 예리한 성경 해석과 큰 확신으로 생생하게 증거하는 그의 능력에 놀랐다. 그들도 설교하는 사람들이었기 때문에 부러워하는 사람도 있었다. 하지만 송요한이 하루도 빠짐없이 여러 시간을 성경 연구에 집중한다는 것을 아는 사람은 별로 없었다.

지난 주간 예비 집회에서 하나님과의 관계가 회복된 어린 학생들도 본 집회에 참석했다. 그들은 자신의 부모와 교회 지도자와 모든 사역자를 위해 열심히 기도했다. "하나님, 어른들을 깨끗하게 하셔서 성령 충만하게 하여 주세요!" 아이들이 어른을 축복하며 기도하는 것은 중국인의 관점에서는 충격적인 일이었다. 일부 사람들은 거세게 반발했고, 회개하기를 싫어하는 사람들은 송요한이 아이들을 충동하여 부모를 거역하게 한다고 비난하기도 했다.

모든 사람이 가족과 함께 하는 중국의 가장 큰 축제인 춘절이 시작되었다. 하지만 송요한은 젊은이들을 이끌고 근처 산장으로 가서 복음 전도를 가르쳤다. 그 후에 여러 전도단으로 나누어 마을을 다니며 그리스도를 전파하고 주민을 위하여 기도했다. 송요한의 사역에 반발하던 일부 전도자와 학교 교사들도 합세하여 이들과 함께 전도에 나섰다. 복음의 열기는 점점 뜨거워져서 마침내 200명이 넘는 사람이 전도단에 합류했다.

전도여행 마지막 날 밤에 그들은 온몸이 폭우로 흠뻑 젖었다. 온몸이 젖은 그들 위에 성령의 빗줄기가 더욱 거세게 내렸다. 가장 비판적이었던 사람들이 심판의 두려움에 몸을 떨며 눈물로 하나님께 용서를 구하며 울부짖었다. 모두가 한마음으로 성령 충만을 구하며 기도했다. 그날 밤, 난창에 있는 모든 교회의 막힌 담이 완전히 허물어지고 그리스도 안에서 하나가 되었다.

하나님의 백성의 신실한 기도와 전도자들의 뜨거운 복음 증거로 난창과 인근 지역의 교회는 크게 부흥했다. 차갑게 죽어 있던 교회는 되살아나서 사탄의 세력에 큰 승리를 거두었다.

송요한은 하나님이 친히 일하시는 부흥을 경험하고 나서 하나님이 자신에게 맡기신 메시지를 더욱 분명히 알게 되었다. 그 메시지는 중국 교회의 죄를 폭로하고 십자가에 나타난 하나님의 해결책을 선포하는 것이었다. 송요한은 난창의 경험을 통해 중생의 경험이 없는 종교가 얼마나 쓸모없는지를 뼈저리게 느꼈다. 성령의 새롭게 하시는 역사만이 죽은 교회를 살릴 수 있다!

송요한은 난창 부흥의 교훈을 이렇게 기록했다.
"이곳에서의 경험을 통해 부흥에 관한 세 가지 교훈을 얻었다. 첫째는 성령이 하게 하시는 철저한 죄의 고백, 둘째는 성령의 충만을 위한 기도, 셋째는 회심자의 그리스도에 대한 공개 증언이다.
예전에 존 웨슬리의 전기를 읽은 적이 있다. 그가 설교할 때마다 많은 사람이 죄를 자각하고 그리스도께 나아왔다. 그 장면을 읽을 때마다 나도 그런 경험을 하기를 간절히 원했다. 그런데 비슷한 일이 나에게 일어났다.
진리의 영이 나를 인도하셔서 하나님께서 영광을 받으시고 더 많은 사람을 구원하시는 큰일을 행하시기를 기도한다."

연약한 육신

난창의 부흥이 널리 알려지기 시작했다. 회심한 사람들의 간증이 기독교 정기 간행물에 실렸다. 더불어 송요한의 이름도 널리 알려졌고, 곳곳에서 초청이 쇄도했다. 먼저 난징의 서남부에 있는 우후에 들렀다. 그리고 상하이로 가서 약속한 몇 군데 집회를 인도했다.
벧엘 선교회에 속한 모든 지도자를 대상으로 하는 80일간의 수양회가 열렸다. 송요한은 이 집회의 주 강사로 초청받았다. 벧엘 선교회에서 몇 사람이 보조 강사로 참여하였다. 결단한 사람들을 강단으로 초청하는 일이 이곳에서 처음 이루어졌다. 300명이 넘는 청중이 앞으로 나와서 죄를 깊이 뉘우쳤다. 진심으로 회개한 심령에는 하나님의 용서와 위로가 주어졌다. 집회마다 성령은 분명한 표지들을 보이시며 역사하셨다. 송요한은 사람들에게 이렇게 말했다. "복음 전도자는 항상 청중에게 죄를 고백하고 그들의 믿음을 공개적으로 표명할 기회를 제공해야 합니다. 또한, 상한 심령을 위로할 준비를 해야 합니다."

다음 집회는 무어 기념교회에서 열렸는데 경마장 건너편에 있었다. 1,000명 이상의 청중이 모였고 많은 사람이 구원을 찾아서 강단으로 나왔다. 베벌리 호 목사가 찬양을 인도했는데, 그는 후에 송요한과 인도네시아 자바와 필리핀에서 함께하기도 하였다.

난징에서도 송요한을 초청하였다. 감리교 5개 선교구의 남녀 전도자를 위한 수양회였다. 송요한은 처음에 매일 낮 두 번째 순서를 맡았으나 며칠이 지난 후에는 첫 번째 순서도 맡게 되었다. 참가자들이 너무나 원했기 때문이었다.

송요한에게 밀려난 첫 번째 순서의 강사는 베이징의 옌징대학교(지금의 칭화대학교)의 세련되고 박식한 교수였다. 그는 호기심이 생겨 송요한의 설교를 들어 보기로 했다. 며칠 간은 비판적인 시각으로 설교를 들었다. 하지만 며칠 후, 송요한과 존스 목사 부부와 함께한 오찬 자리에서 이렇게 말할 수밖에 없었다. "제가 요즈음 성경을 제대로 읽지 않았다는 것을 고백할 수밖에 없군요!" 그리고 그 수양회가 끝나기 전에 그 교수는 완전히 굴복하고 그리스도에게 헌신했다. 그리고 이전과 다른 새로운 삶을 살기 시작했다.

송요한은 지칠 줄 모르는 말처럼 달렸다. 그러나 난징의 집회가 끝나자 몹시 피곤했고 심장 쪽이 약간 아팠다. 휴식을 위해서 벧엘 선교회로 돌아와 한 주간 쉬라는 연락을 받았다. 그는 굳이 하루에 한 번 설교하는 조건으로만 그렇게 하겠다고 했다.

결국, 상하이에서 기독 학교 학생들을 위한 집회가 마련되었다. 몸 상태에도 불구하고 그의 설교에는 놀라운 힘이 있었다. 200여 명의 간호 학교 학생들이 호기심으로 수업을 포기하고 참석하기에 이르렀다. 말씀은 송요한으로부터 폭포수처럼 흘러나왔고 성령은 그 말씀을 깨닫게 하셨다. 100여 명의 젊은이가 구원을 받았다. 즉시 나이팅게일 클럽이 조직되어 병원에서 일하는 사람들과 환자를 위해 기도하기 시작했다. 송요한에 대한 호기심으로 모인 현장이 진정한 부흥의 현장이 되었다.

이를 본 벧엘 선교회의 지도자들은 주저하지 않고 송요한을 6월에 열리는 제4차 벧엘 여름 수련회의 강사로 세웠다.

한편 의사는 송요한의 심장에 문제가 있다고 진단하고 6개월의 휴식을 권고했다. 그러나 송요한은 병의 원인이 영적인 것이라고 느꼈다. 최근에 허베이 성 창저우의 작은 마을에서 온 초청을 거절한 적이 있었는데 그 과정에서 자신이 교만해져 가는 것을 깨달았다. 그래서 심장병의 원인이 영적 교만이라고 생각했다. 벧엘 전도단이 작은 마을이든 도시든 가리지 않고 방문하는 것을 보면서 그렇게 하는 것이 옳다고 여겨서 창저우의 작은 마을의 초청을 승낙했다.

마침 벧엘 전도단은 지도자인 매리 스톤 박사의 장례식 때문에 산둥 성에 돌아와 있었다. 송요한은 거절했던 집회를 벧엘 전도단과 함께 섬기기로 했다. 하루에 한 번만 설교했지만, 심장의 통증은 계속되었다. 그래도 설교를 쉬지 않았다. 매번 지상에서의 마지막 사명인 것처럼 설교했다. 잃어버린 자들에게 진 빚을 갚고 하나님의 영광이 드러난다면 죽어도 좋다고 생각했다. 가슴을 움켜쥐고 그의 몸을 제물로 드렸고 결국 그 집회에 하나님의 은혜가 임했다.

송요한은 이렇게 외쳤다. "하나님을 찬양합니다! 하나님은 제게 놀라운 일을 행하셨습니다. 심장의 통증이 사라졌습니다. 하나님이 저의 연약한 육신에 자비를 베푸시고 제가 이전과 다름없는 기력으로 설교할 수 있게 하셨습니다. 저를 구원하시고 모든 질병을 고치신 주님만을 위해 살겠습니다. 할렐루야!"

거짓 성령 충만

벧엘 전도단의 지도자인 앤드루 기 목사는 어머니의 병환 때문에 상하이에 머무르고 있었다. 얼마 후 앤드루 기 목사는 송요한과 합류하기 위해 산둥 성으로 건너왔다. 그가 도착했을 때는 저녁 집회가 막 끝났을 때였는데 비가 많이 오고 있었다. 그는 수많은 신앙 상담이 벌어지고 있는 현장에서 우의를 입은 채 한 소녀를 그리스도께 인도했다.

앤드루 기는 이 소녀가 후에 중국 성경 신학교를 졸업하고 송요한의 가장 신실한 동역자 중 한 명이 될 줄은 꿈에도 생각하지 못했다. 그는 또 이 소녀가 자신과 송요한이 이룬 연합 사역의 첫 열매라는 것도 알지 못했다. 앤드루 기는 집회 기간에 송요한의 통역을 담당하기도 했다.

중국의 위대한 두 명의 전도자의 복된 연합의 시작이었다. 1931년 5월, 필립 리와 프랭크 링, 링컨 니로 구성된 벧엘 전도단 일행은 앤드루 기와 송요한이 만나면서 벧엘 세계 복음전도단으로 새롭게 태어났다.

상하이로 돌아가는 도중에 많은 교회가 송요한을 초청했다. 그런데 벧엘 선교회로부터 산둥 성으로 돌아와 달라는 요청이 왔다. 그래서 산둥 성으로 가는 도중에 송요한은 새로운 도전에 직면했다.

항구 마을 칭다오의 지역 교회에서는 이른바 영적 은사 운동이 강하게 일어나고 있었다. 많은 사람이 방언, 영가, 환상, 꿈 등 성령의 외적인 발현을 추구하고 있었다. 이러한 것을 영성의 표식으로 여겼다.

송요한은 혼란스러웠다. 그들을 돕고 싶었지만, 그 방법을 알 수 없었다. 그래서 기도를 시작했다. 이러한 일에 대한 하나님의 지혜와 빛을 간절히 구했다. 그리고 하나님의 진리에 대한 새로운 깨달음을 구했다.

전도단은 칭다오를 떠나 자오저우에 도착하였다. 이곳은 중국의 개신교 일 세대 전도자인 딩리메이 목사의 고향이었다.

성령의 은사를 추구하는 것이 잘못된 것이 아니지만 소위 영적 은사 운동을 하는 사람들은 눈에 보이는 현상만을 성령의 역사로 여기고 있었다. 말씀과 기도로 연단한 송요한의 심령은 그들 안에 있는 위험성을 감지했다. 부흥과 비슷해 보이지만 부흥과는 완전히 다른 그 무엇이 그 안에 있었다. 하지만 그들에게 해 줄 말이 없었다. 하나님께서 말씀하시지 않은 신비로운 영역을 건드리고 싶지도 않았다. 그러면서도 마음 한편은 영적 분별이 부흥을 유지하는 필수 요소라고 경고하고 있었다. 너무나 혼란스러운 나머지 설교할 의욕마저 잃었다. 그래서 그가 맡은 순서가 돌아왔는데도 설교하지 않고 앤드루 기 형제의 메시지를 듣기로 했다.

앤드루 기의 설교를 듣고 있을 때 갑자기 그에게 하나님의 빛이 임했다. 그때 마음을 혼란스럽게 하던 모든 것이 한꺼번에 정리되었다. 참된 하나님의 부흥과 외적인 성령의 역사를 추구하는 소위 영적 은사 운동의 차이가 분명해졌다. 그는 칭다오에서의 모든 문제가 해결된 것을 알았다. 그것은 비슷한 것 같으나 다른 것의 문제, 참된 부흥과 거짓된 부흥의 문제, 영적 분별의 문제, 성령 충만의 신비에 대한 것이었다. 송요한은 다시 자신을 추스르고 일어났다.

산둥 성의 성도인 지난으로 간 송요한은 이제 더 큰 확신으로 성령 충만에 관하여 설교했다. 하나님이 최근에 그에게 말씀하여 주신 것들이었다.

"사랑하는 성도 여러분! 요즘 모두가 성령 충만을 구하고 있습니다. 그러나 잘못 구하고 있습니다. 성령의 충만은 신자가 그 안에 솟아나는 영원한 샘물을 가지고 있을 때만 가능한 것입니다. 그렇습니다. 여러분 안에 영생하도록 솟아나는 샘물이 없다면 원하는 성령 충만을 얻을 수 없습니다. 그런데도 많은 사람이 헛된 수고를 하고 있습니다. 그들은 보잘것없는 물통을 들고 계속해서 물을 길으러 옵니다. 어깨는 점점 아파져 오고 목은 점점 더 말라옵니다. 긷고 마시고 피곤해지고 목마르고, 또 긷고 마시고. 이런 일이 끝 없이 반복됩니다. 사랑하는 형제자매 여러분. 우리 주님이 주고자 하시는 것은 이런 것이 아닙니다."

"사마리아의 여인은 평생 헛된 것을 구하며 살아왔습니다. 그러나 주님은 불쌍한 죄인에게 생수의 강을 약속하셨습니다. 이것은 성령입니다. 그러나 죄의 짐을 진 채 우물로 갈 수는 없습니다. 성령을 충만히 받는 길은 열심히 물 길으러 오는 데 있지 않고 성령의 수로를 깨끗하게 하는 데 있습니다. 내 안에서 영원토록 솟아 나오는 샘물은 오직 회개하고 예수를 믿을 때만 주어집니다. 여러분이 죄의 짐을 그대로 진 채 회개하는 것은 하나님을 속이는 일입니다. 여러분이 예수를 믿기 원한다 하면서 죄의 짐을 그대로 지고 있다면 그것은 스스로도 속는 일입니다. 여러분! 내 안의 죄가 물러가야 생수의 강이 흘러들어오는 것을 알지 못합니까! 진정한 축복의 길은 여러분이 방언과 환상과 여러 신기한 역사를 추구하는 것에 있지 않습니다. 깨끗한 수로가 되는 것에 있습니다. 죄를 버린 심령에 주께서 물을 가득 채우시고 그때야 비로소 여러분은 그 물을 이웃에게 나누어줄 수 있습니다. 그럴 때만 성령께서 여러분의 심령에 다함이 없는 생수를 가득가득 채우십니다."

"여러분! 저들을 보십시오. 외적인 성령의 신기한 역사만을 추구하는 저들을 보십시오. 마약을 맞으면 행복해진 것 같지만, 약발이 떨어지면 더 큰 절망에 빠져드는 것처럼 어떤 사람들이 성령 충만이라 주장하는 것들은 이와 같습니다. 더 센 마약을 찾는 것처럼 그들은 더 자극적인 역사를 찾아다닐 뿐입니다. 마치 죄의 짐을 지고 끝없이 수고했지만, 여전히 목말랐던 사마리아 여인처럼 그들의 근본적인 문제는 절대 해결되지 않을 것입니다. 여러분, 여기에 하나님의 진리 말씀이 있습니다. 버리지 않고 얻는 법은 없습니다. 죄를 버리고 성령 충만을 받으십시오!"

계속되는 싸움

벧엘 전도단은 지난에서 타이안으로 갔다. 타이안은 중국에서 가장 아름다운 산으로 알려진 타이 산 아래에 있고 근처에 공자의 무덤이 있다. 과거에 기독교가 융성했던 만큼 사탄의 공격이 심했다. 기독교에 대한 증오가 온 마을을 휩쓸고 지나갔다. 교회가 파괴되고 기독교 학교들이 문을 닫았다. 많은 목회자가 가족을 데리고 피난할 수밖에 없었다.

벧엘 전도단이 도착해서 묵은 곳은 박해의 흔적이 남아있는 폐가였다. 모든 가구가 송두리째 약탈당하고 북쪽 지방 고유의 벽돌 침대만이 덩그러니 남아 있었다. 그 집이 마을의 상황을 말해주고 있었다. 혹독한 시련으로 타이안 그리스도인은 크게 낙담하고 있었다. 어려움 가운데서 집회가 시작되었으나 작은 마을에서 103명이나 회심하였다.

그중 19세의 한 젊은이는 십계명을 모두 어기며 살았다고 해도 과언이 아니었는데 돌아온 탕자에 대한 설교를 듣고 진정으로 회개하고 하나님께 돌아왔다. 이렇게 삶이 완전히 변한 사람들이 많이 있었다. 하나님은 송요한을 사용하셔서 마을 사람을 위로하셨다.

인근 지역 선교사의 긴급한 요청으로 벧엘 전도단은 다른 마을로 이동했다. 그곳에 도착했을 때는 몹시 피곤했지만 쉬지 않고 하루 일곱 차례의 집회를 여는 강행군을 했다. 집회가 열린 예배당은 넓고 좋았다. 하지만 교회 전체의 분위기는 차갑고 냉랭했다.

그런데 집회가 계속 이어지며 청중들이 계속해서 늘어나다가 기독교 학교 학생들을 위한 집회에서 반전이 있었다. 그때 참석한 모든 학생이 굴복하고 예수 그리스도를 받아들였다. 이어서 어른을 위한 집회에서도 성령은 놀라운 방법으로 청중의 마음을 깨뜨리셨다. 성령 역사의 특징인 죄의 자각과 고백, 보혈의 씻음, 큰 기쁨, 자발적인 간증이 계속해서 이어졌다.

매일 밤 집회를 마친 군중은 거리로 나가 자신의 집으로 돌아가는 길 내내 큰 소리로 찬송을 했다. 영적인 일에 무관심한 사람들은 마치 술 취한 듯 보이는 이들이 성령의 충만함을 받은 사람이라는 것을 알지 못했다.

그러나 모든 사람이 다 그리스도께 굴복한 것은 아니었다. 지역의 선교사 중 한 명은 노골적으로 송요한의 설교에 불신을 드러냈다. 그는 송요한에게 그리스도의 재림은 믿을 수 없고, 구약 성경의 자료는 신뢰할 수 없으며, 그리스도의 보혈과 성령에 대해서 설교하는 것은 적절하지 않다고 강변했다. 그는 또 기독교의 비과학적인 요소에 대한 자신의 견해를 늘어놓은 후 송요한에게 물었다. "과학과 종교에 대해 어떻게 생각하십니까?" 송요한은 분명하고 단호하게 대답했다. "과학은 필요하고 좋은 것입니다. 그러나 과학이 사람을 죄와 그 결과로부터 구원할 수는 없습니다!" 선교사는 과학적인 생각을 가지고도 하나님을 믿을 수 있다는 견해를 계속 피력하며, 해리 에머슨 포스딕 박사와 마하트마 간디와 같은 사람들이 참된 그리스도인의 전형이라고 말했다.

그는 송요한의 미국의 유니언신학교 이력을 전혀 모르고 있었다. 송요한은 이렇게 반박했다. "사람들이 포스딕 박사에 관해서 이야기하지만, 그에 대해서는 잘 알지 못합니다. 저는 유니언신학교에서 그의 지도로 그의 모든 것을 배웠습니다. 그리고 제가 내린 결론은 이렇습니다. 그의 가르침은 완전히 잘못되었습니다! 중국은 포스딕이나 간디의 가르침이 전혀 필요 없습니다. 그들보다는 공자가 훨씬 낫습니다. 우리어게 필요한 것은 예수 그리스도와 그분의 십자가입니다. 예수 만이 사람을 변화시킬 수 있습니다."

대화가 끝나자 집회가 열렸고 송요한은 전과 다름없이 십자가를 전했다. 100 명이 넘는 사람들이 기도하며 자신도 십자가를 지고 그리스도를 따르겠다고 맹세했다. 십자가의 능력을 알지 못한 불쌍한 선교사 눈앞에서 벌어진 일이었다.

계속되는 승리

덩저우는 중국의 가장 큰 선교단체의 본부가 있는 곳이었다. 남녀 신학교, 성경 학교, 고등학교, 초등학교 등 여러 큰 교육 기관이 자리 잡고 있었다. 그곳의 신학교는 중국에서 제대로 가르치는 몇 안 되는 곳 중 하나였다. 그런데 교육 도시인 이곳에 도착한 벧엘 전도단의 전도자들은 누구 하나 정규 신학 교육을 제대로 마친 사람이 없었다. 그래서 이곳에서의 전망은 어두워 보였다.

집회 초반부터 당시의 반기독교 조류에 휩쓸린 몇몇 공립학교 학생들이 찾아와 소동을 벌였다. 하지만 며칠이 지나지 않아 그들 중 많은 학생이 그리스도께 굴복했다. 그 후에 집회 장소를 신학교로 옮겼다. 하나님께서 역사하시기 시작하자 죄를 자각하고 고백하는 사람이 잇달았다. 어느 날 밤에는 300명가량의 회중이 깊은 고뇌와 회개 속에서 하나님과의 관계와 서로간의 관계를 바로잡기 위해서 울부짖었다.

이 소식이 퍼져나가자 더 많은 사람이 각지에서 모여들어서 그 도시에서 가장 큰 건물에 사람들이 터져나갈 만큼 꽉 차게 되었다. 한 사람이 죄를 고백하고 깨끗함을 받을 때마다 큰 기쁨의 파도가 회중을 휩쓰는 것 같았다. 찬양과 기도의 소리가 우렁차면서도 조화롭게 울려 퍼지고 무릎 꿇고 기도

하던 고등학생들이 일어서서 어깨동무하고 돌면서 주님을 찬양하기도 했다. 어떤 때는 그리스도께 굴복한 한 사람이 그 자리에 참석한 다른 이에게 가서 용서를 구하고 변상을 하기 위해 나서는 바람에 설교를 중단해야 하는 일도 있었다.

한 노 목사는 37년간 남몰래 가슴에 숨겨놓았던 죄를 고백하며 이 죄가 복음 전도자로서의 자신의 능력을 약화시켰다고 고백하기도 했다. 한 병원 직원은 수년간 공금을 횡령했다고 고백하며 그 자리에서 즉시 총액을 계산하여 병원에 갚으러 나간 일도 있었다.

이처럼 하나님께서 일하실 때마다 모든 회중의 입술에서 찬양의 외침이 흘러나왔다. 죄의 매임으로부터 자유를 얻은 모든 사람이 기쁨에 겨워 주님을 찬양했다. "주께서 차꼬를 깨셨도다! 죄악의 사슬을 끊으시고 나를 자유롭게 하셨도다!" 주님의 영광이 그곳을 가득 채운 것 같았다. 수많은 사람이 마음을 열고 그들 생애 처음으로 성령 충만함을 입었다.

6월이었다. 상하이 벧엘 여름 수련회에 많은 사람이 몰릴 것 같지는 않았다. 내전 상황이었고 도적단이 통신망을 끊는 일이 다반사였기에 여행이 위험했지만, 수련회는 예정대로 추진되었다.

송요한이 방문했던 도시뿐만 아니라 다른 지역에서도 많은 설교자와 사역자들이 참가 신청을 하여서 주최 측은 숙소 마련에 애를 먹었다. 700명 이상의 각 지역 대표들이 모였는데 위험을 감수하고 먼 거리를 달려온 사람도 있었다. 상하이 인근 지역에서도 사람들이 많이 왔다. 1,200명 이상의 사람이 벧엘교회 예배당에 모여들었다.

송요한이 기획을 담당했는데 주제는 '부흥'으로 정했다. 앤드루 기, 송요한, 팅 목사가 강사로 섰다. 종일 진행된 강의의 주제는 기도의 부흥, 찬양의 부흥, 말씀의 부흥, 섬김의 부흥, 전도의 부흥이었다. 송요한은 '말씀의 부흥' 시간에 '하나님의 말씀을 여는 열쇠꾸러미'에 대하여 강의했다. 그리고

'섬김의 부흥' 시간에는 사도행전을 강해 했다.

수련회의 일관된 강조점은 거국적 복음 전도의 필요성이었다. 모든 강사가 한목소리로 중국의 신속한 복음화를 부르짖었다. "허송세월할 시간이 없습니다. 이 목표를 향해서 달려갑시다. 그러기 위해서 하나님과의 관계를 바로 합시다. 죄를 버리고, 성령의 능력을 구하며, 그리스도의 이름으로 위대한 일을 할 수 있도록 자신을 준비합시다."

송요한도 온 힘을 다해 헌신을 촉구하였다. 집회 때마다 그의 무명옷은 땀으로 흠뻑 젖었다. 복음 증거가 열매를 맺기 위해서는 먼저 전도자 자신이 거룩해져야 한다는 것을 온 힘을 다해 증거했다. "오 사랑하는 성도 여러분! 여러분은 하나님의 위대한 과업을 위해 준비가 되어 있습니까? 당신의 손은 그분의 거룩한 사역을 위해 깨끗합니까? 당신의 삶에 역사하시는 성령의 능력을 체험하고 계십니까? 이것을 구하십시오! 일어나십시오! 기도하십시오! 기도합시다! 일어나서 기도합시다! 손을 뻗어 하나님을 붙잡으십시오!"

그의 열정적인 인도로 수많은 사람이 손을 들고 자신과 중국의 수많은 불신자를 위해 기도했다. 손을 뻗어 탄원하는 모습은 마치 에스더가 사랑하는 동족을 위해 왕의 홀을 만지려고 손을 뻗는 것 같았다. 그들은 끝없이 기도했다! 하루 한 번이 아니라 집회마다 계속했다. 사경회에는 중국 전역의 한 성에서만 대표가 오지 못했고 나머지 성의 모든 대표가 참여하고 있었다. 기도를 마칠 때면 각 성에서 온 모든 대표의 빛나는 얼굴에서 하나님의 응답에 대한 확신을 볼 수 있었다.

마무리하는 간증의 집회는 여러 시간 동안 계속되었다. 아무도 그것을 그만두게 할 수 없었다. 주요 교회의 유명한 목사들이 그들의 열매 없는 삶, 불신자의 상태에 대한 무관심, 하나님의 일에 대한 무관심을 부끄럽게 생각하며 회개했다. 동시에 주께 받은 새로운 비전과 새로운 목적을 고백했다. 이제 하나님을 위해 새로 태어났으며 하나님을 위해 전적으로 사용되기를 원한다고 간증했다. 남녀 학생들도 그들의 회심을 간증하고 친구를 그리스도께 인도하겠다는 결심을 피력했다.

그 자리에 있던 사람들은 하나님께서 중국 교회를 위해서 송요한을 사용하시는 것을 분명히 보았다. 이후에 수많은 사람이 이 집회를 축복과 기쁨의 신성한 잔치로 기억했다. 중국의 교회 역사에서 한 사람을 그렇게 높이 들어 사용하신 적은 없었다.

11. 벧엘 전도단과 만주에서

1931-1932

> 집회마다 마지막 남은 체력의 한계까지 쥐어짜 설교했기 때문에 끝나고 돌아올 때는 완전히 탈진하여 침대에 쓰러졌다. 데밍 여사는 지쳐서 쓰러져 누운 그를 볼 때면 항상 이 성경 말씀이 떠올랐다고 한다. "이것은 너희를 위하는 찢긴 내 몸이니."

1931년 가을, 중국의 정치적 긴장이 극에 달했다. 일본의 야욕이 백일하에 드러났고 만주에 대한 위협의 공세가 심해지고 있었다. 벧엘 세계 복음전도단의 지도자인 앤드루 기 목사는 전도단이 만주로 알려진 중국 동북부의 세 성과 네이멍구(내몽골)를 봄에 방문하기 원했으나 계속되는 초청으로 정신없이 바빴다. 하지만 이제는 더 미룰 수 없었다.

전도단의 초기 단원은 앤드루 기 외에 세 명이 더 있었다. 푸저우에서 온 프랭크 링, 링컨 니, 필립 리가 앤드루 기와 함께 했다. 이들은 모두 음악에 소질이 있었다. 특히 필립 리는 훌륭한 테너였고 거의 모든 관악기와 현악기를 연주할 수 있었다. 그리고 링컨 니와 필립 리는 10대 후반에 불과했다. 지난 해 5월에 앤드루 기는 송요한을 초청하여 전도단 사역에 가담시키고 벧엘 세계 복음전도단을 결성했다. 그는 지난 벧엘 여름 수련회 때 크게 유명해진 송요한이 앞으로는 전도단의 지도자인 자신보다 더욱 두드러질 것을 예감했다.

지난 여름 수련회 평가회에서 벧엘 전도단은 집회마다 건강한 교회 생활의 네 가지 주요 특징을 강조하기로 마음을 모았다. '파수 망대'로 이름 붙여진 기도회, 새 신자로 구성된 복음 전도단, 성장을 위한 성경 공부, 그리고 가정예배였다. 이러한 강조점에는 송요한이 푸젠과 중부에서 경험한 것들을 많이 반영하였다. 집회 때마다 방 하나는 '파수 망대'로 지정하고 매일 이른 아침부터 늦은 밤까지 돌아가며 이 방에서 복음 전도단의 사역을 위해 기도했다.

살든지 죽든지

송요한은 지난 사경회 이후로 자신이 하나님의 사자로서 더 잘 준비되었다고 느끼고 있었다. 그리고 하나님이 계속해서 순종을 요구하시는 것을 알았다. 자신의 역할은 주님을 따르는 것뿐이라는 것을 다시 한 번 확인했다. '전능하시고 실수가 없으신 하나님께 모든 것을 맡겨야 한다!' 만주 사역을 앞두고, 어떤 일이 있더라도 하나님을 신뢰하기로 굳게 다짐하였다.

지난 수련회 때는 부인이 동행했지만, 이번에는 두고 왔다. 부인에게 신경 쓰지 않고 사역에 더 집중하기를 원했기 때문이었다. 또 하나님은 여행 중 위험에 대해 예고해 주셨는데 앞에 있는 그 위험이 구체적으로 무엇인지는 말씀하지 않았다.

드디어 만주로 출항했다. 그런데 도중에 기항지에서 항해가 지연되었다. 그러자 푸젠에서부터 수양회에 참석하기 위해 함께 탑승한 사람들이 사탕과 과자 등을 사려고 해안에 내렸다. 송요한은 항해가 험난할 것 같으니 너무 많은 물건은 사지 말라고 농담처럼 말했다. 그러나 그들은 웃으면서 그런 불길한 말은 하지 말라고 편잔을 주었다.

그들을 탓할 수는 없었다. 다가올 위험을 알았더라면 누구도 배에 올라타지 않았을 것이다. 그러나 송요한은 알면서도 가야만 할 길이기에 이 배에 올랐다. 그는 하나님 뜻에 순종하다 죽는 것이 불순종하고 살아남는 것보다 훨씬 낫다고 생각했다. 그는 다가오는 위험을 감지하면서도 그 위험이 자신을 죽음에까지는 이르게 하지 못할 것을 알았다. 남은 과업이 있었기 때문이었다.

배의 이름은 통캉이었다. 송요한은 승선하자마자 10불을 잃어버렸다. 이것은 좋지 않은 징조였다. 배에서 당장 내리고 싶었지만, 하나님이 허락하실 리 없었고 어쩔 수 없이 배와 운명을 함께할 수밖에 없었다.

항해 첫날, 바다는 잔잔했고 배도 순항했으며 승객의 분위기도 즐겁고 행복했다. 다음 날, 증기선의 보일러 엔진 하나가 폭발했다. 승객들 사이에 불안감이 감돌았다. 송요한이 기도회를 하자고 제안했으나 별 반응이 없었다. 그런데 남은 보일러 엔진도 폭발해 버려서 배는 완전히 멈추어 섰다. 설상가상, 몇 군데 균열이 생겨 배에 물이 들어오기 시작했다. 선원들은 배를 가볍게 하려고 짐을 바다에 버리기도 하고 물을 배출하기 위해 펌프를 최대한 가동하였지만 물은 점점 차올랐다. 이곳저곳에서 울음소리가 들려오기 시작하고 배 안의 모든 사람이 우왕좌왕하며 불안에 떨었다.

이제 몇 시간 후면 배가 가라앉을 것 같았다. 송요한은 다시 기도회를 제안했고 이번에는 불신자 몇 명이 그와 함께 기도를 시작했다. 그의 마음에는 바울의 선교 여행이 떠올랐고, 어느덧 바울처럼 믿음으로 잠잠히 하나님을 바라보았다. 그는 큰 소리로 승객들을 안심시키기 시작했다. 그러면서 혹시 다른 배가 지나가지 않을까 하여 바다 쪽을 바라보기 시작하였다.

정오쯤, 멀리서 큰 배가 보였다. 승객들은 마치 신대륙을 발견한 것처럼 기뻐했다. 그런데 배가 좀 더 또렷하게 보이기 시작하자 그들은 다시 두려움에 휩싸였다. 누군가 배 후미에 일본기가 보인다고 소리쳤기 때문이다. 그러나 어쩌겠는가! 송요한은 승객들에게 영어로 '헬프 어스'라고 큰소리로 외치며 깃발을 흔들게 하였다.

아키야마 마루 호에는 구명정이 한 척밖에 없어서 구명정이 여러 번 왕복했다. 배에 남겨진 승객들은 구명정이 다시 돌아오기 전에 배가 침몰할까 두려워서 먼저 구명정에 타려고 서로 밀치기 시작했다. 그러는 통에 한 여자가 자신의 소지품을 놓지 않으려 하다가 소지품과 함께 바다에 빠져버렸다. 그녀가 바닷속으로 가라앉기도 전에 한 남자는 구명정에 뛰어내린다는 것이 그만 바다에 풍덩 하고 빠져버렸다. 또 다른 남자는 구명정 앞에 매달려 있다가 그만 손을 놓쳐 바다에 빠져들어 가고 있었다. 그야말로 아비규환이었다.

송요한은 이 모든 일을 지켜보며 죄악의 바닷속에 빠져들어 가는 인류가 연상되어서 비통한 마음으로 그들을 바라보았다. 그들은 결코 스스로 구원할 수 없다. 구원의 방주에 올라타지 않는 한 결국 죄악의 바다에 빠져 죽고 말 것이다. 그리고 자신의 모든 것을 버리지 않는 한 어떻게 무사히 방주에 올라탈 수 있겠는가!

다행히 모든 사람이 일본 배에 옮겨 탈 수 있었다. 그런데 그 후에도 통캉호는 마치 무엇인가가 붙들고 있는 것처럼 가라앉지 않았다. 제때 먹지 못해 배가 고픈 상태였지만 승객들은 무사히 샤먼에 도착했다. 통캉호는 승무원이 사고 경위에 대한 조사를 받는 동안 다른 배에 끌려 항구에 무사히 도착해서 승객들은 개인 짐을 모두 찾을 수 있었다. 이제 하나님이 송요한에게 경고하신 일은 끝났다.

그는 이 일을 이렇게 기록했다. "그와 같은 일을 경험하고서도 어떻게 하나님의 뜻이 선하고 완전하다는 것을 믿지 않을 수 있겠는가! '하나님을 사랑하는 자 곧 그의 뜻대로 부르심을 입은 자들에게는 모든 것이 합력하여 선을 이루느니라!' 하나님의 말씀은 얼마나 정확한가! 이제 세상으로부터 돌아서서 썩지 않는 유업을 더욱 전심으로 구해야 한다. 이번 일을 통해 주신 하나님의 교훈은 얼마나 명백한가! 나는 언제 어디서나 위로하고 격려하면서 사람을 구하는 일에 더욱 힘써야 한다. 이것이 내 사명임이 더욱 분명해졌다!"

이 사건이 전국에 알려져서 중국 전역의 그리스도인은 송요한의 목숨을 건져주신 하나님께 감사했다. 송요한이 잠시 고향 집을 방문했을 때 자세한 이야기를 들은 아버지 송 목사는 많이 놀랐다. 그리고 자기 아들의 변화와 설교에 능력이 생긴 것을 매우 기뻐했다.

송요한은 프랭크 링과 합류하기 위해 다시 가족들을 남겨 놓고 상하이로 갔다. 만주에는 더 쓰라린 십자가가 기다리고 있을 것이다. 그러나 그의 마음에는 굳은 결의가 있었다. '지금도 전과 같이 온전히 담대하여 살든지 죽든지 내 몸에서 그리스도가 존귀하게 되게 하려 하나니.'

첫 번째 시험

송요한과 프랭크 링이 다시 전도단에 합류했을 때 다른 전도단 형제들은 이미 남만주 철도의 시작점인 다롄에서 루터교 수양회에 참여하고 있었다. 그 수양회는 루터교 선교회에서 3년에 한 번씩 주최하는 것이었고 만주 전역에서 200명의 대표가 참석하고 있었다. 벧엘 전도단도 강사로 참여해 달라는 요청이 있었으나 그 요청은 마지못해 보내온 것처럼 보였다.

벧엘 전도단이 맡은 집회에서 링컨 니가 찬송을 인도하고 필립 리도 찬양한 후 이어서 송요한이 복음을 증거하였다. 말씀의 능력으로 25명의 중국인과 두 명의 선교사가 단상 앞으로 나가 참회의 눈물을 흘리며 기도하며 그들의 마음을 하나님께 쏟아 놓았다.

그러나 일부 선교사들은 회중이 큰 소리로 기도하는 것을 용납하지 못했다. 다음 날 그들은 한 중국인을 보내서 만일 전도단이 심한 몸짓을 자제하고 조용히 기도하지 않는다면 말씀을 전할 기회를 줄 수 없다고 통고했다. 그러나 그들의 마음은 뜨겁게 타오르고 있었고 당연히 그런 제안을 받을 수 없었다. 결국, 주최 측은 전도단이 맡기로 한 집회가 취소되고 대신 선교회 회의가 열릴 것이라는 공지사항을 알렸다.

벧엘 전도단 일행은 그들이 하나님의 이름을 위해 수치 당하는 것을 기뻐하며 역으로 향했다. 그 날밤 기차를 타고 떠날 때 많은 지역 대표와 선교사가 역에 나와서 이런 유감스러운 일이 일어난 것을 마음 아파하며 그들을 환송했다.

그러나 일부 선교사의 방해는 이것으로 끝나지 않았다. 이들은 지역의 교회들에 편지를 보내 벧엘 전도단의 초청을 취소하지 않으면 교회의 자금 지원을 중단하겠다고 위협했다. 송요한은 이 일로 중국의 교회가 외국 선교단체의 재정에 의존하는 것이 얼마나 위험한지 알게 되었고 결국 이렇게 결론을 내렸다. "이제 중국교회가 자립하여 일어 설 때가 되었다!"

기차를 기다리던 중 한 우체국 직원이 그들에게 다가왔다. 그는 자신이 전날 밤 예배당 밖에서 송요한이 전하는 말씀을 듣고 그리스도를 믿게 되었다고 고백했다. 악한 세력의 저항에도 추수는 계속되고 있었다.

송요한은 다롄에서의 저항에 놀라지 않았다. 미리 하나님께서 그에게 받을 시험을 예고해 주셨기 때문이다. 그중 하나가 돌로 떡을 만드는 시험이었다. 주님이 보시기에 자신의 생각과 관습의 틀에 고정된 다롄에 모였던 선교사들은 돌과 같았다. 주님은 그들을 변화시키셔서 사용하실 수 있었지만 그것은 하나님의 뜻이 아니었다. 송요한의 마음에는 감사가 넘쳤다. 모든 것이 받은 말씀대로 진행되고 있었기 때문이었다.

"그렇다. 우리에게 요구하시는 것은 돌을 떡으로 만드는 것이 아니다. 돌을 떡으로 만드는 데 힘을 낭비해서는 안 된다. 저들은 생명 없는 돌로 계속 남을 것이다. 하지만 나는 주님에 대한 증언을 다롄에 남겨두었다. 들을 귀 있는 자는 들을 것이다. 지금은 성령의 인도하심을 더욱 구하며 나갈 때이다. 만주에서 능력을 행하시기를! 만주의 수많은 사람을 구원하시기를!"

전도단은 펑톈(奉天; 지금의 랴오닝 성의 선양)으로 갔는데 예정보다 일주일 일찍 도착했다. 하늘을 받든다는 뜻을 가진 지명이 의미심장했다. 펑톈의 교회는 과거에 조나단 고포드 같은 위대한 전도자를 통해 이미 부흥을 경험했다. 일행은 이러한 역사 때문에 더 큰 하나님의 능력을 기대했고 이전의 사역을 통해 하나님께 배운 대로 더욱더 하나님을 신뢰하고 기도에 전념했다. 그들은 부흥의 열쇠가 기도라고 확신했기에 하루에 8번에서 10번을 함께 모여 기도하기로 결의했다. 이전에는 이렇게까지 기도에 힘쓴 적이 없었다.

첫날 밤에는 참석자가 많지 않았고 겨우 열 명의 회심자만 얻었다. 그런데 그다음 날 아침 5시 반, 예배당은 사람으로 가득 찼고 집회가 계속 이어졌다. 모두 27번의 집회가 열려서 1,000명이 넘는 사람이 죄를 고백하고 그리스도께 자신을 의탁했다. 하나님이 행하시는 위대한 일을 펑톈의 모든 사람이 목격하였고 도시에는 큰 기쁨이 넘쳤다.

펑톈을 떠나는 송요한의 손에 279개의 아름다운 간증문이 들려 있었고 늘 그랬듯이 그들 뒤에는 회심자로 이루어진 강력한 전도단들이 남겨져 있었다. 그들을 통해서 복음의 역사는 계속될 것이다.

9월 18일 아침, 펑톈을 떠나 헤이룽장 성으로 향하는 열차가 전도단을 태우고 출발했다. 그 열차는 일본이 펑톈을 장악하기 직전에 떠난 마지막 열차였다. 상황이 더욱 위험해져서 만나는 사람마다 돌아갈 것을 권유했다. 그러나 전도단 일행은 하나님께서 앞으로 계속 가라고 하시는 것을 느꼈다.

전도단 안에는 이것이 만주를 위한 마지막 기회일지 모른다는 긴박감이 감돌았다. 때는 만주가 일본의 꼭두각시가 되기 직전이었다. 그들은 철도를 이용해서 하이라얼까지 이동했다. 그곳은 만저우리에서 러시아 국경을 넘어 시베리아 횡단 철도와 만나는 마지막 대도시였다.

11. 벧엘 전도단과 만주에서

하이라얼 교회는 비참한 상태였다. 목사는 회심하지 않았고 두 명의 세속적인 장로 중 한 명은 밀수에 연루되어 있었다. 첫 집회에서 30명이 그리스도께 돌아왔는데 폭격으로 선로가 끊어질 것이라는 소식을 들은 전도단은 아쉬운 마음을 가지고 마을을 떠날 수밖에 없었다. 마침내 예정보다 두 주 이르게 하얼빈에 도착했다.

두 번째 시험

전도단이 하얼빈에 도착하기 전 중국 교회 협의회와 랴오닝 성의 감독교회 총회는 교회의 어려움을 예상하고 특별 수양회 기금을 모았다. 하지만 수양회의 개최는 쉽지 않은 상황이었다. 하얼빈은 이미 전쟁의 소용돌이 안으로 들어가고 있었고 몇몇 교회는 외국인의 앞잡이가 아니라는 것을 증명하려고 선교사들을 쫓아내기까지 하였다.

수양회와 관련해서도 여러 분쟁이 생겼고 집회가 열리기로 되어 있던 큰 교회 목사들은 새파랗게 젊은 벧엘 전도단이 강단에 서는 것을 반대하고 있었다. 수양회를 준비하던 선교사들은 기대했던 수양회가 이런저런 이유로 난관에 부딪히자 크게 실망했다.

송요한이 뉴욕 유니언신학교 시절에 참석했던 기도 모임을 주선했으며 한국에서 사역했던 데밍 선교사 부부는 하얼빈으로 돌아와 있었다. 데밍 선교사는 출타 중이었고 부인은 수양회 문제로 마음이 어수선했다. 그때 중국 감리교회 목사가 송요한 일행을 인도해 데밍 선교사 집을 갑자기 방문했다. 하이라얼을 급히 떠나오는 바람에 때맞추어 데밍 여사를 만날 수 있었다.

데밍 여사는 미국에서 자주 보았던 송요한을 바로 알아보았다. 이미 중국 성경 연합 잡지를 통해 놀라운 부흥의 소식을 들은 터였다. 수양회의 가능성은 희박했지만, 하나님의 섭리로 희망의 불씨가 보이기 시작했다.

여러 가지 이유로 벧엘 전도단을 반대했던 목사들이 선교사들의 설득으로 젊은이들이 강단에 서는 것을 허락했다. 큰 난관을 극복하자 수양회 준비는 신속하게 추진되었다. 한 곳을 제외한 모든 교회가 마음을 모아 큰 예배당을 가지고 있던 연합 교회에서 집회를 열기로 하였다.

전도단은 토요일에 도착하였는데 급조한 첫 집회가 바로 그날 저녁에 열렸다. 일본군 비행기는 끊임없이 도시 상공을 날아다녔고 집회 중 두 번의 큰 폭발음이 있었으나 아무도 신경 쓰지 않았다. 마음에서 우러나온 힘 있는 찬양에 이어 송요한이 말씀을 전하기 시작하자 청중은 즉시 하나님의 말씀에 빠져들었다. 생생한 강해와 타오르는 정열. 추운 겨울임에도 송요한의 무명옷은 땀에 흠뻑 젖었다.

설교를 마친 후 앤드루 기가 청중에게 결단을 호소하며 결신 집회를 인도하였다. 집회는 계속되어 매일 아침 7시부터 9시까지는 앤드루 기 목사가 저녁 5시부터 7시까지는 송요한이 말씀을 전했다. 그 사이 시간에는 전도단 단원들이 개별적으로 자유롭게 도시의 여러 지역교회를 방문하였고 놀라운 열매들이 있었다. 소수의 젊은 사역자가 만주 전체 교회를 변화시킬 수 있을 것만 같았다.

모든 교회가 송요한과 동역자들을 바라보고 있었기 때문에 송요한은 사람들이 기대하는 능력을 보여야 하는 압박감을 느끼며 이것이 유혹임을 감지했다. 이것은 주님이 예고하신 두 번째 시험이었다. '네가 만일 하나님의 아들이어든 뛰어내리라. 기록되었으되 그가 너를 위하여 그의 사자들을 명하시리니 그들이 손으로 너를 받들어 발이 돌에 부딪히지 않게 하리로다 하였느니라.'

사람들이 전도자를 주목하게 해서는 안 되었다. 주님의 능력은 만주 교회의 사역자들과 설교자들 사이에 나타나야 했다. 사탄의 공격을 간파한 전도단은 즉시 지역교회 사역자와 설교자들과의 협력을 강화했다. 전도단이 모든 것을 해버리고 떠나면, 부흥도 이 지역을 떠날 것이다. 그러나 하나님의 사람들과 협력하여 그들을 준비시키면, 전도단이 떠나도 부흥이 유지될 것이다.

이제 젊은 전도자들은 두 번째 시험도 이겨냈다. 그들은 아무도 하나님을 시험하지 않았고 그래서 하나님의 큰 역사는 중단되지 않고 계속해서 이어졌다.

세 번째 시험

하얼빈의 중국 교회는 송요한 일행을 통해서 그들이 한 번도 경험해 보지 못한 진정한 부흥을 경험했다. 한때 심각하게 분열되었던 하얼빈의 교회는 하나가 되어 수양회 직후 교회마다 돌아가며 주최하는 연합기도회가 시작되었다. 기도회의 참석자는 날로 늘었고 성령께서 부으시는 연합의 기쁨도 더욱 커졌다. 기도회에는 성령의 큰 자유로움이 있었고 자연스럽게 가정으로 불길이 옮겨붙어 가정 단위의 기도회에서 부흥의 불길은 계속해서 타올랐다.

많은 사람이 송요한과 벧엘 전도단 동역자들의 일거수일투족을 가까이서 볼 기회가 있었다. 본 집회가 끝났을 때 데밍 선교사 부부는 전도단에게 최근에 세워진 한인 감리교회에서 집회를 인도해 달라고 부탁했다. 데밍 선교사는 그 집회에서 한국어 통역을 담당했고 약 스무 명의 한국인이 그리스도께 인도되었다.

그 후에 데밍 선교사 부부의 간청으로 전도단은 거처를 중국 YMCA 건물에서 데밍 선교사 부부의 집으로 옮겼다. 송요한과 필립 리는 거실에서 나머지는 데밍 선교사의 서재에서 지냈다. 그들은 바쁜 일정 가운데에서도 말씀과 기도를 통해 주님과 깊은 교제를 나누는 것을 잊지 않았는데 그것이 사역의 원동력임을 알았기 때문이다. 데밍 선교사 부부는 이들을 위해서 실직 상태에 있던 한 젊은 재단사를 고용하였는데 그는 송요한 일행이 과중한 사역을 하면서도 매일 새벽 네 시 반에 일어나 기도와 성경공부를 하는 것을 보고 깊은 감명을 받았다고 한다.

데밍 여사는 송요한이 미국에서 척추 쪽의 수술을 받아서 몸이 좋지 않은 것을 알고 있었다. 과로하거나 몸이 좋지 않을 때는 즉시 통증이 재발했다. 송요한 자신은 이 통증을 하나님이 그의 교만을 제어하기 위해 주신 육체의 가시로 여겼다. 그래서 바울처럼 자신의 연약함을 오히려 자랑스럽게 생각했다.

몸이 그 지경인데도 그가 섬기는 주님이 하셨던 것처럼 굶주린 하나님의 자녀들을 위해 생명을 쏟아붓고 있었다. 집회가다 마지막 남은 체력의 한계까지 쥐어짜 설교했기 때문에 끝나고 돌아올 때는 완전히 탈진하여 침대에 쓰러졌다. 데밍 여사는 지쳐서 쓰러져 누운 그를 볼 때면 항상 이 성경 말씀이 떠올랐다고 한다. "이것은 너희를 위하는 찢긴 내 몸이니." (편집자 주: 고린도전서 11장 24절의 어떤 사본에는 '찢긴'이 있다.)

송요한은 같은 본문을 다시 설교하더라도 꼭 통역자인 프랭크 링과 함께 메시지를 미리 점검했다. 그래서 프랭크 링은 옆에서 그의 일상을 볼 기회가 많았다. 그가 본 송요한의 일상은 매우 단순했다. 기도, 일기 쓰기, 설교, 약간의 개인용무와 식사가 전부였다.

최소한의 휴식을 취한 후에는 밝은 불빛 아래에서 한 손으로 주사위 모양으로 자른 작은 대나무 조각들을 만지작거리며 무릎을 세우고 유려한 필체로 일기를 적곤 하였다. 일기에는 그가 성경에서 새로 깨달은 내용도 있었다. 그는 매일 평균 수천 자의 한자를 일기장에 적었는데 아마 당시 중국에서 그처럼 일기를 상세히 쓴 사람이 없었을 것이다. 심지어는 한 가정에서 열린 집회를 마치고 식사하면서도 그는 계속해서 무엇인가를 적고 있었고 그가 일기 쓰기를 멈춘 때에는 먹고 있는 음식 이름을 주인에게 물어볼 때뿐이었다.

그는 생활의 어느 한 부분도 사역과 관련 없다고 생각하지 않았다. 그의 모든 생각은 모두 그런 식으로 하나님의 말씀과 연결되었다. 당시의 일기 중 일부는 일본과의 전쟁 중에 분실되었지만, 나머지는 모두 유족이 보관하고 있다. (편집자 주: 이 전기가 출간된 1954년에 유족이 보관하고 있던 40권에 달하는 일기는 문화대혁명이 시작된 1966년에 몰수당했지만 둘째 딸 레위기에 의해서 1970년과 1984년에 기적적으로 되찾았다.)

송요한은 접대하기 쉬운 손님이 아니었는데 이는 친절한 데밍 여사에게도 마찬가지였다. 그는 집회 일정 중에 꼭 하루 한 번은 영양이 풍부한 닭죽을 먹어야 한다고 고집했다. 그래서 어떤 사람은 그를 '닭고기 설교자'라고 비아냥거리기도 했다.

그러나 옆에서 그를 지켜본 프랭크 링은 그를 이렇게 옹호했다. "누구든지 한 번이라도 그의 집회에 참석해서 그가 설교하는 것을 본다면 결코 그를 닭고기 설교자라고 놀릴 수가 없을 것입니다. 그는 종종 하루에 세 번을 두 시간씩 설교했습니다. 한 번 설교할 때마다 그는 육체와 정신의 모든 에너지를 짜내어 쏟아부었습니다. 그가 특별한 영양식을 늘 고집하지 않았다면 아마 그런 사역을 감당하지 못했을 것입니다."

그들의 전도활동은 하얼빈의 교회를 흔들었다. 회개하고 그리스도를 인격적으로 만나서 크게 변화된 사람 중에는 평신도 지도자, 설교자도 있었다. 그중에는 YMCA의 총무도 있었는데 선교사와 목회자 사이에서 늘 문제만 일으키던 사람이었다. 또한, 수개월 동안 말도 하지 않고 지내던 사람들이 성찬대 앞에서 서로 용서를 구했고, 많은 사람이 자신의 비뚤어진 행실을 바로잡았다. 더욱이 수많은 젊은이가 그들의 삶을 전적으로 그리스도께 드렸다. 성령의 역사로 불신자들은 회심하였고 신자들은 성령 충만하게 되었다. 결단의 시간에 강단 앞은 회개하는 사람으로 가득 찼고 그들은 모두 하나님의 은혜를 입었다.

산산이 조각났던 그리스도의 교회는 마지막 집회 때 다시 하나가 되었다. 하나님의 큰 은혜를 받은 하얼빈 성도들은 그들에게 은혜를 가져다준 젊은이들이 떠나는 것을 몹시 아쉬워했다. 송요한 일행은 하얼빈을 떠날 때 편지로 가득 찬 큰 밀가루 포대를 들고 있었는데 대부분은 받은 은혜에 대한 감동의 간증이었고 일부는 영적인 문제에 대해 도움을 요청하는 것이었다. 전도단은 이 편지에 일일이 답장을 했다.

더 큰 문이 열리고 있었다. 이제 중국인 교회, 한국인 교회, 러시아인 교회, 심지어 독일인 교회까지 이들을 초청하였다. 단 한 교회만 투박한 전도방식이 마음에 들지 않는다고 방문을 거절했을 뿐이었다. 그들은 하얼빈에 머물며 러시아와 독일 교회와 협력하며 세계 복음화의 길을 갈 수도 있었다. 더 넓은 길이 보이기 시작했다.

이미 두 번의 시험을 이긴 송요한은 이것이 마지막 시험이라는 것을 직감했다. '만일 내게 엎드려 경배하면 이 모든 것을 네게 주리라.' 그러나 하나님은 그들에게 좁은 길을 가라고 명하셨다. 결국, 그들은 하얼빈의 도심을 떠나 북쪽의 춥고 작은 마을인 후란으로 발걸음을 옮겼다. 송요한은 차가운 바람을 얼굴에 맞으며 그들이 가장 어려운 세 번째 시험을 통과하고 있다는 것을 알았다.

하나님의 영광이 나타나다

하얼빈 사역 이후에 전도단은 여러 요청을 뒤로하고 마치 긴급 명령을 하달받은 군사처럼 두 개의 지역으로 나누어서 진군했다. 송요한과 프랭크 링, 필립 리는 후란과 쑤이화로 갔고 앤드루 기와 링컨 니는 아사훌로 향했다. 후란에서는 YMCA가 운영하는 규모가 큰 학교의 교장과 네 명의 교사가 대다수 학생과 함께 회심하였다.

이후에 송요한은 러시아인 교회에서 '오병이어의 기적'을 전했고 러시아인 목사가 통역하였는데 많은 사람이 눈물을 흘리며 회개하였다. 집회를 마칠 때 50명의 러시아 신자들이 만주의 러시아인의 복음화에 자신의 삶을 드리기로 결단했다. 회중 가운데는 귀신 들려 성경을 열 번이나 불태운 사람이 있었는데 기도와 안수 후에 그의 영이 자유롭게 되는 역사가 있었다. 또한, 교인이 40명밖에 되지 않던 한 중국인 교회에서는 집회 사흘 만에 18명이 늘어나는 일도 있었다.

쑤이화는 병원, 학교, 교회 그리고 선교사 주택이 한 단지 안에 있는 전형적인 선교 본부 도시였다. 여기서도 하루에 세 번의 집회를 열었다. 이 지역은 특히 민족주의 성향이 강해서 중국인 사역자와 선교사의 분열이 심각한 편이었다. 송요한은 이러한 형편을 알려주시는 성령의 인도를 받아 집회 중 대담하게 행동했는데 늘 그러하듯이 사람들이 전혀 예상하지 못한 방식이었다.

모든 간호사, 의사, 교사, 여자 전도자, 목사와 선교사 등의 지도적 인사들을 불러내어 회중 앞에 서게 하였다. 그리고 회중에게 물었다. "여러분은 여기에 서 있는 여러분의 지도자들을 사랑하십니까?" 회중이 "예"라고 대답하자 그는 "그러면 여러분은 이들을 위해 어떻게 기도해야 하겠습니까?"라고 물었다. 회중은 "그들이 사랑 안에서 하나 되어 한마음으로 동역할 수 있도록 기도하기를 원합니다."라고 대답하고 지도자들을 위해서 무릎을 꿇고 눈물을 흘리며 기도했다. 회중이 뜨겁게 기도하자 앞에 있던 지도자들이 감동을 하여 눈물을 흘리기 시작했지만, 끝까지 자신의 죄를 고백하지는 않았다. 회중은 더욱 뜨겁게 기도하기 시작했고 송요한은 이제 지도자 한 사람 한 사람에게 차례로 도전했다. "당신의 마음속에 다른 사람에 대한 미움이나 원한이 있습니까?" 그러자 몇 사람이 "예"라고 시인했다. "저는 선교사를 미워합니다!" 송요한은 그러면 "그 선교사에게 가서 용서를 구하십시오."라고 말했다. 이번에는 선교사를 향하여 이렇게 말했다. "당신도 고백할 죄가 있을 것입니다!" 선교사는 결국 자신의 잘못을 고백하고 지도자들과 회중에게 용서를 구했다.

성령 안에서 완악한 마음이 쉽게 녹아내려서 이런 어색할 수도 있는 상황이 너무나 자연스럽게 참된 회개로 연결되었다. 마치 송요한이 각 사람에게 이야기할 때 성령이 즉시 그들의 죄를 자각하게 하시는 것 같았다.

집회가 끝나고 죄를 미처 고백하지 못한 사람들이 죄의 자각으로 인한 고통 때문에 송요한의 방에 찾아와 자신을 위한 기도를 간청했다. 몇몇 사역자들은 그의 방에 함께 모여 몇 시간이나 기도하였고 모두에게 용서와 평안이 임했다.

집회가 끝나자 쑤이화 지역 온 교회의 분위기가 달라졌다. 어느 곳에서나 무언의 차가운 적대감 대신에 뜨거운 사랑과 기쁨이 넘쳤다. 다음 날 새벽 송요한은 아침 7시 30분 기차로 떠나기로 예정되어 있었다. 아쉬워하는 70명의 성도와 새벽 5시 30분에 송별예배를 드렸다.

둘로 나뉘었던 전도단은 하얼빈에서 다시 합류하여 몇 차례 헌신집회를 더 가졌다. 많은 교회의 요청에 응하려면 시간이 너무 부족했기 때문에 다시 전도단을 나누어서 사역해야 할 상황이었다. 그런데 이 일을 논의하던 중 세부적인 부분에 의견의 불일치가 있었다. 전도단은 이것을 사탄이 성령의 역사를 방해하기 위해 내부의 분열을 꾀하고 있는 것으로 보았다. 몇 차례의 시험을 이겨온 이들이 사탄의 계략에 넘어갈 리가 없었다. 그래서 사역지를 논의하지 않고 제비를 뽑아 결정했다. 그 결과 앤드루 기는 먼저 차오양으로 향하고 송요한은 하얼빈에서 하루 이틀 더 머문 후에 지린 성의 창춘과 지린을 향하여 출발하게 되었다.

송요한은 하얼빈의 교회 지도자의 헌신집회에서 사도행전을 본문으로 성령에 관하여 마지막 말씀을 전했다. 그날 밤 떠나는 그를 보려고 많은 신자가 역까지 배웅을 나왔다. 기차에 올라타서도 송요한은 객차 창문 밖으로 몸을 내밀어 성경 말씀에 관해 물어보는 이에게 자세히 설명해 주고 있었다. 날이 어두워져서 필립 리는 위 침대칸에 올라가 송요한의 성경 위로 전등을 비춰주었다.

환송하며 찬양하는 군중의 소리가 너무 떠들썩해서 역 경비원들이 무슨 일인가 하여 달려왔는데 그들은 초라한 옷차림에 얼굴색이 거무튀튀한 송요한이라는 사람이 도대체 어떤 사람이기에 이렇게 열렬한 환송을 받고 있는지 의아해하였다.

송요한 일행은 창춘에 도착해서 한 유력한 교회의 초청을 받았다. 그러나 그 교회의 목사는 송요한의 사역에 미리 선을 그었다. "나는 당신이 결신의 초청 같은 감정을 고양하는 일은 하지 않았으면 좋겠습니다!" 그러나 집회 시간이 되어 성령께서 역사하시자 제지할 틈도 없이 온 청중이 단상 앞으로 몰려나와 죄를 고백하는 일이 벌어지고 말았다. 그 무리 속에는 송요한의 사역을 제한하려고 했던 목사도 포함되어 있었다. 집회를 마칠 때 목사는 단상에 나가 자신이 성령을 훼방한 죄를 범했다고 고백했다.

지린 성에는 이미 일본 군대가 주둔하고 있었다. 그 지역에 많이 살고 있던 한국인 신자들은 체포되거나 흩어졌고 남은 신자들은 두려움에 떨고 있었다. 그런데 지역에서 잘 알려진 어떤 목사가 송요한 일행을 영접했다. 그 교회는 활기가 있었고 이미 송요한의 사역에 공감하며 기도로 지원하고 있었다. 목사는 송요한에게 하나님과 그의 약속을 '붙잡는다'는 관용구를 가르쳐 주었다. 그때부터 송요한은 하나님이 이 지역의 죄인들을 '붙잡아' 주시기를 기도하기 시작했다.

그는 하나님의 약속에 대한 새로운 믿음으로 하나님의 약속을 '붙잡고' 기도했다. 그러자 그 약속대로 하나님의 성령이 지린에서도 놀랍게 역사하시기 시작했다.

하루는 어떤 교회의 목사가 집회에 그의 교회 교인들이 참여하는 것을 막은 일이 있었다. 마지막 날 밤 집회에 그 목사가 참석했는데 하나님께서 그를 '붙잡으셨고' 목사는 회중 앞에서 공개적으로 자신이 지난 6년간 성경을 공부하지도 않았고 아침 기도도 하지 않은 상태임을 고백했다.

또 이런 일도 있었다. 집회에 참석한 한 의사는 기도할 때에 무릎을 절대 꿇지 않을 정도로 교만한 상태였는데 수술 도중에 하나님이 그를 '붙잡으셔서' 그의 팔이 뇌의 명령에 따라 움직이지 않는 일이 벌어졌다. 그는 즉시 무릎을 꿇고 하나님이 팔을 회복하셔서 환자를 수술할 수 있게 해달라고 울부짖었다. 그러자 하나님이 즉시 그의 팔을 '놓으셨다.'

회중 가운데 어떤 사람은 1900년의 의화단 운동에 참여했는데 선교사 한 명을 살해한 이후로 그의 팔이 마비된 사람이었다. 어느 날 송요한이 "십자가에 달린 강도를 구원하신 하나님이 당신도 구원하실 수 있음을 믿습니까?"라고 그에게 물었고 그는 "예"라고 소리쳤다. 즉시 마비된 팔이 풀려 움직일 수 있게 되었다. 하나님께서 '붙잡고' 계시던 그의 팔을 '놓으신' 것이었다.

하나님께서 송요한의 기도에 즉시 응답하시는 특별한 일도 있었다. 그때는 매우 추운 계절이어서 따뜻한 옷이 필요했다. 그는 하나님의 약속을 '붙잡고' 북쪽 지방에서 겨울에 입는 가죽 안감을 댄 긴 옷을 달라고 기도하기 시작했고 기도는 즉시 응답되었다. 어떤 신자 한 명이 그가 하나님께 요청한 그 옷을 들고 송요한을 방문했다. 이러한 놀라운 소식이 인근 지역에 널리 알려져서 많은 사람이 하나님께 영광을 돌렸다.

송요한과 프랭크 링은 다른 전도대원과 합류하기 위해 차오양촨을 지나 항구도시인 잉커우로 가서 다시 사역지를 결정하는 제비를 뽑았다. 송요한은 한 성경학교로 가게 되었다. 집회의 첫 번째 설교의 주제는 중생이었다. 송요한이 설교하자 많은 학생이 죄를 자백하고 하나님과의 관계 회복을 위해 강단 앞으로 나왔다.

그런데 그 학교의 교장이 집회 중에 끼어들어 모든 학생이 이미 구원받았다고 주장하기 시작했다. 학생들 앞에서 신학적인 논쟁이 벌어진 상황이었다. 그러나 학생들에게 미묘한 신학적인 차이점은 무의미했다. 그들은 이미 성령의 새로운 역사를 경험하고 있었기 때문이었다. 많은 학생이 남아서 밤새도록 기도했고 성령의 충만함을 받았다. 이런 과정을 통하여 송요한과 학생들은 영적 투쟁에서 승리하는 법을 배웠다. 그 비결은 쉬지 않고 기도하는 것이었다. 비록 이들은 소수였지만 그 영향력은 더할 수 없이 컸다.

송요한은 다시 차오양촨으로 돌아와서 며칠을 머물렀다. '관을 열어라!'는 유명한 설교를 한 곳이 바로 이곳이다. 그는 청중이 진리를 듣는 것을 넘어서서 보기를 원했다. 그는 관을 직접 가지고 와서 청중에게 마음의 관을 열어젖히고 그들의 죽은 행실을 하나씩 들어내라고 도전하기 시작했다. 멀리 지린에서 온 사람부터 지역 교회 지도자들에 이르기까지 많은 사람이 죄를 자백했다. 송요한이 그들을 위해 기도하고 안수하자 그들은 즉시 성령으로 충만하게 되었다. 많은 이가 치유와 축사의 은사를 받고 자신들이 사는 곳으로 돌아가 그리스도를 힘있게 증거했다. 하나님의 영광이 다시 한 번 송요한의 사역을 통하여 나타났다.

송요한은 이른바 동북 3성에서의 전도활동에 대해 "먼저 십자가를 져라. 그러면 영광이 온다!"는 구호로 요약했다. 이 지역은 일본의 꼭두각시 정부가 세운 만주국이 지배하고 있었는데 1931년 가을 몇 개월 동안 3,000여 명의 회심자가 나왔다. 전쟁 중이라는 것을 고려하면 정말 놀라운 성과였다.

전도단은 1932년 여름에 한국을 방문하는 것도 계획했지만, 정치적 상황이 여의치 않아 실행에 옮기지 못했다.

상하이로 돌아오는 길

전도단의 다른 단원들이 다롄을 거쳐 상하이로 바로 가는 동안 송요한은 미국 남침례교회 선교부 초청을 받고 산둥을 거쳐 돌아갔다. 이곳은 학교와 병원이 있는 큰 선교 본부가 있었다. 이곳 선교사들은 전도단의 활동에 완전히 공감했고 사람들은 갈급한 마음으로 주님의 은총을 기다리고 있었다. 이곳에서도 하나님의 영이 역사하셔서 돌같이 굳은 마음들이 살처럼 부드럽게 변했다.

송요한은 이곳을 거쳐 핑두로 갔다. 하나님은 이미 이곳에서도 일하고 계셨다. 사람들은 기도회를 하고 있었고 몇몇 사람들은 죄를 자각하고 있었다. 하나님의 종이 말씀을 선포하자 하나님의 성령이 그들에게 임하셨다. 이곳에서 한 선교사가 송요한에게 로 여사라고 불리던 부인을 위해 기도해달라고 간청했다. 그녀는 18년이나 몸이 마비되어 누워있었다. 송요한이 기도하고 안수하자 이 여성은 완전히 치유되어서 이후에 삼 년간 시골 지역을 다니며 하나님이 자신에게 행하신 일을 증언했다. 비록 문맹이었지만 그녀의 증언은 핑두 전역에 부흥의 불을 댕겼다. (편집자 주: 후에 송요한은 핑두에서 하나님이 자신에게 신유의 은사를 주셨다고 썼다.)

돌아오는 길에 지난을 다시 방문하였는데 지난번의 전도 영향이 여전히 남아 있어 교회가 힘차게 살아 움직이고 있었다. 그 지역에서 행한 송요한의 사역에 '방언'과 '영가'의 은사가 나타났기에 그곳의 그리스도인은 그를 은

사주의 설교자로 분류하려는 경향이 있었다. 그러나 그는 스스로 은사주의자로 자처하지 않았고 오히려 은사주의를 경계하는 편이었다. 그의 강조점은 항상 외적 경험이 아닌 내적인 변화였고 증인으로 사는 것에 있었다. 그는 치우친 교리를 가르친다는 의혹을 사지 않기 위해 매우 조심하였다. 극단적인 가르침을 피하라고 성도에게 권면하고, 무엇보다도 사랑의 길을 따르라고 호소하였다. 송요한 자신은 독자성이 강한 사람이었지만 분리주의로 흐르지 않았고 전체 교회를 섬기는 길에서 절대 벗어나지 않았다.

지난에 머무는 동안 송요한은 쏜톤 스턴스 박사의 집에서 첼루대학교의 학생들을 만났는데 방문 며칠 만에 4, 50명의 학생이 그리스도께 자신을 드렸다. 송요한은 지난에서 기차를 타고 상하이로 돌아가고자 했으나 철도편이 끊겨서 할 수 없이 배를 타고 칭다오를 거쳐 갈 수밖에 없었다. 그래서 그곳에서 며칠간 수양회를 열 수 있었다.

드디어 벧엘 전도단과 함께한 송요한의 긴 여정이 일단 마무리되었다. 만주를 가로질러 온 긴 여정을 거쳐 산둥 성에서의 짧고 놀라운 여행을 끝내고 송요한은 상하이로 돌아왔다. 송요한 일행은 전쟁 지역에서 4개월이라는 짧은 기간에 하나님의 은혜로 놀라운 성과를 거두었다. 상하이는 만주에서 돌아온 다섯 명의 젊은이를 뜨겁게 환영했다.

12. 벧엘 전도단과 중국 남부에서

1932

> 울면서 잠에서 깨어났다. 신기하게도 깨자마자 우저우의 첫 글자 우(梧)가 십자가와 자아를 나타낸다는 것을 깨달았다. 그는 그 꿈을 다음과 같이 해석했다. "내가 옛 자아를 매일 십자가에 못 박지 않으면 가지처럼 불태워지리라!" 그는 꿈을 하나님의 경고로 받아들였다.

만주를 빼앗긴 후 중국의 상황은 더욱 위급했다. 일본의 다음 표적이 상하이라는 것이 분명했기에 상하이 교회의 긴장감이 더욱 높아졌다. 이런 상황에서 상하이 사역자 협회가 송요한을 초청하여 알렌 기념 교회에서 집회를 열었다.

불안한 정국이라 많은 사람의 참여를 기대하지 않았지만 1932년 1월 1일, 첫날 밤부터 교회는 청중으로 가득 찼다. 사흘간 하기로 되어 있던 집회는 사흘간 더 연장되었다가 다시 나흘이 추가되었다. 마지막 집회 때는 청중으로 교회가 넘쳐날 지경이었다. 상하이 각지의 교회에서 온 신자들과 교회에 처음 온 사람들이 뒤섞여 있었는데 수백 명의 회심자가 나오며 집회는 절정에 이르렀고 상하이의 모든 교회가 전쟁을 앞두고 부흥의 뜨거운 숨결을 경험했다.

전쟁 속의 부흥

집회가 끝난 직후, 1월 28일 한밤중에 전쟁이 시작되었다. 일본군은 우송에 상륙하여 즉시 상하이를 포위했다. 중국 군대가 맹렬히 저항해서 일본군에게 타격을 주었지만 소용이 없었다. 집회가 열렸던 알렌 기념 교회도 폭격을 당하여 몇 명의 사역자가 사망했다.

난민들이 비교적 안전한 외국인 거주지역으로 몰려들고 벧엘 전도단도 기존 지역에서 철수해서 학교와 병원, 보육원을 조계 지역으로 옮겼다. 벧엘 전도단의 전도자들과 의사들은 피난민 수용소로 가서 전도하면서 환자를 치료했다.

벧엘 세계 전도단은 2월에 단기 성경학교를 상하이에서 개최할 예정이었는데 그것이 가능할지는 불확실했다. 그러나 만주에서 이미 8명의 지역 대표들이 도착해 있었기 때문에 송요한은 그들을 실망하게 할 수 없어서 용단을 내리고 수업을 강행했다. 전쟁이 계속되는 중에도 수업을 멈추지 않았고 결국 성경 23권을 마칠 수 있었다. 성경학교 참여자들은 대부분 고향으로 돌아가 사역하였는데 그중에는 처음 믿은 사람들도 있었다.

벧엘 전도단은 3월부터 9월까지 6개월간 중국 남부를 순회할 예정이어서 2월까지는 사역 일정이 없었다. 그러나 송요한은 벧엘 전도단의 소식지 '거룩의 길잡이'의 편집장 일로 휴식할 여유가 없었다. 그는 벧엘 전도단의 모든 단원에게 3월부터 상하이를 6개월간 떠나 있을 예정이기 때문에 6개월 앞당겨 원고를 준비해 달라고 미리 부탁했다. 후에 전쟁이 일어나고 전도단의 활동이 원활치 않게 되자 송요한의 판단이 옳았다는 것이 드러났다. 소식지는 예정대로 발간될 수 있었고 이미 전도단은 만주지방에서 800여 명의 새 구독자를 모집해둔 터였다.

전도단은 증기선을 타고 홍콩으로 갈 기회를 얻었다. 배는 3월 4일 금요일 홍콩에 무사히 도착했으나 당국은 천연두로 인해 검역을 강화하였고 일행은 모두 검역소에 격리되었다. 브니엘 선교교회의 수많은 신자가 그들을 환영하기 위해 부두에서 기다렸지만, 허탕을 치고 말았다. 그다음 날 신자들은 배를 빌려 타고 검역소로 가서 격리된 전도단과 물을 사이에 두고 기쁨의 찬양과 함성을 주고받았다. 3월 6일 저녁이 되어서야 전도단은 상륙을 허락받아 곧바로 브니엘 선교교회로 갔는데 500명만 수용할 수 있는 그곳에 거의 1,000명의 청중이 가득 차서 그들을 기다리고 있었다.

활기찬 찬양을 마치고 송요한이 말씀을 전하기 시작했다. 홍콩 지역은 영국 식민지였기 때문에 사람들은 영어로 소통할 수 있었다. 그래서 송요한이 영어로 설교하고 필립 리가 광둥어로 통역했다. 두 시간 동안 설교자와 통역자는 빠르게 번갈아가며 열정적으로 말씀을 선포했다.

큰 저택에 사는 자, 작은 배 위에서 사는 자, 유식한 자, 무식한 자, 비단옷을 입은 자, 누더기 무명옷을 입은 자, 빈부 귀천을 가리지 않고 모든 교파의 신자들이 주룽의 브니엘 선교교회에 모였다. 일부는 홍콩 섬에서 배로 왔지만 어떤 사람들은 배로 한 시간 넘는 거리의 청차우 섬에서 오기도 했다. 이러한 집회가 하루에 세 번씩, 한 번에 두 시간 이상, 6일 동안 계속되었다. 이곳에서도 놀라운 회심의 역사가 있었고 홍콩 섬과 주룽의 교회 지도자들은 송요한의 사역으로 교회에 회심과 영적 각성의 불길이 번져가는 것을 목격했다.

송요한의 영향을 받은 사람 중에는 후에 독립 전도자가 되어 피난민촌과 판자촌을 포함한 홍콩 섬과 주룽의 전 지역을 다니며 복음을 전해서 수많은 사람을 주께 인도한 사람도 있다.

전도단은 주룽에서 처음으로 환자들을 위한 기도회를 시작했다. 집회 기간에 몇 명의 전도단원이 기도의 응답으로 말라리아에서 회복되는 일이 있었다. 이를 본 다른 환자들이 기도를 부탁하러 전도단을 찾아왔다. 전도단은 모여서 그들이 무엇을 할 수 있는지, 예수께서 이곳에 계신다면 무엇을 하실 것인지 의논했고 결국 치유를 위한 집회를 열기로 했다.

약 50명의 몸이 아픈 이들이 특별 집회에 초청되었다. 송요한이 말씀을 전했는데 환자들에게 죄를 자백하고 예수님을 믿고 병 낫기를 위해 간구하라고 촉구했다. 모두가 자신의 죄를 자백하였다. 그런 후에 송요한과 앤드루 기가 한 사람 한 사람 안수하며 그들을 위해 기도했다. 그날 밤 저녁 찬양 집회에서 선교사들을 포함한 많은 사람이 나와 자신의 병을 하나님이 치료하여 주셨다고 간증했다.

그다음에는 주룽에서 홍콩 섬 중국인 지역으로 건너가 크고 웅장한 연합 교회 예배당에서 집회했다. 처음 이틀간은 회중 일부만 집회에 참석해서 교회가 반밖에 차지 않았다. 그래서 전도단은 더 많은 사람이 복음을 듣기를 기도했다. 하나님은 기도를 들으셨고 곧 저녁 집회에 수많은 청중이 몰려들었다.

홍콩 교회에는 형식주의와 부의 추구, 세속주의가 만연했다. 송요한의 일행은 그 속에서 예수와 그의 십자가만을 선포했다. 성령이 강하게 역사하시기 시작해서 송요한의 메시지에 특별한 능력이 임하자 그리스도를 찾는 수많은 사람이 강단 앞으로 나왔다. 집회가 마칠 때쯤에는 예배당 전체가 마치 신앙 상담실 같았다. 죄를 자백하고 실제로 죄지은 것을 변상하는 일이 계속 이어졌다.

이런 일도 있었다. 한 어머니가 집회 기간 내내 미국에 세 차례나 유학한 무신론자 아들을 위해 기도하고 있었다. 그의 아들은 어머니가 자신을 위해 기도하는 것이 너무나 싫어서 어머니를 죽이고 싶은 충동을 느낄 정도였다. 한 친구가 그에게 송요한을 이야기하며 집회에 참석하자고 권했다. 그는 강단에서 뛰어다니는 미치광이로 소문난 송요한에게 호기심이 생겨서 집회에 참석하게 되었다.

그날 밤 성령께서 마음을 두드리셨고 그는 죄를 깊이 자각하게 되어 무릎을 꿇고 그리스도께 굴복하였다. 그러고 그는 당연히 와 있을 그의 어머니를 찾기 시작했다. 그때까지만 해도 교회에 남녀가 앉는 좌석을 구별해 놓앉다. 그는 군중을 헤치고 그의 어머니께 다가갔다. 떨리는 목소리로 용서를 구하는 아들을 품에 안고 어머니는 큰 소리로 흐느껴 울기 시작했다. 그녀의 오랜 세월의 기도를 들어주신 하나님을 찬양하며 기쁨과 감동으로 오랫동안 그렇게 웃고 울었다.

사랑이 없으면

전도단은 이제 광둥에서 주 강을 따라 올라가 광시 성의 우저우에 도착했다. 우저우의 두 교회에는 회중이 많지 않았지만, 그곳에 기독교 선교 연합의 성경학교가 있었다. 그곳 학생인 뉴만 스미스는 1931년의 상하이 여름 수련회에서 벧엘 전도단의 사역을 통해서 깊은 은혜를 체험했다. 그는 학우들에게 집회에 대해서 큰 기대를 할 만하다고 장담하였지만 3월 27일 첫 집회에는 별다른 일이 없어서 친구들은 스미스에게 불평했다.

그러나 둘째 날에 송요한이 말씀을 선포할 때 하나님의 권능이 임했다. 성령께서 모든 사람의 마음에 크게 역사하셔서 학생과 교수, 누구도 성령의 능력에 저항할 수 없었다. 맨 처음 교장이 강단 앞으로 나갔고 대다수 학생과 많은 교인이 뒤를 이었다. 그들은 모두 주님의 임재 안에서 무릎을 꿇고 크게 뉘우치는 눈물을 흘리며 죄를 자백하였다. 10일간의 집회 내내 하나님의 영이 지속해서 강하게 역사하셔서 밤새 기도회가 열렸다. 부흥의 축복이 교회로부터 도시 전역으로 흘러넘쳤다.

한 여인은 20여 년 전에 금팔찌 하나를 훔친 일로 큰 죄책에 사로잡혔다. 피해자를 찾을 길이 없었던 그녀는 당시의 시가로 300불이나 되는 팔찌를 하나님께 봉헌했다.

두 여자 선교사가 시각장애인 소녀를 위한 학교를 운영하고 있었다. 그런데 그 학교의 학생 중 그리스도인의 비율이 아주 낮았다. 선교사들은 아이들에게 아낌없는 사랑을 주었지만, 극히 적은 숫자만 회심한 상황이었다. 대부분의 시각장애인 소녀는 하나님 없이 희망을 잃은 채 살아가고 있었다.

송요한의 집회가 시작되고 많은 사람이 은혜를 받았지만, 시각장애인 소녀들은 아무런 변화가 없었다. 그들의 마음은 돌처럼 차갑고 딱딱한 것처럼 보였다. 송요한은 마음이 아팠다. 불쌍한 소녀들이 하늘 아버지의 사랑과 돌봄을 받게 되기를 갈망하였다.

어느 날 그런 간절한 마음으로 말씀을 전할 때 갑자기 시각장애인 소녀들의 얼음장처럼 굳은 마음이 깨지기 시작했고 순식간에 하나님의 사랑으로 모두의 마음이 녹아내렸다. 학교 전체에 구세주의 사랑이 내려온 듯했다.

우저우를 떠나기 전날 밤이었다. 송요한이 잠자고 있는데 자신이 꿈에서 노래를 하고 있었다. "나 없이, 나 없이, 너는 아무것도 못 하리! 나 없이, 나 없이 너는 불탄 나뭇가지라. 나 없이, 나 없이, 너는 아무것도 못 하리!" (요한복음 15:5-6) 울면서 잠에서 깨어났다.

신기하게도 깨자마자 우저우의 첫 글자 우(梧)가 십자가와 자아를 나타낸다는 것을 깨달았다. 그는 그 꿈을 다음과 같이 해석했다. "내가 옛 자아를 매일 십자가에 못 박지 않으면 가지처럼 불태워지리라!" 그는 꿈을 하나님의 경고로 받아들였다. 그리고 마음에는 한 말씀이 계속해서 떠나지 않았다. '내가 모든 것을 가지고 있더라도 사랑이 없으면 나는 아무것도 아니다.' (고린도전서 13:2)

우저우 사역이 끝나자 난닝과 위린에서 동시에 전도단을 초청했다. 전도단은 다시 제비를 뽑아서 송요한이 필립 리, 링컨 니와 함께 위린으로 가게 되었다. 그곳의 교회는 왕성한 것으로 알려졌지만, 신자들의 교육 수준이 너무 낮아서 말씀을 전하는 데 어려움이 있었다. 게다가 세 명의 단원의 마음이 잘 통하지 않았고 통역자와도 잘 맞지 않았다. 그들은 한마음이 되는 데 실패했고 사역의 열매도 별로 없었다. 송요한의 마음에 말씀이 떠올랐다. "사랑이 없으면 내가 아무것도 아니오."

경이로운 축복

전도단은 침례 교회에서의 집회를 하기 위해 광둥으로 돌아왔다. 거기에서는 앤드루 기가 집회를 인도하고 곧바로 산터우로 향해 가고 나머지 전도단원은 4월 26일에 홍콩으로 다시 돌아왔다. 두 번째 대규모 전도활동이 5월 1일부터 전개될 예정이었다.

여기에서 특이한 일이 있었다. 이전의 부흥으로 많은 사람이 침례를 받기 위해 브니엘 선교교회에 모였다. 예식이 진행되그 있을 때 레이톤 목사는 송요한에게 침례를 베풀어 달라고 요청했다. 그러나 송요한은 사양했다. "저는 침례를 받지 않았습니다!" 그리고 그는 한 마디 덧붙였다. "만약 레이톤 목사님이 저에게 먼저 침례를 베풀어 주신다면 제가 하겠습니다." 그래서 그 자리에서 레이톤 목사는 송요한에게 먼저 침례를 베풀었고 이어서 송요한이 21명의 여자와 12명의 남자에게 차례로 침례를 베풀었다. 이런 사례는 이전에는 없었고 앞으로도 생기기 어려울 것이다. 이즈음 딸 레위기가 태어났다.

5월 2일에는 홍콩 섬에 있는 두 교회에서 전도 활동을 시작했다. 아침에는 감리교회에서 그리고 저녁에는 허이탕(合一堂) 교회에서 집회했다. 송요한은 일주일 동안 말씀을 담당하였고 앤드루 기는 기도회를 인도했다. 다른 단원은 찬양과 상담을 맡았다.

5월 8일 일요일, 마지막 날이 되었다. 송요한은 오전에 주룽에 있는 브니엘 선교교회에서 저녁에는 홍콩 섬에 있는 허이탕 교회에서 말씀을 전했다. 이렇게 홍콩에서의 전도 활동이 마무리되었다.

6월에는 전도단이 연안을 따라 올라가 푸젠 성으로 향했다. 송요한과 프랭크 링은 푸저우에 머물렀고 앤드루 기, 필립 리, 링컨 니는 송요한의 고향인 푸톈으로 향했다. 송요한은 '선지자가 고향에서는 환영을 받는 자가 없다'고 하면서 그의 고향으로 가지 않았다.

앤드루 기 일행은 가마나 인력거로, 때로는 나룻배로 이동했다. 여행 내내 폭우가 쏟아졌다. 푸톈에서 성령의 강력한 역사가 나타나서 관계의 막힌 담이 무너지고 개인적 원한이 사라졌다. 신자들의 마음은 말 그대로 하나가 되었다. 이때 '보혈의 능력은 끝이 없도다!'라는 찬송이 널리 불렸다.

콜 목사가 당시의 놀라운 역사에 대해서 특히 교회와 성경학교, 고등학교의 완전히 새로운 영적 분위기에 대해 기록한 바가 있다. 오랫동안 서로 원수였던 사람들이 서로 화해하였고 복음 증거와 기도의 영역에서 뚜렷한 부흥이 일어났다.

한편 푸저우에 있던 송요한과 프랭크 링도 이제껏 보지 못한 경이로운 축복을 경험하고 있었다. 학교 시험 기간이어서 집회 초반에는 청중이 많지 않았지만, 송요한이 인도하는 집회에 대한 소문이 금세 퍼졌다. 기독교 학교 학생과 공립 학교 학생을 가리지 않고 많은 젊은이가 집회에 참석하기 시작했다. 그들은 아침 10시부터 집회가 끝나는 오후 3시까지 내내 교회에 머물렀다. 자리를 빼앗길까 봐 점심도 먹지 않고 죽치고 앉아 있는 경우도 많았다. 한번은 400명가량의 대학생이 참석하기도 했다.

송요한은 늘 그러했듯이 하루하루 온 마음과 영혼을 다 쏟아부으며 하나님의 말씀을 전했다. 둘째 주가 되자 학생들의 마음이 깨어지기 시작해서 수백 명이 하나님 앞에서 죄를 자복하며 거듭났다. 학생들이 선생님께 용서를 구하고 선생님이 학생에게 용서를 구했다. 화해와 용서가 줄을 이었다. 학생들이 함께 찬양을 부르며 집으로 돌아갈 때는 거리에 기쁨이 흘러넘쳤다.

비가 27일간이나 연이어 내리고 있었고 일부 교사들은 학생의 집회 참석을 막았으나 어떤 것도 소년 소녀들의 집회 참석을 가로막을 수 없었다. 젊은이들은 낮에 집회에 참석하기 위해 밤을 새워 공부했다. 송요한은 프랭크 링의 통역으로 설교하고 있었는데 프랭크 링의 어린 딸이 죽었다는 소식이 전해졌다. 그러나 그 일도 집회를 방해하지는 못했다. 프랭크 링은 장례식에 잠시 참석하고 곧바로 집회장소로 돌아왔다!

푸저우에서의 활동 막바지에 이르렀을 때 송요한은 이런 편지를 받기도 했다. "푸저우를 당장 떠나라! 그러지 않으면 너를 감옥에 처넣겠다!" 거리의 벽보에는 송요한을 반대하는 구호로 가득했고 언론도 그를 공격했다. 그런 와중에 그달에만 1,000명 이상의 젊은이가 그리스도께 인도되었다. 대다수가 유물론을 추종하며 공개적으로 기독교를 대적하던 학생이었다. 다음 달 7월에 상하이에서 열릴 수련회에 푸저우의 회심자 중 127명이 등록했다.

1932년에 열린 제5회 벧엘 여름 수련회는 7월 4일부터 14일까지 열렸다. 전쟁으로 통신이 끊기고 교통수단도 열악했지만, 중국 전역에서 많은 사람이 몰려들었다. 그중 푸저우, 산터우, 홍콩 등 남부지방에서 온 사람도 많았다. 벧엘 전도단은 참가자의 숙소 문제를 해결하느라 고생했다. 아침부터 밤까지 1,500여 명이 강당을 가득 메웠다.

송요한과 앤드루 기는 집회 기간에 하나님의 큰 축복이 있었고 참가자들에게 말씀에 대한 열의가 있는 것을 확인했다. 그래서 자비로 참여하기를 원하는 사람들을 위해 3주간의 단기 성경학교를 바로 준비해서 열었다. 120명의 참가자가 등록하였고 한여름의 뜨거운 열기에도 불구하고 매일 아침 3시간의 성경공부, 오후의 전도 집회, 저녁의 구약 성경공부가 이어졌다. 이런 식으로 3주 동안 성경 16권을 공부할 수 있었다.

송요한이 처음으로 벧엘 세계 선교회에 얼굴을 알린 때는 1년 전, 1931년 6월의 수련회였다. 그 이후로 전도단은 총 88,229㎞를 여행하며 1,199회의 집회를 인도했다. 그들은 13개 성의 400,000명이 넘는 사람에게 복음을 선포했고 그중 18,000명이 넘는 사람이 그리스도께 인도되었다. 13개 선교회와 지역 교회들과의 협력 사역을 통해 새 신자에게 필요한 적절한 양육 조직을 만들어 놓았다. 1년 남짓한 짧은 기간에 이 모든 것을 이룬 이들은 새파란 젊은이들이었다.

13. 벧엘 전도단과 중국 북부에서

1932-1933

> "성령의 불은 거짓 선지자들이 아무리 소리 지르고 야단법석을 떨어도 내려오지 않았다. 엘리야의 잠잠한 확신만이 불을 떨어지게 한다. 진리와 거짓의 차이는 이처럼 뚜렷한 것이다."

"엄청난 부흥이 계속되고 있습니다. 성경책이 매진되었습니다. 더 보내 주십시오. 급합니다!" 베이징에서 보낸 전보가 상하이의 벧엘 세계 선교회 본부에 날아들었다. 전도단은 처음에 베이징이 냉랭한 반응을 보이리라고 예상했다. 베이징은 중화 문명과 반 기독교 운등의 중심지가 아닌가! 하지만 이곳에서도 인간을 구원하시는 성령의 역사는 여전했다.

베이징으로 가는 길

송요한은 한커우를 지나며 말씀을 전했고 다른 단원들은 진푸 철도를 따라 카이펑, 뤄양, 지난을 거쳐 베이징으로 향했다. 1932년 10월 말에 전도단은 베이징에서 합류했다. 국민의 증오심이 침략자 일본을 향하고 있어 반 기독교 정서가 많이 누그러져 있었다. 베이징의 교회는 이미 1929년경부터 '오 주여, 저에게서 시작되어 당신의 교회를 부흥하게 하소서!'라는 표어 아래 부흥을 위해서 기도하고 있었다.

그들이 지나온 중국의 북부 지역에서는 부흥 운동이 하나의 유행처럼 번지고 있었다. 특히 산둥에는 부흥 운동의 여파로 기묘한 신앙 행태가 많이 나타나고 있었다. 죄로부터의 회개와 십자가의 죄 사함을 강조하는 단체도 있었지만, 죄와 구속은 거의 말하지 않고 신비한 체험을 성령의 은사로 생각하고 강조하는 단체도 있었다. 이들의 주된 관심은 몸으로 경험할 수 있는 다양한 신비 체험이었다.

산둥은 '예수 가족 운동'이 시작된 곳이었다. 비록 추종자들이 엄청난 열정과 자기희생으로 복음을 전하고 중국 전역에 가족이라고 불리는 공동체를 많이 세웠지만 그들의 강조점은 비성경적인 면이 있었다. 그리고 산둥은 '영적 은사 협회'의 추종자들이 가장 많은 곳이었다.

벧엘 전도단은 그들을 환영하는 곳이면 신앙 색을 불문하고 방문하였다. 그러나 극단적인 사람들은 경계했다. 그들은 방문하는 곳마다 열정은 있으나 성경적으로 무지한 사람들의 오류를 바로잡으려고 애썼다. 특히 예수 가족 교회, 영적 은사 협회, 참된 예수 교회 등의 영향을 받은 사람들은 성경의 기초가 약하여 비성경적이고 극단적인 신앙 행태를 보이는 경향이 있었다.

미국 장로교 선교부의 산둥 지부장인 폴 애버트 박사는 북부에서 활동하는 벧엘 전도단을 가까이서 살펴볼 기회가 있었다. 1932년 연례 보고서에 그는 이렇게 썼다.

"그들의 사역을 살펴보면서 이런 인상을 받았습니다. 그들의 사역은 분별력이 있었고 건설적이었습니다. 웃음과 노래로 감정을 표출하면서도 잘 절제가 되었고 지나치거나 삶에 해를 주는 결과를 낳지 않았습니다. 그리고 사후 관리도 지역 교회와 잘 협력하고 있었습니다. 기도 목록과 간행물을 통해 지역 교회를 섬기고 있었는데 이 젊은이들은 이러한 일을 아주 능숙하게 잘 해내고 있었습니다."

남부의 푸른 논밭을 뒤로하고 전도단은 드디어 베이징 근교에 이르렀다. 평야를 뒤덮은 잘 익은 노란 옥수수밭과 붉은 수수밭이 그들을 반겨주었다. 아침에는 이미 추워지기 시작했지만 구름 한 점 없는 하늘에서 비치는 밝은 태양으로 인해 낮에는 포근했다. 열차가 옛 도읍에 가까이 왔을 때 차창으로 천단의 푸른 지붕이 보였다. 그들은 첸먼 역에 도착해서 차를 타고 고대 성벽을 지나 타타르 성이라고도 부르는 외성으로 들어갔다. 황성이라고도 불리는 내성의 성벽은 도시계획에 밀려 대부분 사라져버렸다. 그러나 가장 안쪽에 있는 역대 황제가 살았던 유서 깊은 자금성은 여전히 신비롭고 장엄한 분위기를 자아내고 있었다. 모든 차량이 자금성을 우회하게 되어 있어서 고궁의 금색과 청색 기와지붕이 눈부시게 빛나는 성을 돌아 고궁의 북문을 둘러싸고 있는 징산을 지나서 드디어 미국 장로교 선교부 건물에 도착했다.

베이징은 예전에 화학과 교수직을 제안받았던 베이징 국립대학이 있는 도시였다. 송요한은 드디어 스스로 포기했던 화려한 도시 한복판에 복음을 가지고 서게 되었다.

전무후무한 부흥

장로교 교회 위원회는 집회에 대해 큰 기대를 하지 않았다. 하지만 그들은 첫날에 꽤 많은 청중이 몰려와서 놀랐다. 집회는 아침 7시 기도회부터 시작되었다. 아침 공기가 차고 날이 어두웠지만, 회중의 기도는 뜨거웠다. 합심하여 통성으로 기도할 때에는 기도 소리가 조약돌 해변을 때리는 파도 소리처럼 우렁차게 울렸다.

오전 10시에는 송요한이 성경 공부를 인도했다. 독창적인 강해와 생생한 묘사 때문에 몇 안 되던 참석자 수는 금방 200명으로 늘었다. 앤드루 기가 오후 집회 설교를 맡았고 송요한이 저녁 집회에서 설교하였다. 예배실이 가득 차서 많은 사람이 밖에 서 있을 수밖에 없었다. 송요한이 전하는 말씀을 통해서 성령은 회중의 죄와 의와 심판에 대해서 책망하시기 시작했다.

하루는 베이징 경찰 서장이 혼자서 집회에 참석했다가 다음 날에는 가족 모두를 데리고 왔는데 온 가족이 회심했다. 서장은 돈 때문에 다른 사람을 죽음에 이르도록 한 일이 있다고 자백했다. 또 그가 사는 저택을 부당한 방법으로 취득했다고 고백했다. 죄의 자백은 변상하는 행동으로 이어졌고 죄 사함과 구원의 기쁨이 서장의 가족 안에 넘쳐 흘렀다.

어떤 나이 많은 관리는 아내와 최근에 들인 젊은 첩을 데리고 집회에 참석했다. 세 명 모두가 회심했고 첩과의 관계는 청산되었다. 한 군 간부는 많은 뇌물을 받은 것을 고백했다. 심지어 교회 사역자 중의 한 명은 교회 공금을 횡령하였다고 자백했다.

나중에 어떤 이가 집계해보니 사람들이 속죄의 의미를 담아 변상한 돈은 20,000불에 이르렀다고 한다. 이처럼 송요한의 말씀 선포는 관념적인 윤리적 변화가 아닌 실제 행동을 낳았다. 한 나이 많은 목사는 목회 생활 40년 동안 회중의 이런 놀라운 변화는 처음 본다고 간증했다.

미국 장로교 선교부의 제임스 렌스 목사는 벧엘 선교회의 지도자들에게 다음과 같은 편지를 보냈다.

"벧엘 전도단이 우리 선교부에 가져다준 전무후무한 부흥에 대해서 어떻게 말해야 할지 모르겠습니다! 주님께서는 이 젊은이들을 통해서 우리가 기대했던 것 이상의 기도 응답을 해 주셨습니다. 죄의 자백, 회심, 각성이 매일같이 일어나고 있습니다.

저는 자신의 소명에 이토록 온전히 헌신한 젊은이를 이제껏 한 번도 본 적이 없습니다. 이들로 인해서 과묵하고 형식적인 장로 교인이 뜨겁게 기도하고 열정적으로 찬양하게 되다니 얼마나 놀라운 변화입니까! 예수 그리스도의 구원에 이르는 지식, 매일의 과업을 완수하기 위한 비전과 능력, 고난을 통한 승리, 영혼 구원을 위한 열정. 이 모든 것을 이 젊은이들이 우리에게 보여 주었습니다.

저는 교회가 부흥의 큰 축복을 받기 위해서 무엇을 해야 하는지를 깨닫게 해 주셔서 너무나 감사드립니다. 우리는 중단 없는 기도 안에서, 교제 안에서, 그리스도의 내주 하심의 진리 안에서 우리 주님의 뜻에 자기 자신을 굴복하고자 하는 열망을 나타냄으로써 부흥의 축복을 기대할 수 있습니다. 이것이 벧엘 전도단 젊은이들이 우리에게 가르쳐준 것입니다."

다른 어떤 선교사는 이렇게 썼다. "저에게 임한 영광스러운 자유에 대해 간증하고 싶습니다. 저는 중국인 친구들을 그리스도께 인도하려고 중국에 왔습니다. 그런데 저는 그 친구들에게서 하나님의 충만을 선물 받았습니다."

장로교 집회에 이어 도시 남쪽에 있는 감리교회에서 집회가 열렸다. 선교부가 운영하는 학교, 병원, 신학교에서 온 많은 젊은이와 직원뿐 아니라 외부인이 더해져 1,200개의 좌석이 모두 채워졌다. 많은 젊은이가 집회 중 그리스도를 주님으로 받아들였다.

하루는 신학생 열 명이 찾아와 신학교를 통해서 오히려 자신의 신앙을 잃어버리게 되었다고 고민을 털어놓았다. 송요한은 신학교를 그만두라고 조언했고 이 소식을 들은 신학교 교장은 그를 찾아와서 심하게 화를 내며 항의했다. 그러나 송요한은 사람을 두려워할 줄 모르는 사람이었다. 중국 자유주의 기독교의 중심지인 이곳에서 신학교 교장을 앞에 두고도 전혀 움츠러들지 않았다. 오히려 중국의 신학교가 하나님의 말씀에 신실하지 못한 모든 것들을 공격했다. "당신이 교장으로 있는 신학교에서 학생들이 신앙을 잃고 있는데도 당신은 문제가 있다는 사실을 인정하지 못합니까!" 송요한은 상대방의 감정에 구애받는 사람이 아니었고 다른 사람의 의견을 존중하기 위해서 자신의 신념을 굽히는 그런 종류의 사람은 더욱 아니었다.

10월 31일에 구세군 강당에서 세 번째 집회를 시작했다. 그 강당은 베이징에서 가장 컸지만 매일 밤 강당이 가득 찼다. 부흥은 계속되었고 많은 사람이 그리스도를 만났다. 11월 6일에는 1,500석 규모의 미국 선교부 교회에서 마지막 전도집회를 열었다. 한 달 동안 송요한은 최소한 하루에 두 번 설교했다. 설교를 마치면 혼자서 1,000명이 넘는 사람을 상담했다. 수백 개의 전도단이 조직되어 이제는 도시 전역에서 전도단의 붉은 십자가 깃발을 쉽게 볼 수 있었다.

성령이 일하시는데 사탄이 가만히 있을 리가 없었다. 한 장로는 수재 구호 기금 50,000불을 횡령하였다. 그러나 송요한이 집회 중 그에게 죄가 가득한 '관'을 열라고 요청하자 장로는 송요한이 자기를 인신공격한다고 생각했다. 송요한은 그의 과거를 알지 못했지만, 그 장로는 스스로 양심의 책망을 무시하고 송요한에게 앙심을 품었다. 그는 200명의 학생을 선동해서 집회를 방해하기로 마음먹었다. 그날, 예배당 안에서는 송요한이 감옥에 갇힌 바울과 실라에 대해 설교하고 있었다. "모든 족쇄를 끊으셨도다!" 우렁찬 찬양이 울려 퍼졌다. 밖에서는 장로와 학생들이 모여서 집회에 난입할 준비를 하고 있었다. 그런데 갑자기 지역 수비대가 들이닥쳐 집회를 보호하는 것이 아닌가! 결국, 그 장로의 계획이 알려지게 되어 그때부터 송요한은 집회마다 신자 수백 명의 호위를 받았다. 악한 자의 계략은 좌절되고 구원받은 사람은 늘어갔다.

장로교 여자 고등학교에서도 특별한 성령의 역사가 있었다. 학교 당국은 송요한 사역의 모든 면을 달갑게 여기지는 않았다. 하지만 최소한 하나님께서 그를 사용하고 계시다는 인식은 가지고 있었다. 보우든 스미스 여사는 송요한이 나아만 장군에 대한 설교를 마치자 그에게 물었다. "왜 나아만 장군 이야기를 하면서 강단에서 일곱 번이나 요란스럽게 뛰어내리셨는지요?" 그는 이렇게 대답했다. "학생들은 요단 강에 일곱 번 몸을 담근다는 것이 어떤 의미인지를 알아야 합니다. 나아만에게 요구되었던 것은 절대적인 순종뿐만 아니었습니다. 순종에는 일곱 번이나 반복하는 인내심과 끈기가 필요합니다. 저는 그것을 보여주기를 원했습니다."

교사들은 송요한의 설교의 선한 영향을 부인할 수 없었다. 10명 이상의 소녀가 상하이에서 열리는 벧엘 성경 학교에 등록하였고 집회 때에 그리스도를 만난 소녀들은 즉시 그들이 섬기게 된 그리스도를 증거하기 시작했다. 학생들이 스스로 조직한 전도단이 만들어져 벧엘 전도단이 떠난 후에도 계속 복음을 전했다.

미국 장로교 선교부의 스탠리 스미스 목사는 송요한의 베이징 방문을 한마디로 "베이징에 지대한 영향을 끼쳤다!"고 평가했다. 송요한은 베이징에 남아서 사람들에게 계속 영향을 끼치며 목회를 해 달라는 무언의 압력을 느꼈다. 그러나 붙박이 목회의 제안은 중국 전체를 마음에 담고 있는 그에게 유혹 거리가 되지 못했다.

계속되는 반대에도

송요한을 제외한 나머지 전도단은 고원 지역인 산시 성을 처음으로 방문하였다. 그곳에서 그들은 교회뿐 아니라 교회를 섬기는 선교사의 영적 각성에 사용되었다.

송요한은 톈진에서 초청을 받았다. 지역 교회 협의회는 10일간 큰 감리교회에서 집회를 열 계획을 세웠다. 그들은 송요한에게 그 교회에서는 부흥 집회가 열린 적이 한 번도 없고 사람들이 앞으로 나와 기도하도록 초청한 선례도 없다고 귀띔해 주었다. 우려한 대로 많은 교인이 송요한의 집회 방법을 반대하였지만, 집회가 계속되면서 하나님의 영이 저항을 무너뜨리시기 시작했다. 송요한에 대해 비판적이던 몇몇 사람들이 YMCA에 있는 그의 숙소로 찾아와 기도를 부탁하기도 했다.
그들 중에는 미국에서 공부하고 돌아온 한 유명한 여자가 있었는데 그녀는 송요한을 만난 이후에는 마치 어린아이와도 같은 겸손하고 단순한 신앙을 가지게 되었다고 한다.

밍차오란이라는 명목상의 그리스도인이 있었다. 그는 교회를 다녔으나 도박과 술과 같은 향락에 물든 세속적인 생활을 하고 있었다. 불과 며칠 만에 그는 죄를 자각하고 회심하고 하나님의 일에 헌신하게 되었다. 그는 곧바로 북서부 교회 연합회의 순회 간사가 되었고 이후에 간쑤 성과 칭하이 성에서 많은 열매를 거두는 사역을 했다.

어떤 여인은 아편 중독자 장교의 첩이었다. 그는 그리스도를 믿기로 하였으나 죄를 버리기는 싫었다. 장교와의 관계를 포기하지 않고 성령의 책망에도 계속해서 저항하였다. 결국, 이 여자는 미쳐버렸고 온 교회가 이런 과정을 지켜보았다. 성령은 교회가 하나님의 일하심의 증인이 되게 하심으로써 교회를 권고하시기도 하고 책망도 하셨다.

몇몇 젊은이들이 송요한을 긴급하게 초청해서 그는 톈진 남부 지역의 감리교회로 갔다. 목사가 집회를 반대했지만, 우여곡절 끝에 집회를 열 수 있었다. 그런데 이런저런 이유로 송요한을 반대하던 분위기는 8일간의 집회 후에 완전히 사라졌다. 부유한 많은 가정이 그리스도께 인도되었다. 이들은 지속해서 교회의 후원자로 남았다. 이곳에서도 사탄의 공격이 있었다. 한 미친 사람이 칼로 송요한을 찌르려는 일이 있었으나 송요한은 다치지 않았다. 집회가 끝나고 톈진에서 처음으로 50개의 소규모 전도단이 만들어졌다. 이 강력한 전도 조직은 송요한이 떠난 이후에도 도시 전역을 돌며 그리스도를 증거했다.

기쁨에 찬 수백 명의 신자가 베이징으로 가는 송요한을 배웅하려고 역으로 나왔다. 한 신자가 송요한에게 일등석 표를 선물하였다. 그는 이후에 이렇게 말했다. "그런 사치를 경험한 것은 태어나서 처음이었습니다. 그런데 생각했던 것만큼은 즐겁지도 편안하지도 않더군요!"

상하이로 가는 도중 철로가 교차하는 창저우의 작은 시골 마을에 잠시 머물게 되었다. 창저우에는 연합 전도 활동을 감당할 만한 큰 예배당이 없었기 때문에 천막을 세우고 집회를 시작했다. 날씨는 매우 추웠고 텐트 사이로 차가운 바람이 매섭게 불어 닥쳤다. 참석한 사람들은 대부분 무지한 농부거나 거리로 내몰린 가난한 아이들이었다. 부유한 도시인 톈진과 큰 대조를 이루었다.

송요한은 이때 도시의 그리스도인을 훈련해 농촌으로 보내야 할 필요성을 절감했다. 도움을 받는 것은 농촌 사람만 아닐 것이다. 농촌의 단순한 삶은 세속적인 삶에 찌든 도시 사람에게도 많은 도전을 줄 수 있을 것이다. 농촌 사람들은 비교적 겸손하였고 설교에도 민감하게 반응하여 즉각적으로 죄를 고백하기도 하였다. 집회에 참석한 도시 사람 중 설교자 두 명의 신앙이 회복되었다. 한 우체국 직원도 구원받았고 두 명의 여자가 전임 사역에 헌신했다.

상하이에 도착했을 때 다른 단원들은 산시 성에서 돌아오지 못했다. 벧엘 지도자 일부는 단원들이 작은 마을이나 오지에서 고생할 때 송요한은 큰 도시만 찾아다닌다고 비난했다. 이에 대해 송요한은 이렇게 대꾸했다. "제가 큰 도시를 찾은 이유는 안락함 때문이 아니라 거기에 더 많은 죄인이 있기 때문입니다. 우리가 져야 할 십자가는 각기 다른 것입니다. 생활 조건은 시골이 더 어렵겠지만 큰 도시의 전도활동은 시골보다 육체적 정신적으로 그 중압감이 더 큽니다. 사람들은 완악하고 반대 세력도 더 많습니다. 씨를 뿌린 뒤의 땀과 눈물도 더 요구됩니다. 저는 결코 안락한 길을 택하지 않았습니다."

곧 나머지 전도단이 도착했다. 그들은 앞으로 팀을 나누어 사역하는 것을 조심하기로 했다. 자칫하면 이것으로 인해 분쟁이 생길 위험성이 있었다. 그들은 앞으로는 전도 활동을 계획할 때 하나님의 인도를 구하며 더욱 긴밀하게 의논하기로 하였다.

갈멜산의 불

일본과의 싸움이 점점 더 심해졌다. 벧엘 전도단 지도자들은 성경학교와 간호학교를 홍콩으로 옮기고 보육원은 중국 북부의 다밍으로 옮기기로 했다. 송요한은 다음 집회가 열릴 때까지 벧엘 소식지 편집 작업에 열중했다. (편집자 주: 이즈음 부인 위진후아를 그리스도께 인도할 수 있었다.)

1933년 초, 다섯 명의 단원은 다시 산둥으로 향했다. 다섯 사람이 순서를 나누어서 맡기로 하였다. 송요한은 설교 비중이 줄어드는 것을 불평하며 마지막 남은 힘까지 다 짜내며 사역할 때가 오히려 행복하다고 생각했다. 지난은 송요한이 세 번째로 방문하게 된 도시였다. 그는 주로 첼루대학교(산둥 기독교 대학교) 학생에게 집중했다. 지난의 재무장관이던 어니스트 인씨 부부는 그리스도인이었는데 그의 아들이 송요한의 영향으로 그리스도를 맞아들인 것을 크게 기뻐했다. 인씨 부부는 이후에 그리스도인으로서 정계와 교육계에 큰 영향을 끼쳤다.

이후에 지닝을 들렀다. 거기서도 일부 지도자들이 영적으로 각성했다. 송요한은 교도소장의 요청으로 죄수들에게 말씀을 전하기도 했다. 이어서 덩저우와 황치엔(지금의 롱코우)에서 집회를 열었다. 이 집회에서 외국인 선교사들과 중국인 목회자들 사이의 오랜 갈등과 오해가 끝이 났다.

그 다음에는 육지에 둘러싸인 아름다운 바다를 가진 항구이자 여름 휴양지인 즈푸로 갔다. 그곳에서는 중국내지선교회에서 운영하는 영국인과 미국인 어린이를 위한 학교가 있었다. 복된 집회였다. 아이들은 대부분 선교사 자녀였다. 은혜를 받은 많은 아이가 편지로 그들이 그리스도를 영접한 것과 삶을 주께 드린 것을 간증하기도 했다.

전도단은 쉬지 않고 가오미와 자오저우로 향했고 어느 곳에 가든지 복음만을 단순 명료하게 선포하였다. 사람들은 복음에 대해서 알고 있었으나 진정한 복음의 핵심에 대해서는 모르고 있었다. 송요한이 전하는 단순한 복음을 듣자 그들은 생전 처음 들어보는 것처럼 반응했다. 복음은 그들에게 있었으나 송요한이 전하기 전까지는 알려지지 않은 채 있었다.

애버트 박사는 산둥 성에서의 벧엘 전도단의 사역에 대해 다음과 같이 썼다. "복음은 무자비한 산적, 탐욕스러운 관리, 고압적인 군인, 무정부주의를 신봉하는 학생, 부정직한 하인, 첩을 여럿 가진 남자, 조용한 학자, 사업가, 인력거꾼, 거지, 도시민, 시골 사람, 남녀노소를 가리지 않았습니다. 모두가 감동되었습니다. 모두가 죄를 고백하고 죄를 버렸습니다. 잘못을 배상하고 훔친 것을 돌려주었습니다. 정말 놀라운 일입니다!"

3월이 되어 전도단은 산둥 성의 경계를 넘어 허난 성으로 들어갔다. 옛 수도였던 카이펑에서 침례교 고등학생을 위하여 집회를 열었다. 첫 집회는 실망스러웠다. 그러나 결국은 50명가량의 학생이 그리스도를 만났다.

치라는 마을에서는 기대했던 수백 명의 고등학생 대신에 교육을 받지 못한 시골 여자와 농부들이 많이 참석했다. 송요한은 말씀을 이해시키기 위해 성경 이야기를 온 힘을 다해 생생하게 묘사했다. 그러나 청중은 가르치려는 것이 무엇인지 전혀 감을 잡지 못했다. 그들이 이해한 것은 오직 죄를 회개하면 된다는 것뿐이었다. 그들은 죄를 고백하고 또 고백했다. 무한정 반복할 것 같았다. 그들에게 죄 사함의 복음을 설명할 방법이 없어서 할 수 없이 그들을 안수하며 기도했다. 그러자 즉각적으로 죄 사함의 기쁨과 확신이 임했고 청중들은 비로소 송요한이 설교를 통해 전하려고 했던 것을 이해했다.

전도단 일행은 다시 카이펑으로 돌아와서 자유 감리교회에서 집회를 인도했다. 앤드루 기만 빠진 상황이었다. 이 집회에서는 선교사들의 전폭적인 지지와 협조를 받을 수 있었다. 선교사 중에는 중국내지선교회의 설립자인 허드슨 테일러의 손자 제임스 테일러 목사도 있었다. 어느 날 성령께서 강하게 역사하셨다. 많은 사람이 그들의 잘못을 서로에게 고백하는 일이 일어났다. 기도와 참회가 4시간 동안이나 쉬지 않고 계속되었다. 마치 갈멜산에서 주님의 불이 내려 모든 번제물을 태우는 것 같았다. 800명가량의 참가자는 내내 하나님을 향한 위대한 찬송과 감사에 휩싸여 있었다. 시간이 멈춘 것 같았다.

후난 성의 창더로 갔을 때 그곳 선교사들은 자유주의적 신학 성향을 가지고 있었다. 그들은 그리스도의 보혈과 복음에 관한 교리 등 소위 구식 사상에 관련된 모든 것을 거부했다. 그러나 송요한은 그런 저항에 아랑곳할 사람이 아니었다. 더 큰 확신으로 구원의 위대한 핵심 진리를 선포하기 시작했다. 설교는 성령의 좌우에 날 선 검과 같았다. 논리가 아닌 말씀의 능력에 굴복한 선교사들이 모두 하나님께 울부짖기 시작했다. 그중에는 집회가 열린 교회의 담임 목사도 있었다. 그는 자신이 거듭난 적이 없다는 것을 공개적으로 시인하고 앞으로 십자가의 복음만을 전하겠다고 다짐하였다.

전도단은 진푸 철도를 따라 허베이 성으로 여행을 계속했다. 추수 때가 되어 잘 익은 밀밭을 가로질러 산시 성으로 이어지는 교차점인 허베이 성의 성도 스자좡에 이르렀다. 집회는 하나님의 성회 교회에서 열렸다. 이 교회는 방언을 강조했다. 그러나 집회 중 방언을 한다고 주장했던 많은 사람이 사실은 죄를 진정으로 회개한 적이 없다는 것이 밝혀졌다. 방언했던 많은 사람도 역시 다른 사람과 마찬가지로 죄를 고백하고 하나님과의 관계를 바로 할 필요가 있었다.

송요한은 죄인에게 필요한 것은 방언의 은사가 아니라 구원의 선물이라는 점을 강조했다. "죄의 문제를 해결하지 않고 은사를 추구하는 것은 위험한 일입니다! 많은 사람이 마귀의 이러한 유혹에 빠졌습니다! 우리는 방언으로 구원을 받는 것이 아니라 죄 사함으로 구원을 받는 것입니다!" 그 집회에는 주변 도시에서 약 20명가량의 선교사가 참석했다. 그들은 말씀에 깊이 감동했다. 그들은 모두 하나님 말씀의 능력에 대해서 새로운 열의와 믿음을 가지고 각자의 사역지로 돌아갔다.

허베이 성으로부터 시작되는 좁은 선로가 멋진 산악 지역을 따라 구불구불 산시 성까지 이어져 있었다. 전도단이 도착한 타이위안은 산시 성의 성도이자 선로의 종점이었다. 영국 침례교 선교부는 그곳에 학교, 병원, 보육원, 교회 등 여러 기관을 갖고 있었다. 송요한은 심한 감기에 걸렸는데 어떤 친절한 의사의 집에 머무르며 치료를 받을 수 있었다. 건강이 악화되어 온 힘을 다할 수 없었다. 전반적으로 전도단의 메시지는 큰 호응이 없었고 소수의 사람만이 구원을 받았다.

그들은 이제 핑딩으로 갔다. 이곳은 타이위안과 마찬가지로 자유주의적인 경향이 강했다. 그리고 집회 전에 선교사들이 불법 행위를 저지른 목사를 면직시킨 일이 있어서 교계 분위기가 좋지 않았다. 교회 학교의 교장은 전도단의 메시지에 대한 불만을 노골적으로 드러내고 있었다.

송요한은 집회에서 이전과 같이 자신의 과업에 충실하지 못한 교회 지도자들을 통렬하게 책망했다. 송요한은 그들을 마른 뼈, 거치는 돌이라고 부르며 말씀으로 그들의 양심을 두드렸다. 성령이 역사하시고 그들은 마침내 양심의 고통을 이기지 못하고 죄를 자백했다. 면직을 당해서 선교사들과 대립각을 세웠던 목사는 그의 탐욕을 공개적으로 고백하고 자신이 삯꾼 목사에 지나지 않았음을 인정했다. 죄가 청산되고 모든 잘못이 바로 잡혔다. 성령의 바람이 불기 시작하자 핑딩 교회에 불던 죄의 폭풍이 잠잠해졌다. 교회 지도자들은 모두 각성하였다. 이후, 그들의 사역은 결코 이전과 같을 수 없었다.

핑야오 교회는 중국내지선교회의 신실한 전도 사역의 열매였다. 특히 핑야오는 시승모 목사가 땀 흘려 사역한 지역 중 하나였다. 이곳 많은 교회가 시 목사의 사역 열매였다. 중국내지선교회가 활동한 지역은 현대화가 이루어지지 않은 곳이 많았다. 송요한은 이 지역에 교육을 받은 지도자가 현저히 부족함을 안타까워했다. 허난 성과 산둥 성과 비교하면 이곳 교회의 규모는 작았고 전도단이 방문한 다른 지역에 비해 교육과 문화의 수준이 현저히 낮았다.

이들은 지적으로는 부족한 면이 있었지만 순수하고 신실한 사람들이었다. 그들은 전쟁과 시련의 시기를 중국의 다른 지역 신자들 못지않게 굳건하게 이겨내고 있었다. 그런데 이들은 서구화되어가는 해안 지역 젊은이들보다는 옛 전통 예절을 중시하였다. 이들에게 전도단원의 열정은 상스럽고 비신앙적인 행동으로 비쳤을 것이다. 이런 문화적인 차이가 전도단이 전하는 메시지의 효력을 갉아먹고 있었다. 부흥의 바람은 이러한 이유로 이곳을 비껴갔던 것 같다.

마지막 집회 일정을 따라 전도단은 훙둥에 들렀다. 산시 성은 당시에 38개의 현을 가지고 있었는데 훙둥은 중국내지선교회의 행정 중심지였다. 전도단이 이곳에 도착했을 때 지역대표들이 2년에 한 번씩 모이는 수양회가 열리고 있었다. 송요한 일행은 많은 선교사가 참석하는 이 수양회에서 설교했다. 훙둥에는 고등학교와 성경학교도 있었다. 그래서 선교사가 아닌 청중도 꽤 많이 참여하고 있었다. 수양회의 첫 삼일은 부흥 집회로 모이고 뒤 삼일은 사역 회의를 하기로 했다.

필자가 프롤로그(15쪽)에 기록한 송요한에 대한 첫 묘사가 이곳에서 있었던 송요한의 설교 모습이었다. 성령이 참석자의 마음을 두드리셨던 그 감격스러운 날들은 모든 참석자의 가슴속에 오늘도 생생히 남아있다. (편집자 주: 저자의 삶을 추적해 볼 때 저자가 이 현장에 있었던 것으로 추정된다.)

전도단은 오랜 여행으로 지칠 대로 지친 채 벧엘 여름 수련회가 열릴 상하이로 돌아왔다. 마커스 쳉 목사와 프랜치 올리버 목사가 강사로 초빙되었다. 올리버 박사와 송요한이 오전 집회를 나누어 인도하였다. 그러나 올리버 목사와 송요한의 견해 차이가 집회 중에 드러나고 말았다. 두 사람은 마지막 대환란을 성도가 경험할지에 대한 의견이 달랐다. 불행하게도 송요한은 자기가 아니라고 생각하는 것을 그렇다고 말할 수 있는 사람이 아니었다. 벧엘 선교회 지도자들은 집회 중 벌어진 논쟁으로 인해서 적잖이 당황스러웠다.

송요한은 북부 지방 여행의 교훈을 갈멜산의 경험으로 정리하였다.
"성령의 불은 거짓 선지자들이 아무리 소리 지르고 야단법석을 떨어도 내려오지 않았다. 엘리야의 잠잠한 확신만이 불을 떨어지게 한다. 진리와 거짓의 차이는 이처럼 뚜렷한 것이다. 육적인 것과 영적인 것의 구별도 이처럼 분명하다.

'여호와 그는 하나님이시로다!' (열왕기상 18:39)라는 외침을 불러일으키기 위해서는 선지자의 자아가 먼저 불태워져야 한다. 선지자가 죽어야 성령의 불은 내린다. 오직 성령의 불만이 신자가 하나님을 보게 하고 가로막는 벽을 없애고 마음을 녹이고 진정한 교제로 교회를 연합시킬 수 있다."

14. 마지막 동역

> "그것은 일종의 영감이었다! 그것은 일종의 계시였다! 우리와 같은 성정을 가진 한 인간을 통해 하나님은 자신의 영광을 드러내셨고 그 자리에 있던 누구도 그것을 부인할 수 없을 것이다."

1933년에 열린 제6회 벧엘 여름 수련회가 끝나고 전도단에는 몇 가지 변화가 생겼다. 찬양을 인도하던 필립 리가 미국의 무디 성경학교에서 음악을 공부하려고 떠났다. 링컨 니는 벧엘 본부에서 일하게 되어 전도단은 세 명으로 줄었다. 송요한과 앤드루 기는 중국 북단으로 떠나기 전에 몇몇 마을에서 전도 활동을 하기로 하고 광둥 성을 급하게 방문했다.

이 무렵 벧엘의 지도자들은 전도단의 역할 분담에 변화를 주기로 했다. 송요한은 벧엘 소식지인 '거룩함의 길잡이' 지의 편집을 맡고 있었는데 지도자들은 송요한의 편집권을 일부 제한했다. 이때부터 벧엘 전도단과 송요한과의 관계가 조금씩 껄끄러워져 갔다. 이 무렵 송요한의 일기에는 어느 길을 가든지 소망은 주님과 함께 가는 것이라고 적혀 있다.

마지막 6개월

전도단은 네이멍구 일부였던 국경 지역을 방문했다. 지금은 폐지된 행정구역인 차하얼 성의 성도이며 아주 오래된 도시인 칼간(장자커우)에는 200,000명이 거주하고 있었다. 그곳에는 크지는 않지만 몇몇 교회가 있었다. 사흘간의 집회가 노르웨이 선교 교회, 구세군 교회, 감리교회 등 세 곳의 교회에서 열렸다.

이곳에서는 성령의 역사가 미미했다. 이렇게 외진 곳까지 자유주의와 근대 사상이 들어와 있었고 이런 것들이 교회의 활력을 약화하고 복음의 역사를 방해하고 있었다. 이곳의 열악한 생활환경과 무법 상태와 인명 경시 풍조도 전도단원의 마음을 아프게 했다.

그들이 열차를 타고 칼간을 떠나 도착한 곳은 지금은 네이멍구자치구에 편입된 쑤이위안 성에 있는 후허하오터였다. 이곳에서 성 내의 중국내지선교회의 모든 지부와 교회로부터 온 150명가량의 지도자가 모이는 수양회가 열렸다. 참석자들은 몹시 힘든 상황에서 주님의 일을 하는 사람들이었다. 사역지는 산적이 출몰하는 곳이었고 그리스도를 증거하는 일에는 온갖 장애물이 산재해 있었다. 주님은 낙심해 있는 그들의 마음을 집회 중에 만져 주셨다. 모인 지도자들은 회개하며 주님이 사역에 능력을 더하여 주시기를 간구했다.

그러던 중 세 명의 벧엘 전도단원 사이에 사소한 일로 마찰이 생겼다. 재정 사용과 관련된 문제였다. 이것이 부분적이나마 그들의 복음 증거를 약화한 것이 분명했고 송요한은 이런 상황 때문에 마음이 몹시 아팠다. 그러나 그는 영적 패배를 통해서 반드시 교훈을 얻어야 한다고 생각했다. 그는 후어하오터에 있는 예수 가족 공동체의 재정 운용 방법을 자세히 알아본 후 주님의 일을 할 때 재정 문제를 매우 신중하게 처리해야 한다는 것을 배웠다. 그런 일은 너무나 쉽게 분열을 일으키는 법이다.

바오터우는 베이징에서 네이멍구 국경에 이르는 철로의 종착점이었다. 이 도시에서 열린 집회에는 중국내지선교회와 관련된 스웨덴 연합 선교부와 관련이 있는 100명에서 200명가량의 그리스도인이 벧엘 전도단의 설교를 듣기 위해 모였다.

별생각 없이 참석한 청중 가운데 한 여인이 있었는데 큰 어려움에 부딪혀 있어서 위로가 필요한 상태였다. 그녀는 아편 중독자면서 기혼자인 남자에게 속아서 결혼하였다. 어느덧 자신도 아편, 술, 도박, 극장 관람에 삶을 허비하고 있었다. 이 세상의 어떤 것도 그녀에게 도움이 되지 못했고 이 여인은 결국 자살을 생각했다. 큰 기대 없이 집회에 참석했던 이 여인은 절망의 끝에서 주님을 만났다.

전도단은 바오터우를 떠나 사랏시(린펀)으로 향했다. 그곳에는 스웨덴 연합 선교부의 중국내지선교회에서 운영하는 소녀들을 위한 큰 보육원이 있었다. 네이멍구 국경 지역인 이곳은 여자아이들을 죽여서 버리거나 길에 버려서 죽게 하는 끔찍한 사건으로 악명 높은 곳이었다. 죽음에 처한 여자아이들을 살리기 위해 선교사들이 보육원을 만들었다. 하지만 그리스도인으로 자라나는 아이는 드물었고 대부분이 믿지 않는 집안으로 시집을 가는 형편이었다. 집회에는 600명 정도가 참석했는데 보육원 아이들도 많이 있었다. 감사하게도 고아 대부분이 구원의 은혜를 경험하였다.

세 사람의 전도자는 낙타를 타고 근처의 공동묘지를 방문했다. '의화단 운동'(1899년~1901년) 때 목숨을 잃은 선교사들이 묻힌 곳이었다. 그들은 무덤 앞에 서서 그들보다 앞서서 이곳에 와서 씨를 뿌린 선교사들을 추념했다. 순교자들은 땅에 떨어져 죽은 씨앗이 되었고 이제 그들은 그 열매를 거두는 중이었다.

전도단은 또 다른 수양회를 인도하기 위해서 베이징을 지나 바오딩으로 돌아갔다. 나흘간의 집회에 엄청난 군중이 몰렸다. 너무 많은 사람이 개인적인 면담을 원했다. 앤드루 기와 송요한이 번갈아가며 그들을 상담했다. 수십 명의 사람이 가슴이 불타올라 담대하게 간증하였다. 어떤 선교사는 이 수양회를 바오딩 역사상 가장 놀라운 수양회라고 기록하며 당시의 상황을 이렇게 묘사했다. "모두가 뻰엘 전도단을 점점 더 사랑하게 되었습니다. 아직 불이 붙지 않은 일부 마른 장작 빼고는 말입니다!"

전도단은 허난을 거쳐 남쪽으로 가면서 다시 창더를 방문했다. 약 200명이 모였던 지난 집회와는 달리 이번에는 1,000명이 넘는 청중이 참석하였다. 변함없이 옛 진리가 선포되었다. 이번에도 새로운 사상이 무너지고 옛 복음이 승리하였다. 지난 집회 때에 회심한 목사가 크나큰 발전을 했고 전체 교회의 상황은 완전히 변했다. 이것은 자유주의 신학의 생명 없는 주지주의가 절대 이루어 낼 수 없는 결과였다. 젊은이들이 단순하고 명료한 복음의 신실한 증거를 통해 단 수개월 만에 이 같은 결과를 이루어내었다.

그해 말까지 전도단은 6개월 동안 33개 도시를 방문하여 886회의 집회를 인도했다. 그리고 14,000명이 넘는 사람이 구주를 영접했고 많은 사람이 하나님의 일에 헌신했다. 이 기간에 729개의 전도단이 결성되었고 거의 3,000명에 이르는 젊은이가 전임 사역에 자원했다.

은총의 날

세 사람은 계속해서 남쪽에 있는 후난 성의 성도인 창사로 갔다. 후난 성은 복음의 문이 가장 늦게 열린 지역이었다. 최근까지도 이 지역은 반기독교 정서로 악명이 높았다. 창사는 중국내지선교회의 설립자인 허드슨 테일러가 죽은 곳이며 그를 기념하는 병원이 세워진 곳이다. 또 여기에는 로스앤젤레스 성경학교와 연계된 큰 성경학교가 있었고 중요한 정부 기관과 선교 교육 기관이 있었다. 창사의 신자들은 세 명의 벧엘 전도자들의 방문 소식에 흥분에 들떠 있었다.

중국내지선교회와 관계가 있는 리벤젤 선교회의 한 독일인 여자 선교사가 상하이에서 출발해서 고된 여정 끝에 창사에 막 도착했다. 그때 그녀를 마중하러 나온 허드슨 테일러 기념 병원의 아이틀 박사는 그녀가 도착하자마자 이렇게 급히 말했다. "짐을 내려놓고 어서 인력거를 타십시오! 집회가 곧 시작됩니다. 늦으면 자리가 없을 겁니다!" 고생했으니 이제는 씻고 차를 마시며 휴식을 취하고 싶었던 그녀는 얼떨결에 부흥 집회에 참석하게 되었고 아이틀 박사는 도시 전체가 벧엘 전도단의 방문으로 들썩이고 있다고 상황을 설명해 주었다. 박사와 동행한 선교사들은 그 도시에 일어날 일에 대한 기대로 들썽거리며 활기찬 대화를 나누었다.

그녀가 집회 장소에 막 도착했을 때 송요한이 탕자에 관한 설교를 시작하고 있었다. 그녀는 이 본문의 설교를 수도 없이 들었는데 그때는 마치 처음 듣는 것 같은 느낌이 들었다. 그녀의 주위에는 지역 상류층 인사뿐 아니라 군인, 농부, 노파, 시각장애인학교 학생, 선교사 등 온갖 종류의 사람들이 앉아 있었고 신자뿐만 아니라 불신자도 모두 송요한의 설교에 흠뻑 빠져 있었다.

송요한이 말씀을 선포하였고 프랭크 링이 통역하였는데 이 둘의 얼굴은 연신 땀이 흘러내리고 있었다. 물을 연거푸 들이마시며 성경 이야기를 지역적 특색을 고려해 극적으로 실연해 보였다. 사람들은 설교 중간의 휴식 시간에 "돌아오라! 집으로 돌아오라!"는 찬송을 힘차게 불렀다. 집회가 마지막에 다다랐을 때 반기독교 정서의 본거지였던 이곳에서 엄청나게 많은 사람이 그리스도를 영접했다.

청중 중에는 처음부터 마음이 돌같이 굳게 닫혀 있던 여자들이 있었다. 하나님의 영이 그들에게 은혜의 빛을 비추셨다. 즉시 그들의 영혼은 각성하였다. 참으로 영광스러운 순간이요! 영광스러운 날이었다!

추수의 기쁨은 공동으로 이 집회를 후원한 세 선교회가 함께 누렸다. 그들은 오래지 않아 창사가 중국과 일본의 격돌지가 될 것을 알지 못했다. 창사는 공포와 유혈의 도시가 된 이후에도 오랫동안 하나님께서 찾아오셨던 이 은총의 날을 기억하였다.

갈라서다

온 도시가 축복을 받는 동안 전도단 내부는 크게 흔들리고 있었다. 창사에 도착하기 전에 앤드루 기는 송요한에 대한 몇 가지 불만 섞인 부정적인 보고를 선교회의 지도자들에게 했다.

송요한은 몇 가지 의심을 받고 있었다. 첫째로 송요한은 죄가 완전히 박멸되었다고 가르치지 않는다는 의심을 받았다. 그런데 실제로 송요한 자신은 죄의 박멸 교리 자체를 믿지 않았다. 그는 육체의 원하는 바를 억제하시는 성령의 사역을 강조했다. 둘째로 송요한은 회심자들을 자신에게 유인하기 때문에 그의 사역은 오래가지 않을 것이라는 의심을 받았다. 여기에 대해서 송요한은 터무니없는 의심이라고 생각했으며 이는 시간이 가면 자연히 해소될 것이라고 여겼다. 마지막 혐의는 송요한이 헌금을 선교회에 보내지 않고 개인적으로 착복한다는 것이었다. 송요한은 이것에 대해서는 대꾸할 가치도 없다고 생각했다.

이런 와중에도 집회에는 하나님의 축복이 있었다. 창사 성경학교의 교장인 마커스 쳉 목사가 전도단을 초청해 집회를 열었다. 앤드루 기와 송요한은 이전처럼 집회를 나누어 인도하였고 송요한이 성경공부와 저녁 부흥 집회를 맡았다.

장로교 선교부 측은 처음에는 송요한에게 호의적이지 않았다. 그러나 나중에는 송요한에게 1,000여 명의 학생이 모인 집회에서 다섯 번에 걸쳐서 설교해 달라고 요청했다. 첫날 밤에만 300명 이상이 그리스도를 믿기로 하였다. 청중은 점점 늘어갔고 결국 강당은 차고 넘쳐 수용하기가 불가능할 정도가 되었다. 집회마다 결신자가 늘어갔다. 창사의 젊은이를 위한 오랜 기도가 열매를 맺었다. 도시에는 큰 기쁨이 넘쳤다. 그러나 젊은 전도자들은 마냥 기뻐할 수는 없었다.

어느 날 세 명의 전도자가 아이틀 박사, 중국인 신자, 선교사들과 식사를 하고 있었다. 이때 벧엘 선교회 본부에서 온 전보가 앤드루 기에게 전해졌다. 전보를 보낸 사람은 벧엘 선교회 지도자인 매리 스톤의 동료였던 제니 휴즈였다. 전보의 내용은 전도단을 해산하고 앤드루 기는 상하이로 복귀하여 광둥과 광시에서 사역할 새로운 두 개의 전도단을 조직하라는 명령이었다. 앤드루 기는 갈등했다. 선택은 그의 앞에 놓여 있었다. 그는 계속해서 벧엘 선교회에 충성하든지 아니면 송요한과 언제나 함께 일하기로 한 맹세를 지켜야 했다. 그러나 앤드루 기는 벧엘 선교회의 지시에 따르기로 했다.

주사위는 던져졌다. 송요한과 프랭크 링은 슬픈 마음을 안고 상하이로 떠나는 앤드루 기를 전송할 수밖에 없었다. 이후로 송요한과 앤드루 기는 거의 만날 기회가 없었다. 창사는 축복이 임했으나 전도단에게는 이곳이 슬픈 기억의 장소가 되고 말았다. 주님의 일을 위해 불로 연단된 전도단이 이곳 창사에서 해체되었다. 1933년 12월이었다.

이제 송요한과 프랭크 링만 남았다. 두 사람은 같은 성에 있는 창더로 갔다. 집회 장소인 캐나다 성결교 선교교회 예배당은 규모도 작았고 참석자도 많지 않았다. 그 도시에도 교회들과 선교단체들이 있었지만 서로 협조하지 않았다. 송요한은 그날 일기에 외국에서 들어온 수많은 교파가 중국의 복음화를 가로막고 있다고 썼다.

곧 프랭크 링에게도 상하이로 복귀하여 새로 조직된 전도단에 합류하라는 압력이 들어왔다. 그러나 프랭크 링은 송요한과의 이번 전도활동을 함께 마무리하는 것이 그의 의무라고 생각했다.

그들은 헝양으로 가는 도중에 창사에 다시 들러서 마커스 쳉 목사와 하루 이틀을 지냈다. 이번에는 송요한이 편지를 받았다. 편지의 내용은 상하이로 돌아와 벧엘 선교회에서 지내고 있는 송요한의 가족이 머물 다른 숙소를 알아보라는 것이었다. 그러나 송요한과 프랭크 링은 헝양에서의 집회를 예정대로 진행했다.

가장 생생한 증언

헝양의 교회는 송요한 같은 인물을 기다리고 있었다. 교회 선교사 협회의 윌슨 목사는 다음과 같은 기록을 남겼다. "당신은 바울과 같은 열정으로 복음을 선포하는 전도자를 만나기를 갈망한 적이 있는가? 중국인들은 참기 힘들 정도로 사무적이고 그들의 예배는 감동이 없고 지루하기 십상이다. 나는 20년 전에 중국에 온 이후로 내가 하지 못하고 있는 어떤 일을 누군가 와서 해 주기를 간절히 바라고 있었다. 내가 갈망하는 그 일은 복음의 영광을 몸으로 살아내고 증거하는 것이다. 그런데 갑자기 복음으로 불타오르는 사람이 우리를 찾아왔다."

그러나 그들은 집회가 시작되기도 전에 실망했다. 앤드루 기가 오지 않는다는 사실이 알려졌기 때문이다. 설교를 전적으로 맡게 될 송요한이 선정주의자라는 소문도 돌았다. 어떤 사람은 전도 집회가 실패로 끝나지 않을까 염려했다. 하지만 그것은 곧 기우로 밝혀졌다. 윌슨 목사는 계속해서 다음과 같이 썼다.

"송요한과 함께 하나님의 부흥이 우리에게 왔다. 중국인들은 이 모든 것이 다름 아닌 성령의 능력이라는 것을 인정했다. 한 주간 내내, 하루에 두 번씩, 한 집회에 두 시간이 넘는 시간 동안 그의 안에서는 성경 말씀이 마치 생수처럼 쏟아져 흘렀다. 그리고 고뇌에 찬 기도, 무아지경의 찬양이 그의 입에서 터져 나왔다. 모든 것이 생생한 재연, 신랄한 풍자, 활기 넘치는 익살에 의해 고양되고 강조되었다.

그의 익살맞은 행동은 정말 놀라웠다. 그는 강단에서 이리저리 뛰어다녔고 칠판으로 달려가 단숨에 요점들을 써내려가기도 했다. 분필로 그림을 그려가며 교훈이 생생히 전달되도록 하기도 하였고 성경 이야기를 익살맞게 때로는 괴이하다고 표현하는 것이 맞을 정도로 특이하게 재연해 내었다.

그는 기도할 때면 마치 자신의 생명 자체를 쏟아붓는 것처럼 기도했다. 그의 설교가 절정에 다다를 때는…. 약 30분 정도를 기쁨과 영광에 싸여서 청중을 그의 헌신과 찬양의 물결 속으로 휩쓸어갔다! 그것은 일종의 영감이었다! 그것은 일종의 계시였다! 우리와 같은 성정을 가진 한 인간을 통해 하나님은 자신의 영광을 드러내셨고 그 자리에 있던 누구도 그것을 부인할 수 없을 것이다."

월슨 박사는 나름대로 송요한이 하나님의 쓰임을 받은 이유를 다음과 같이 평가했다.

"첫째, 그는 생명의 말씀을 아주 생생하게 전달했다. 그가 묘사했던 에스겔 37장의 말씀을 결코 잊을 수 없다. 그는 어느 날 두 개의 큰 마른 뼈를 들고 나타났다. 마른 뼈 두 개를 딱딱 부딪쳤다. 마치 생명 없는 두 교인이 서로 다투는 것처럼! 그는 외쳤다. '죽은 뼈들이 주님의 말씀을 들을 수 있겠습니까? 그러나 주님을 찬양하십시오. 마른 뼈도 생명을 가질 수 있습니다!' 하나님의 영이 죽은 교회를 살릴 수 있다는 진리를 이보다 더 생생하게 전할 수 있겠는가!

둘째, 그는 신앙을 잃고 과거로 돌아간 자의 마음을 집요하게 추적하였다. 그는 때때로 강도를 만나 쓰러져 있는 사람을 악마에 의해서 믿음과 기도와 말씀을 빼앗기고 거의 죽게 된 교인으로 비유했다. 왜 악마는 그를 완전히 끝내지 않고 빈사 상태로 내버려두는가? 그 이유는 반쯤 죽어있는 교인들이 악마에게 더욱 요긴하기 때문이다. 송요한은 거의 죽은 교인을 살려 믿음과 기도와 성경이라는 보물을 돌려주려고 애썼다.

셋째, 송요한은 우리가 예수 그리스도를 끝까지 따를 것을 결신하도록 인도했다. 그가 우리를 그리스도의 팔복의 언덕으로 초대했을 때가 기억난다. 언덕이 높아질 때마다 우리는 십자가에 점점 가까워졌다. 성육신부터 갈보리까지 팔복은 주님과 우리 삶의 단계로 설명되었다. 각 단계에 도달할 때마다 앞으로 나가라는 주님의 외침과 함께 우리 마음에 감동적인 합창이 울려 퍼졌다. 우리 마음은 의를 위하여 핍박을 받는 정상에 이르기까지 끊임없이 분투하였다. 그리고 마침내 칠판 위에 그려진 산 정상위에 십자가가 세워졌다. 우리가 과연 갈보리까지 주님을 따라갈 수 있을 것인가? 마침내 우리는 '오! 예수님! 우리가 그 길을 끝까지 따르도록 도와주옵소서!'라고 외치게 되었다."

이것은 당시의 생생한 증언이다. 20년이 지난 후에 윌슨 목사는 그날을 다음과 같이 회상했다.

"그날 말씀의 능력이 너무나 컸기에 대부분이 제 기억 속에 생생하게 남아 있습니다. 심지어 찬양도 지워지지 않고 생생하게 남아 있습니다. 한가지 제 기억 속의 감동이 되살아납니다.

어느 날 오후에 송요한은 마음의 짐이 있는 사람은 누구든지 자신을 찾아오라고 초청하였습니다. 세 명의 중국인 친구가 특별히 부탁해서 저도 그들과 함께 송요한을 찾아갔습니다. 가슴 아픈 사연을 가진 세 사람의 이야기를 끝까지 들은 송요한은 엄청난 크기의 공책에 그들의 이름과 사연을 자세하게 기록하였습니다. 그리고 송요한은 나머지 시간을 이들과 함께 기도하였습니다. 그는 우리와 함께 가슴 아파하며 기도했습니다. 우리를 위해 눈물을 흘리며 기도해 주었습니다. 우리가 그리스도의 십자가의 능력과 성령의 역사로 죄를 이기고 승리하도록 말입니다."

독립 전도자의 길

형양에서의 부흥에도 불구하고 송요한의 마음은 무거웠다. 그동안 방문했던 모든 교회의 친구들에게 그와 벧엘 선교회와의 관계가 끝났다고 편지했다. 이제부터는 단체에 소속되지 않고 독자적으로 사역하게 될 것이다. 그러나 아무 계획이 없었다. 가족의 거처를 어떻게 해야 할지도 모르는 상태였다. 이미 제니 휴즈는 가족의 거처를 내줄 수 없다고 통고했고 중국 전역에서 보내온 신자들의 편지를 압수한 상태였다. 송요한은 일기에 이렇게 기록했다. "나는 염려하지 않고 복음 증거에만 온 힘을 다할 수 있도록 주께 부르짖었다. 주여, 제게 힘을 주옵소서!"

충실한 동역자요 능숙한 통역자인 프랭크 링과 함께 송요한은 상하이로 돌아왔다. 그곳에서 공식적으로 벧엘 선교회와 작별했다. 과거를 돌아볼 때 그는 3년간 고향에서 외롭고 힘든 사역을 했다. 그 후에는 앤드루 기와 다른 동료들과 함께 사역하며 3년간 친밀한 교제를 누릴 수 있었다. 3년간의 교제를 통해서 그의 은사와 능력이 자라고 열매를 맺을 수 있었다. 앤드루 기의 신학은 부분적으로 수정될 필요가 있지만, 송요한은 분명히 앤드루 기를 통해서 많은 것을 배웠다. 이 두 사람의 결합은 강력했으며 그만큼 헤어짐은 더욱 슬펐다. 아마 바울과 바나바의 이별도 그와 같았을 것이다.

이렇게 해서 송요한과 벧엘 선교회의 관계는 완전히 끝이 났다. 송요한의 놀라울 정도로 왕성한 활동력이 자신에게뿐만 아니라 주변 사람에게도 긴장과 부담을 안겨준 것은 사실이다. 또한, 그는 외국인에게 지시받는 것과 여자의 지휘를 받는 것을 특별히 힘들어했다. 이제 더욱 자유롭게 쓰임을 받을 때가 되었다. 독립 전도자의 길! 그것은 분명히 하나님의 인도였다.

15. 광야의 외침

1934-1935

> "죄를 그저 가지치기하듯 약간 잘라내는 것은 아무런 소용이 없습니다! 죄는 뿌리째 뽑아버려야 합니다!"

1934년이 되었다. 어느덧 송요한은 중국 교계에서 유명인사가 되어 있었다. 중국 기독교 협의회에서 발표한 저명한 복음주의자 지도자 6인의 명단에 송요한의 이름이 가장 위에 있었다. 중국 북부와 남부의 부흥에 그의 공헌은 더할 나위 없이 컸다. 수많은 사람이 그의 입을 통해 복음을 들었고 철저한 회심과 영적 각성을 경험했다. 폴 애버트 탁사는 1932-1933 기독교 연감에서 다음과 같이 기록했다. "현재 중국 기독교의 흐름을 평가하는 데 이 벧엘 전도자의 사역을 빼고는 불가능할 것입니다."

스코틀랜드 연합 자유교회 선교부의 로렌스 웨더번 목사는 휴가를 마친 후 만주로 돌아왔을 때 교회의 분위기가 이전과 전혀 다른 것을 감지했다. 모든 예배는 회중으로 가득 찼고 교회 안팎에는 기독교에 대한 새로운 관심이 일어나고 있었다. 그는 이러한 큰 변화를 능력과 확신의 전도자 송요한의 영향이라고 생각했다.

어떤 선교사는 다소 빈정거리는 어조로 '하얼빈 교회가 송요한과 함께한 벧엘 전도단의 방문의 결과 거의 광신적일 정도로 부흥에 빠져들었다'고 평가했다.

송요한과 벧엘 전도단이 방문한 성은 하나같이 영적인 축복을 경험하였고 신자들의 삶이 정결하고 새롭게 되었다. 성경공부에 대한 열의도 높아졌고 교회에 활기가 돌았다. 이렇게 하나님을 섬기는 열정으로 불타오르는 영광스러운 일이 방문한 곳마다 일어났다. 중국 북부에서 이런 일을 경험해보지 못한 지역을 찾아보기 어려울 정도였다.

더욱 유명해지다

1934년 12월에 송요한의 아버지가 소천했다. 아버지가 세상을 떠날 때 송요한은 주님의 일 때문에 집에서 멀리 떨어져 중국 연안의 작은 증기선에 몸을 싣고 있었는데 꿈에 아버지가 나타났다. "요한아! 나는 천국에 있다. 하지만 너는 7년간 더 사역해야 한다. 그러니 주님을 위해 열심히 일하거라!"

그러잖아도 송요한은 열심히 주님의 일을 하고 있었다. 그의 이름은 더욱 빠르게 널리 알려졌고 방문하는 곳이면 어디에서나 투박하고 별난 박사의 설교를 듣기 위해 많은 청중이 몰려들었다. 사람들은 자리를 확보하려고 집회 두세 시간 전부터 몰려왔다. 집회가 끝났는데도 자리를 뺏길까 봐 다음 집회까지 내리 죽치고 있는 것은 예사였다.

집회는 항상 찬양으로 시작했다. 때로는 송요한이 흰 손수건을 흔들면서 찬양을 인도하기도 했다. 종종 청중에게 박자에 맞추어 손뼉을 쳐달라고 부탁하기도 했다. 뒤이어 통성기도가 이어지고 몇 마디 짧은 기도를 한 후에 설교를 시작했다.

연단에 오를 때면 항상 묵상 공책 묶음을 소지했다. 그러나 설교하는 동안 그것을 인용하는 일은 거의 없었다. 어느 날인가는 집회 후 상담에 바빠 공책 묶음을 연단 위에 놓아두고 숙소로 돌아온 일이 있었다. 식사하기 전에 갑자기 공책이 생각난 송요한은 그 책을 찾기 전에는 식사하지 않겠다고 고집했다. 동료들은 배고픔을 달래기 위해 찬양을 부르면서 그를 기다리고 또 기다려야만 했다. 마침내 송요한과 함께 공책이 숙소에 도착했고 그때야 그들은 비로소 식사를 시작할 수 있었다.

송요한은 처음에는 베이징어가 서툴렀고 자신의 고향 푸톈 방언(莆仙語)의 발음도 분명하지 못했다. 그래서 통역자는 융통성 있고 눈치가 빠른 사람이어야만 했다. 집회는 활기가 넘치면서도 잘 통제되어 있었다. 송요한은 설교 중 할렐루야라고 소리 지르거나 도중에 자리를 뜨는 것을 금했다. 누구도 집회를 방해하는 것이 허용되지 않았고 그런 사람이 있을 때는 엄히 꾸짖기도 했다.

그는 다양한 방법을 사용하여 설교했다. 칠판에 특이한 그림을 그리고 설교 요지를 휘갈겨 쓰는 경우가 많았다. 때로는 설명을 돕기 위해 청중이나 전도단원이 연단으로 불려가기도 했다. 한번은 송요한이 선교사 한 사람을 강단에 불러올린 적이 있었다. 그 선교사는 송요한이 십자가의 그리스도를 묘사하는 동안 양팔을 벌리고 청중 앞에서 한참 서 있어야만 했다. 때로는 죄의 권세와 그리스도의 구원을 설명하기 위해 밧줄로 사람을 실제로 묶었다가 풀어주곤 하였다.

한 선교회 본부에서 설교할 때의 일이다. 여자 선교사 한 사람이 연단을 종려나무와 양치식물, 제라늄 화분으로 아름답게 장식해 놓았다. 송요한은 설교 중 이 화분들을 보았다. 죄를 다루는 데 있어서 미봉책은 아무 소용이 없고 뿌리째 뽑아야 한다는 것을 강조하던 중이었다. "죄를 그저 가지치기 하듯 약간 잘라내는 것은 아무런 소용이 없습니다! 죄는 뿌리째 뽑아버려야 합니다!" 송요한은 갑자기 화분으로 달려가 식물들을 하나씩 차례로 뽑아 바닥에 흩뿌리기 시작했다. 그날 여선교사가 심은 식물들은 청중의 죄와 함께 뿌리째 뽑혀버렸고 청중들은 집회 기간 내내 연단에서 단 하나의 식물도 볼 수 없었다.

교인들은 모일 때마다 송요한에 관해 이야기했다. 차가운 마음을 깨뜨리는 강력한 쇄빙선과도 같은 송요한의 일화는 거의 전설처럼 퍼져갔다.

15. 광야의 외침

송요한은 설교가 끝난 후에 회개하기를 원하거나 은혜를 구하는 사람이 앞으로 나가 기도할 수 있도록 기회를 주었다. 영적인 갈등 끝에 승리를 거둔 영혼, 죄를 자백하는 죄인, 용서를 구하거나 배상을 약속하는 사람. 집회 때마다 회중의 얼굴에서 눈물이 한없이 흘러내렸다. 송요한은 집회가 끝나면 개인 상담에 집중했는데 그때도 하나님의 은혜가 가득했다. 많은 사람이 빛을 찾아 나아오게 되었고 수많은 깨어진 가정이 회복되었다. 송요한은 항상 그런 사람들의 이름을 기록했고 자신의 기다란 기도목록에 계속해서 추가해 나갔다. 그는 수천 명의 이름을 일일이 기억할 정도로 머리가 비상했다.

중국인만이 송요한의 영향을 깊이 받은 것이 아니다. 많은 외국인 선교사들도 그를 통해서 영적 쇄신을 경험했다. 심지어 자신의 '진정한 회심'이 송요한 덕분이라고 말하는 선교사도 있었다.

외치는 자의 소리

벧엘 선교회를 떠나자마자 상하이의 여러 교회에서 송요한을 초청하기 시작했다. 푸저우 방언(閩東語)을 사용하는 교회에서 먼저 연락이 왔다. 그 교회에서 일주일 동안 63명의 결신자를 얻었다. 교회 이름은 '기쁨과 평화의 집'이었다. 송요한은 교회 이름이 자신의 최근의 슬픔을 위로해 주었다고 이야기했다. 그다음 교회의 이름은 '미덕의 집'이었다. 여기서는 100명이 넘는 회심자가 있었다. 다음에는 사역 촉진 위원회에서 송요한을 초청했다. 상하이 전체 시민을 대상으로 사흘간의 집회를 열었는데 1,000명 이상이 참석하였다. 마지막으로 '순결한 마음의 집'에서 일 주일간 집회를 인도하였는데 약 200명의 학생이 결신하였다. 송요한은 용기를 얻었고 종전보다 더 광범위한 사역을 고대했다.

몇몇 교회에서 송요한을 목사로 모시려고 경쟁했다. 그는 이 일을 놓고 기도하기 시작했다. "주님, 제가 여전히 순회사역을 하기를 원하신다면 다섯 개의 성에 전도의 문을 열어주시고 다음 달 안으로 사역비로 800불을 보내주십시오!"

송요한의 상황이 복음주의, 새벽별, 그 외 몇 개의 간행물을 통해 알려지자 초청이 쇄도했다. 장시, 저장, 안후이, 후베이, 산둥 모두 다섯 성으로부터의 초청이었다. 여러 도시에서 등기 우편물이 오기 시작했다. 그 안에는 20불, 50불 등의 돈이 들어있었다. 모두 익명이거나 알지 못하는 사람에게서 온 것이었다. 모두 모아보니 그가 하나님께 구했던 액수를 훨씬 초과했다. 그는 하나님께서 순회전도자로 계속해서 살기를 원하신다고 확신했다. 그는 이렇게 썼다. "나는 나 자신을 변함없이 신실하신 주님께 다시 드렸다. 바람아 불어라, 폭풍우야 몰아쳐라! 구름이 끼든 햇빛이 비치든 하나님이 함께하시면 부족함이 없어라!"

상하이 밖에서의 첫 단독 사역은 연안으로부터 양쯔 강을 따라 조금 올라가 있는 장쑤 성 전장에서 시작되었다. 송요한은 시간을 안배해서 세 곳의 교회에서 집회하였다. 몇몇 악명높은 죄인을 포함해서 많은 사람이 그리스도를 받아들였다. 약간 남쪽의 쑤저우에서는 처음으로 통역 없이 베이징어로 설교하였다. 사람들이 자신의 말을 잘 이해해서 송요한은 매우 기뻐했다. 여행을 계속하여 이번에는 산둥 성의 성도인 지난을 네 번째로 방문하였다. 사업가, 관료, 의사, 간호사, 대학생들을 포함한 많은 사람이 그의 설교를 들으려고 모여들었다.

이어서 산둥 성의 여러 도시를 방문했다. 이곳에서는 많은 교회가 잘못된 성경 해석으로 혼란에 빠져 있었다. 송요한은 그것을 바로 잡으려고 노력했다. 어느 교회를 가든지 신자들은 큰 열정을 가지고 있었다. 송요한은 그 열정이 성경에 대한 열정으로 변화하도록 힘썼다.

가는 곳마다 오랫동안 계속되었던 선교사와 중국인의 불화가 회복되고 많은 젊은이가 그리스도께 나아와 복음으로 중국을 구원할 이상을 가졌다. 두 명의 중풍 환자가 치유되었고 한 명의 귀신들린 자가 자유로워졌다. 그가 가는 곳마다 하나님이 당신의 표적으로 송요한이 전하는 말씀을 확증해 주셨다.

즈푸에 있을 때 톈진의 교인들로부터 연락이 왔다. 급히 톈진을 방문해 달라는 요청이었다. 톈진의 모든 교회가 집회 용도의 건물사용을 거절했다. 초청한 교인들은 할 수 없이 큰 사당을 구해서 집회를 열었다. 하루 두 번의 집회가 열렸고 놀라운 축복이 내렸다. 그런데 교계 저명인사 몇 명이 송요한을 비방하기 시작했다. 더 나아가 갖은 수단을 동원해서 사역을 방해하기 시작했다. 어쩔 수 없이 300명이 넘는 신자들이 그들의 교회를 떠나 다른 장소에서 함께 예배를 드리게 되었다.

예배와 자유로운 복음 전파를 위해서 새 예배당을 짓자는 제안이 있었다. 곧이어 인도하심을 구하는 기도가 드려졌고 바로 그날 기금 모금이 시작되는데 그 자리에서 거의 8,000불의 헌금이 드려졌다. 이때 송요한은 분파주의의 위험성을 경고하고 성령 안에서 하나가 되라고 촉구하였다. 그러나 위원회가 꾸려졌고 일 년 후에는 예배당이 준공되어 주님의 사역을 위해 헌당 되었다. 그들의 사역은 왕성하였고 많은 결신자를 얻게 되었다. 작은 전도단이 이제 독립 교회로 자라났다.

송요한의 영향으로 독립 교회가 생긴 것은 이 경우가 유일했다. 이것은 송요한이 의도한 바가 아니었고 기존 교회의 부정적인 태도와 방해로 인한 불가피한 결정이었다. 이 교회는 이후에 톈진에서 가장 큰 교회로 자라났고 가장 활발한 그리스도의 증인이 되었다.

톈진을 떠나 저장의 아름다운 호반 도시인 항저우로 가기 전에 송요한은 잠시 베이징을 방문했다. 베이징의 교회 지도자들은 한마음으로 송요한을 환영했다. 10일간의 집회가 열렸고 다시 하나님이 강력하게 역사하셨다. 그저 명목상 교인에 불과했던 많은 사람이 거듭나서 진정한 그리스도인이 되었다. 그리고 50개의 전도단이 조직되었다.

송요한이 베이징에 머무는 동안 그는 셔우드 에디 박사의 집회가 열린다는 소식을 들었다. 송요한은 에디 박사가 이미 복음 신앙에서 벗어나 자유주의 신학에 경도된 것을 알고 있었다. 그는 에디 박사를 사회복음을 주장하는 자유주의자라고 비판하기를 주저하지 않았다. 그는 사람들에게 에디 박사의 집회에 참석하지 않도록 최선을 다해 설득했다. 사람들이 뭐라고 수군거리건 전혀 상관하지 않았다.

그 뒤에 십 일간의 집회가 상하이의 무어 기념 교회에서 열렸다. 이곳에서 송요한은 이전에 회심했던 몇몇 사람이 다시 타락하는 것을 보고 마음이 아팠다. 이전의 삶으로 돌아가지 않기 위해서는 하나님과의 긴밀한 동행과 지속적인 복음증거가 필요하다고 강조했다.

그 뒤에는 고향에서 벗어나 처음으로 주목을 받았던 후저우에서 집회가 열렸다. 이곳 목사는 복음적인 설교만을 듣기 위해 사람들이 100명씩이나 모일는지 의심스러워했다. 그러나 송요한은 교회로 사람을 모으기 위해 영화 상영이나 여러 가지 홍보활동을 동원할 필요가 없다는 점을 보여주었다. 700명 이상의 사람들이 운집했고 그중 많은 사람이 구원을 받고 50개의 전도단이 조직되었다.

나중에 항저우로 돌아와 두 곳의 교회에서 두 주간의 수양회를 인도했다. 이 기간에 일본군 비행기들이 도시에 기관총 사격을 가했지만, 집회는 계속되었다. 이곳에서도 송요한에 대한 많은 반대가 있었다. 그런데도 많은 이들이 구원을 받고 영적으로 각성하여 하나님을 섬길 수 있도록 무장되었다.

다시 항저우를 떠나 중화민국의 수도였던 난징으로 갔다. 이곳은 그때까지 부흥의 영향을 거의 받지 못하고 있었다. 퀘이커 교회에서 집회가 열렸고 수많은 군중이 그의 설교를 듣기 위해 모여들었다. 평신도들은 그를 사랑했지만, 지도자들은 싫어했고 도움을 받기를 거절했다. 늘 지도자에 대해서 신랄한 비판을 했기 때문이었다.

모든 것을 포기하고 주를 따랐던 간증이 예상치 않은 결과를 불러오기도 했다. 일부 성실한 학생들이 이에 감명을 받아서 복음을 전하는 것이 공부하는 것보다 훨씬 더 가치가 있는 일이라고 잘못 생각한 것이다. 이것이 몇몇 기독교 학교에서 말썽이 되었다. 큰 은혜와 이런저런 작은 잡음 속에서 송요한은 묵묵히 그의 사명을 감당했다.

다시 항저우를 방문해서 수양회를 인도하였다. 이때는 아직 송요한이 중국 본토를 넘어서 해외로 뻗어가는 보다 광범위한 사역을 시작하기 직전이었다. 이제 사역은 새로운 국면을 맞이하고 있었다.

"광야에서 외치는 자의 소리가 있어 이르되 너희는 주의 길을 준비하라." (눅 3:4) 송요한의 외침은 진정한 예언자의 소리였다. 그 소리가 닿은 곳에는 항상 이런 반응이 있었다. "그러면 우리가 무엇을 하리이까?" (눅 3:10)

16. 고향 땅에서

> 푸젠 성이 낳은 위대한 전도자 송요한은 고향 땅에서도 선지자로 여겨졌다. 자기 고향과 친족들에게 존경을 받지 못하는 그런 선지자는 아니었다!

푸젠 성은 1933년의 국민당에 대한 반란 이후 계속되는 내전의 참상을 겪고 있었다. 1934년이 되자 상황이 조금 호전되어서 송요한은 여러 큰 도시로부터 초청을 받았다.

고향 땅에서

1934년 9월, 푸저우에서는 큰 성공을 거두었던 이전과 비견할 만한 대규모 전도활동이 있었다. 그 결과 96개의 전도단이 새로 조직되었다. 푸저우의 집회가 끝나자 송요한은 주변 농촌 지역을 방문했다. 교회 선교사 협회의 로더 여사와 그의 동료가 뤄위안에서 송요한을 반갑게 맞았다. 성공회 교회에서 매일 네 차례의 집회가 열렸다. 아침 6시 30분부터 시작했는데 많은 축복이 있었고 농촌 교회 회중의 영적 생활은 한층 깊어지게 되었다. 신앙의 길에서 떠났던 사람들이 돌아오고 전도단이 결성되었다. 로더 여사는 이렇게 증언하였다. "그의 가르침은 훌륭하고 성경적이었습니다. 송 박사님 덕분에 우리가 모두 주님을 증거하고 섬기는 일에 더욱 열심을 가지게 되었습니다!"

푸저우를 떠나 남쪽의 샤먼으로 향했다. 그곳에서는 후이안, 취안저우, 장저우, 샤먼 등 남부 푸젠 교회 협의회 산하의 5개년 운동 위원회가 마련한 일련의 집회들이 예정되어 있었다. 집회는 기도로 잘 준비되고 있었고 교회의 기대감도 높았다. 송요한은 10월 13일부터 11월 13일까지, 한 곳에서 일주일씩 보내며 하루에 세 번씩 말씀을 전했다. 집회는 세 시간을 넘길 때가 많았다. 샤먼에서 가장 큰 교회가 사람으로 차고 넘쳐서 모든 문과 창문은 물론이고 교회 밖에 세운 좌대까지 꽉꽉 들어찼다. 송요한과 통역자가 자유롭게 움직일 수 없을 정도로 청중이 늘어났다. 나중에는 영중대학 축구장에 2,500명을 수용할 수 있는 천막을 세웠는데 여기에 5,000명가량이 몰려들어 축구장을 가득 메웠다.

송요한은 죄를 하나씩 구체적으로 철저하게 다루어 나갔다. 그리고 여느 때와 다름없이 교회 지도자의 미지근함, 게으름, 교만, 사랑 없음을 강하게 비판해 나갔다. 설교는 그리스도의 십자가에 드러난 하나님의 사랑을 이야기하는 고린도전서 13장에 이르러서 절정에 달했다. 죄에 대한 자각에 사로잡혀 개인 상담을 원하는 사람들을 위해서 매일 오전 10시부터 정오까지 개인 면담과 기도를 했다. 집회 이후에 간증의 편지가 송요한에게 수천 통이나 날아들었다.

영국 장로교 선교부의 쇼트 목사는 다음과 같이 기록했다. "그는 정말로 열심히 일했습니다. 한 달 동안 송요한은 전심을 다 해서 열정적으로 헌신했습니다. 정말 놀라운 사람입니다. 놀라운 사역이었습니다."

치유 집회를 위해서 2,000장의 입장권이 배부되었다. 치유 집회에서 병든 몸이 치유되는 분명한 축복이 있었다. 그러나 더욱 놀라운 것은 영적인 영역에서 일어난 일이다. 어떠한 노력으로도 접근할 수 없었던 수많은 사람에게 복음이 전해졌다.

많은 죄인, 특히 부유한 사람들이 집회 때마다 줄을 이었고 샤먼의 한 도박장은 단골손님 대부분을 잃어서 문을 닫을 수밖에 없었다. 기독교 영중대학을 졸업한 어떤 골수 도박꾼이 회심하였고 그다음 주에는 6, 70불을 저축하는 일도 있었다. 전혀 영적인 것에는 관심이 없던 유력한 사업가가 그리스도인이 되었다. 신학교에서는 학생들이 자신의 죄를 고백했고 오래된 다툼이 사라지고 사죄의 편지들이 오고 갔다. 신학교에 들어가면 자신이 더 나은 인간이 되리라 생각했으나 상태가 더욱 나빠진 신학생이 하나님과 올바른 관계를 맺고 방 친구와 함께 거듭나게 되었다.

집회에서 은혜를 받은 사람들이 집으로 돌아가 이웃에게 자신의 잘못을 고백하고 그리스도 안에 있는 새로운 생명을 증거하는 일이 계속해서 일어났다. 그 결과 부흥의 축복은 복음 전도자가 닿을 수 없었던 넓고 깊은 지역으로 퍼져나갔다. 이런 식으로 하나님의 구원 역사는 계속되었다.

샤먼의 모든 교회가 사람들로 가득 찼다. 그중 한 교회는 회중이 두 배가 되어서 집회에 참석하는 군중들로 인해 교통 혼잡이 일어나자 시 당국은 송요한에게 도시를 떠나달라고 요청했다.

그리고 일주일이 흘렀다. 구랑위 섬에서 가장 큰 교회는 자리가 부족하여 300명을 돌려보내야 했기에 예배당 자리를 다시 알아보기 시작했다. 샤먼과 구랑위 섬에서 147개의 전도단이 조직되었고 그들이 제일 먼저 시작한 일은 샤먼의 모든 섬마을을 찾아다니며 온종일 복음을 전하는 일이었다. 곧이어 사역 보고회와 복음 전도에 대한 회의가 열렸다.

송요한을 비난하는 사람도 있었다. 교계 지도자들을 지나치게 비판한다는 이유였다. 의논도 하지 않고 자신이 임명한 지도자를 중심으로 전도단을 만들어 분리주의를 조장한다는 비난도 받았다. 젊은이의 비이성적 감정을 자극해서 친구와 가족의 반대에도 불구하고 학교로 돌아가는 대신 그들의 새 영웅인 송요한을 따라다니게 한다는 비난도 있었다. 그러나 공정하게 평가한다면 비난받는 많은 부분이 사실은 송요한의 기도에 대한 응답이었으며 교회를 위한 성령의 심오한 역사였다고 할 수 있다.

광둥성에서

송요한은 영국 장로교 지역을 떠나 광둥 성 산터우의 미국 침례교 지역을 방문했다. 1935년 1월 25일부터 31일까지 여기에서 전도 집회를 열었다. 이후에 산터우에서 서쪽으로 65㎞ 떨어진 지에양에서 하루 세 번씩 설교했는데 매 집회는 두 시간가량 진행되었다. 송요한이 전하는 말씀을 듣기 위해 몰려든 1,200명가량의 도시와 농촌 신자들로 교회가 가득 찼다.

기트 목사는 1952년 풀려날 때까지 21개월간 산터우의 교도소 독방에 갇혀 있었다. 그가 풀려날 때 가지고 나온 자료 중에 송요한이 그때 설교한 제목을 기록해 놓은 것이 있어서 여기에 소개한다.

1월 25일
아침: 두가지 마음-사랑이 있는 마음과 없는 마음(고린도전서 13:1-7)
오후: 어리석은 부자(누가복음 12:13-21)
저녁: 간음하다 잡힌 여인(요한복음 8:1-11)

1월 26일
아침: 다시 태어남(요한복음 3:1-15)
오후: 라오디게아-차지도 아니하고 뜨겁지도 아니한 교회
　　　(요한계시록 3:14-22)
저녁: 거라사의 광인(마가복음 5:1-20)

1월 27일
아침: 선한 사마리아인(누가복음 10:25-37)
오후: 나사로를 살리심(요한복음 11:1-44)
저녁: 돌아온 탕자(누가복음 15:11-32)

1월 28일
아침: 오순절(사도행전 2:1-13)

오후: 세례자 요한(누가복음 3:1-14)
저녁: 사마리아 여인(요한복음 4:1-42)

1월 29일
아침: 야이로의 딸(마가복음 5:21-34)
오후: 의식 상으로 부정한 것과 진정으로 부정한 것(마가복음 7:1-23)
저녁: 미문의 앉은뱅이(사도행전 3:1- 10)

1월 30일
아침: 믿음의 치유
  (마가복음 6:53-6 ; 야고보서 5:14-18 ; 베드로전서 4:7-11)
오후: 노아와 홍수(창세기 6:5-8:22)
저녁: 산상수훈(마태복음 5:1-12)

1월 31일
아침: 일곱 인과 그리스도의 재림(요한계시록 6:1-17)

계속되는 강행군으로 송요한의 몸은 지치고 목소리는 쉬었다. 그러나 자신을 채찍질하며 계속 앞으로 나아갔다.

기트 목사는 다음과 같이 썼다.
"송요한의 설교는 전체적으로 볼 때 유익하고 건전한 해석에 기반을 둔 것이었다. 선동적이라고 하는 사람도 있었지만 내 생각에는 극적이라고 말하는 것이 더 적절한 표현이다. 그가 설교하는 방식은 특정 주제를 전개하기보다는 긴 성경 본문을 놓고 적절한 그림으로 적용점을 곁들여가며 계속 주해하는 것이었다.

종종 성경을 실연해서 보여 주기도 했다. 그는 너무나 열정적으로 설교하였기에 한 주에 세 명의 통역자를 나가떨어지게 하기도 했다. 통역자들은 배우처럼 송요한의 풍부하고 역동적인 표현과 어투와 몸짓을 다 따라 해야 했다. 이후에 몇몇은 송요한을 흉내 내기 시작했다. 그들은 나중에 독립 전도자가 되어서도 그의 일거수일투족을 흉내 냈다. 특히 한 발을 앞으로 내밀고 발뒤꿈치를 바닥에 댄 채 신발 밑창을 앞에서 보이게 내미는 그런 행동까지 그대로 하였다. 그러나 능력은 흉내 낼 수 없었다!"

푸젠 성이 낳은 위대한 전도자 송요한은 고향 땅에서도 선지자로 여겨졌다. 자기 고향과 친족들에게 존경을 받지 못하는 그런 선지자는 아니었다!

17. 신유의 기적

> 그녀가 기도를 받을 차례가 되었는데 송요한은 기도하지 않고 별안간 "할렐루야! 주님을 찬양하라!"고 외쳤다. 추아 여사는 그때 강한 빛을 보았고 삼 년 만에 처음으로 볼 수 있게 되어 하나님께 영광을 돌렸다.

환자를 위해 기도하는 것은 중국 그리스도인이 계속 해왔던 것으로 그들 신앙의 자연스러운 일부이다. 많은 교회가 만성 질환자와 중병 환자가 회복된 일을 계기로 세워졌다. 하나님이 기도를 응답하시는 일은 수없이 많이 일어났다. 그래서 중국 그리스도인은 기적을 기대하는 것을 당연하게 생각했다. 기적이 계속 일어나 왔으니까! 그래서 설교에 능력이 있는 사람은 당연히 환자를 위한 기도에도 능력이 있다고 생각하는 것은 너무나 자연스러운 일이었다.

송요한은 어린 시절 어머니와 아버지가 병들었을 때 하나님이 그의 간절한 기도를 응답해 주신 일을 생생하게 기억하고 있었다. 그는 기도가 영혼뿐만 아니라 육체도 치유한다는 것을 의심하지 않았다.

송요한이 미국에서 막 돌아와 푸젠에서 사역을 시작할 때였다. 그가 섬기던 교회 목사의 부인이 갑자기 심장마비로 쓰러졌다. 송요한은 하나님이 그녀를 치유해 주셔서 하나님의 이름이 영광 받으시기를 믿음으로 기도했다. 그러나 아무런 일이 없었고 송요한은 미국에서 신앙이 무너질 때와 같은 의심이 들었다. 하나님은 정말로 살아계신가!

그는 그녀에게 손을 대 아직 살아있는 것을 확인하고 다시 침대 옆에서 무릎을 꿇었다. "오 하나님! 하나님이 살아계시고 지금도 역사하신다면 저에게 기적을 보여주십시오. 시체나 다름없게 된 이 분을 살려주십시오. 그렇게 하신다면 제 믿음이 다시는 흔들리지 않을 것입니다!" 그는 하나님이 이번에는 고쳐주시리라고 확신했다. 그리고 그녀의 남편에게 관을 살 필요가 없다고 말했다. 송요한은 바로 숙소로 가서 하던 일을 계속했다. 그는 동료에게 편지도 했다. "하나님께서 이미 우리의 기도를 들어주셨습니다!"

그날 저녁 목사의 집으로 돌아왔을 때 그가 믿음으로 보았던 그 일이 실제로 일어난 것을 보았다. 목사의 부인은 회복하였고 하나님의 이름은 영광을 받으셨다. 이 일로 인해 송요한의 기도에 대한 믿음이 더욱 확고하게 세워졌다.

치유 집회

송요한이 처음으로 환자를 위해 '치유 집회'를 열어 달라는 요청을 받은 때는 만주 집회를 끝내고 산동 성을 방문할 때였다. 벧엘 전도단이 그런 목적으로 특별 집회를 하는 것은 흔한 일이 아니었다. 그 후에 1932년에 홍콩 주룽의 브니엘 선교교회에서도 환자를 위한 특별 집회를 했다. 그 뒤부터 송요한이 어디로 가든지 환자를 위해 기도해 달라는 간청을 받게 되었다. 결국, 집회가 끝나면 으레 치유 집회를 열게 되었다. 그는 치유 집회를 복음을 선포하는 기회로 활용했다. 죄를 회개하고 하나님의 능력에 대한 참된 믿음이 있는 자리에서는 종종 놀라운 치유의 역사가 일어났다. 반면에 아무런 도움을 받지 못하는 환자도 많이 있었다.

프랭크 링은 기도를 받기 위해 들것에 실려 왔다가 기도 후에 일어나 간증을 한 후 자기 발로 걸어서 집으로 간 16세 소녀를 기억하고 있었다. 반면 치유가 일어나지 않은 예도 있다. 한 장애인 청년이 있었는데 송요한은 그를 위해 30분 동안이나 간절히 기도하고 심지어 '믿음의 손'으로 그의 다리를 당기기까지 했으나 아무런 효과가 없었다. 이처럼 큰 기대의 시선이 집중된 상황에서 완전한 실패를 맛보기도 했다.

송요한은 한 번의 전도활동 기간에 통상 한 번의 치유 집회를 인도했다. 환자들이 앞으로 나와 기도 받기 전에 진정으로 회개하기를 권면했다. 그리스도를 구세주로 영접하는 사람만이 치유를 기대할 수 있다는 것을 분명히 했다.

환자들은 이름과 주소 그리고 그들의 질병에 대해 준비된 용지에 기록하여 제출했다. 그런 다음의 진행절차는 때와 장소에 따라 달랐다. 일반적으로 혼란과 지나친 흥분이 배제된 개인 기도와 통성기도로 집회를 시작했다. 그러고 나서 올리브유를 담은 병을 옆에 놓고 청중을 바라보고 무릎을 꿇었다. 종종 신자들이 그의 뒤에서 함께 무릎 꿇고 기도했다. 환자나 장애인의 이름을 불러 연단으로 나오게 해서 그들도 무릎을 꿇게 했다. 그다음에 한 사람씩 앞으로 나오면 잠시 기다렸다가 기름을 손에 조금 부어 환자의 이마에 문지르며 기도를 했다. 종종 성경 말씀을 인용하기도 하고 "예수의 이름으로!"라고 말하기도 했다. 때로는 그런 말을 하며 머리 옆을 빠르게 톡톡 치기도 했다.

치유된 환자들은 집회가 마친 후 가능하면 먼저 간증을 하게 했다. 간증할 때에는 다음과 같은 한 문장만 허용했다. "주님이 저를 축복해 주셨습니다!" "주님이 저를 고쳐주셨습니다!" 이것은 믿음을 단련하기 위해서 꼭 필요한 부분이었다. 한번은 눈이 안 좋은 사람이 와서 기도를 받고 난 후 안경을 벗어 호주머니에 넣었다. 송요한은 믿음이 없다고 그를 책망했다. "당신에게 정말로 믿음이 있었다면 안경을 다시 넣지 않고 던져 버렸을 것입니다!"

송요한은 치유 사역이 맹신이나 미신을 조장할 위험성이 있다는 것을 충분히 인식하고 있었다. 그러면서도 그는 하나님이 영혼뿐만 아니라 육신까지 구원해 주신다면 복음이 더 큰 능력으로 전해질 것을 알았다. 실제로 많은 사람이 송요한을 통해서 치유되거나 증세가 현저하게 완화되었다고 증거했다. 대표적인 치유 사건은 1935년 초에 푸젠 성의 샤먼 근처 황진징이라는 마을에서 일어났다.

기적의 목적

송요한이 황진징에 도착하기 전, 샤먼 집회에 참석했던 사람들을 통해 송요한의 소문은 이미 널리 퍼져있었다. 그 마을에는 열성적인 불교 신자인 추아라는 노부인이 살고 있었다. 이 노부인은 미신에 깊이 빠져 있었고 신령에게 열심히 기도하는 사람이었다. 그런데 그녀는 삼 년 전부터 거의 앞을 볼 수 없는 상태였다. 그녀는 송요한의 능력을 시험해보고 싶어서 집회에 참석했다.

하나님이 이 노부인에게 은혜를 베푸셨다. 그녀는 진정으로 거듭나게 되었고 모든 집회에 빠짐없이 참석했다. 전도 집회가 끝나고 치유를 위한 특별 집회가 열렸다. 이 노부인은 여느 때와 같이 가마를 타고 치유 집회에 참석했다. 그녀가 기도를 받을 차례가 되었는데 송요한은 기도하지 않고 별안간 "할렐루야! 주님을 찬양하라!"고 외쳤다. 추아 여사는 그때 강한 빛을 보았고 삼 년 만에 처음으로 볼 수 있게 되어 하나님께 영광을 돌렸다.

집에 오자마자 아들의 성경책을 읽을 수 있었다. 집안의 모든 우상이 파괴되고 온 집안이 믿음을 가졌다. 이후에 온 가족이 마닐라로 이주했다. 마닐라에서 추아 여사는 시련 끝에 택함을 받은 영혼답게 눈부신 믿음을 드러내며 복의 통로로 쓰임 받았다.

샤먼 집회에 참석했던 한 여자 성도는 신장염으로 인한 통증 때문에 아편을 사용해야 하는 자신의 아버지를 걱정하게 되었다. 그녀는 아버지를 설득해서 집회에 참석했다. 그 집회에서 아버지는 구원을 받았고 신장염이 치유되고 아편 중독으로부터도 해방되었다.

그런데 자녀들이 집에 쌓아두었던 아편을 버리자고 말하자 아까워서 그것을 다른 사람에게 팔겠다고 고집했다. 심한 말다툼이 벌어졌고 아버지는 격노한 나머지 쓰러지고 말았다. 정신이 돌아왔을 때 아버지는 주님이 꿈을 통해서 아편에 대해 자신에게 경고한 사실을 자녀들에게 고백하고 즉시 아편을 버리는 데 동의했다.

어떤 여자는 고질적인 통증을 이기기 위해 남몰래 모르핀을 사용하다가 중독이 되고 말았다. 어느 날 집회를 마치고 집에 돌아와 모르핀을 자신의 팔에 주사하려고 했다. 그런데 갑자기 주삿바늘이 부러져 버렸다. 그녀는 갑자기 두려움에 사로잡혀 부르짖으며 자신을 치유해주시고 중독에서 벗어나게 해달라고 기도했다. 하나님은 즉시 기도에 응답하셨다. 친구들은 나중에 집회가 끝나고 간증하는 것을 듣고서야 그녀에게 그런 비밀이 있었다는 것을 처음 알게 되었다.

황진징에는 아주 심한 한센병 환자가 있었다. 그는 신자가 아니었고 부인은 송요한의 집회에서 구세주를 영접했으나 몸이 병든 상태였다. 부부는 손바닥만 한 땅에서 나오는 소출로 근근이 살고 있었는데 도둑이 대부분의 농작물을 훔쳐가서 꼼짝없이 굶어 죽게 되어버렸다.

그다음 날 부인은 휘청거리는 몸을 겨우 이글고 집회에 참석했다가 집회 중에 의식을 잃고 말았다. 나중에 정신이 돌아온 부인은 주변 사람에게 놀라운 이야기를 들려주었다. 천사들이 그녀를 천국까지 데려다주겠다고 했다. 그녀는 불쌍한 남편을 그냥 두고 갈 수 없다고 호소했다. 그러자 천사는 그녀와 남편 모두가 회복될 것이라고 안심시켜 주었다. 의식이 돌아오자마자 그녀의 몸은 즉시 회복되었다.

이후에 그녀는 남편을 집회에 데리고 왔다. 송요한이 남편을 위해서 기도하자 한센병의 진행이 멈추었다. 오래된 흉터는 남았지만 부어있던 살덩어리들은 점차로 사라졌다. 그는 이후 여러 해를 살았고 임종을 앞두고 "빛나는 옷을 입은 하나님의 어린양이 나를 집으로 데려가려고 오신다!"라고 외치며 승리에 찬 모습으로 세상을 떠났다. 그의 부인은 아직 살아있으며 친척들이 아직 마닐라에 살고 있다.

 복음을 접할 기회는 있었지만, 그리스도를 영접하지 않는 한 소녀가 있었다. 그녀는 폐결핵을 앓고 있었다. 그녀는 절박한 심정으로 집회에 참석하여 약간의 위로를 얻었다. 남몰래 성경과 찬송가를 사기도 했지만, 믿음을 공개적으로 시인하기를 거부했다. 병이 재발했다. 친척들은 무당을 통해 신령에게 병의 회복을 빌었다. 신령은 무당을 통해 병이 낫기를 원한다면 성경책을 버려야 한다고 말했다. 결국, 소녀는 성경책을 버렸다. 즉시 그 소녀는 귀신에 사로잡혔고 극심한 고통 속에서 죽었다. 이 사건을 통해 하나님은 사람들에게 진실하지 못한 회개의 위험성을 경고하셨다.

 가난에 허덕이는 어떤 부부가 있었다. 남편은 20세였는데 아편 중독자였다. 부인은 근처 산에서 얼어 죽으려고 시도했지만 실패했다. 이후에 부인은 한 그리스도인의 친절에 감동하여 신자가 되었다. 얼마 지나지 않아 송요한의 집회를 통해서 부인은 큰 은혜를 받아 전도단에 가입하였다. 그러나 남편은 여전히 아편 중독의 사슬에 매여 있었다. 전도단이 남편을 방문했을 때 그는 절박한 심정으로 자신을 위해 기도를 부탁했다. 오랜 기도 끝에 그는 중독에서 완전히 벗어났다. 그의 부인은 계속 능력 있는 그리스도의 증인으로 살았고 귀신을 쫓아내는 데 쓰임을 받기도 했다.

 황진징에서의 마지막 사례는 어떤 의사도 고칠 수 없었던 악질에 시달리던 남자가 들려준 이야기이다. 그는 샤먼 집회에서 구원을 받고 육체의 질병도 함께 치유를 받았다.
 그 후 매춘부였던 그의 처제가 황진징 집회에 참석하였고 그리스도를 믿게 되었다. 간증 시간에 그녀는 자신의 과거를 숨기고 싶어 자신의 형부 이야기만 했다. 그러자 귀신이 그녀를 사로잡았고 한 집회에서는 난폭한 행동을 하기도 했다. 송요한과 여러 사역자가 합심하여 그녀를 위해 기도했지만, 소용이 없었다. "십자가 십자가 무한 영광일세"와 같은 십자가를 노래하는 찬송을 할 때마다 그녀는 다시 난폭해지곤 하였다.

송요한의 방문 후 2년이 다 되어서야 그녀는 완전히 구원을 받을 수 있었다. 그녀는 진실한 그리스도인이 되었고 성경을 열심히 공부했다. 나중에 그녀는 성경 학교에 입학했다. 지금도 그녀는 푸젠에서 그리스도의 일꾼으로 일하고 있다고 알려져 있다.

황진징 마을에서 일어났던 기적은 송요한의 생애 내내 반복되었다. 치유가 명백히 입증된 경우가 많이 있었고 그런 경우 치유의 효력은 지속적이었다. 어떤 이들은 전혀 도움을 받지 못한 일도 있었고 어떤 경우에는 치유 받았다는 주장이 사실이 아닌 것으로 밝혀졌다.

송요한은 환자를 위해서 기도하는 집회를 복음을 전하는 소중한 기회로 여겼다. 많은 사람이 치료를 위한 목적으로 집회장을 찾았다. 그러나 그들이 얻은 것은 육체의 회복뿐만 아니었다.

제3부

주의 길을 예비하다

1935-1944

1938년, 베트남 집회를 마친 청중의 단체 사진(십자가가 그려진 삼각형 기가 전도단을 상징하는 깃발이다.)

18. 중국을 넘어서

1935

> 세부의 신자들은 늦은 밤 송요한이 '아버지', '주님'이라고 부르짖는 필사적인 기도 소리를 듣기도 했다. 그들은 송요한의 놀라운 사역 이면에 하나님과의 깊은 관계가 있음을 의심치 않았다.

남중국해 부근 남부 지방의 땅은 비옥하고 따뜻했다. 살기가 좋아 수 세기에 걸쳐 많은 사람이 모여드는 곳이었다. 자연히 생존 경쟁도 심했다. 푸젠과 광둥 사람은 모험심이 강해서 대양을 건너 곳곳에 이민촌을 건설했다. 그래서 중국인은 필리핀에서 타일랜드에 이르기까지 초승달 모양으로 흩어져 있는 수많은 섬 곳곳에 흩어져 살게 되었다.

보르네오 섬의 인도네시아 지역인 칼리만탄의 서쪽에 삼바스라는 마을이 있었는데 이 마을에는 중국인이 천 년 이상 살아오고 있었다. 중국인은 초기에 자바나 수마트라 같은 대도시에 정착했지만, 부와 행복을 찾아 술라웨시나 말루쿠 같은 지역으로도 흘러들어 갔다. 싱가포르의 경우에는 100만 인구 중 대부분이 중국인이다. 이백만 이상의 중국인은 정글 지대로 흩어져 고무 농장이나 말레이시아의 주석 탄광으로 들어갔다. 시암(현재의 타일랜드)과 버마(현재의 미얀마)와 같은 인도차이나 반도 지역의 도시에도 이 지역에서 태어나거나 한 재산 모으려고 최근에 도착한 중국인으로 거리가 붐볐다.

빅터 퍼셀이 쓴 '동남아시아의 중국인'이라는 책에 의하면 중국 본토 밖 동남아시아 여러 지역에 사는 중국인은 1,000만 명에 달한다. 2차 세계 대전 이전의 타이완은 일본 치하에 있었고 그때 약 500만 명이 새로 유입되었는데 대부분이 중국인이었다. 이런 사람들은 대부분 현지어를 배웠다. 하지만 집에서는 모국어를 사용했다. 그들의 모국어는 떠나온 지역의 방언이었다. 호키엔어는 푸젠 성 남부 지역에서 온 사람들이 사용하였고 하카어와 광둥어는 광둥 성에서 이주해온 사람들의 방언이었다.

중국에서 신앙을 가졌던 사람들은 가는 곳마다 기독교 공동체를 만들었다. 특히 남양(2차 세계 대전 종전 이전의 필리핀, 프랑스령 인도차이나, 타일랜드, 말레이반도, 동인도제도, 뉴기니 섬 등) 지역에서 사는 중국인은 그리스도인 비율이 높고 영향력도 컸다. 그들은 항상 본토와 긴밀한 관계를 유지하고 있었기 때문에 중국 교회를 휩쓴 부흥이 그들이 세운 교회에 영향을 미치는 것은 필연적이었다.

송요한은 타이완과 남양 지역에 일곱 번이나 선교 여행을 했다. 가는 곳마다 중국에서와 같은 표적이 따랐다. 이때 사역이 이 지역 중국인 교회의 특징을 결정했다고 할 수 있다.

기적과 이사

해외로부터의 첫 초청은 1935년에 필리핀에서 왔다. 송요한이 가는 곳마다 하나님의 축복이 따랐다는 소식은 기독교 잡지에 소개되거나 푸저우, 샤먼, 산터우, 광둥 지역의 대규모 전도 집회에서 회심하거나 그리스도를 더 깊이 경험한 사람들의 편지로 필리핀까지 알려졌다. 마닐라의 감독교회, 연합복음 교회, 기독 성회 교회 등 세 교회가 연합하여 송요한을 초청했다. 송요한은 4월의 베이징 집회를 마친 후 6월 6일부터 14일까지 필리핀 마닐라에서 집회를 인도했다.

루손섬 모든 지역과 부속 도서로부터 많은 사람이 송요한의 집회에 참석하기 위해 모여들었다. 약 800명의 청중이 연합 복음 교회의 좌석을 모두 메우고 계단과 복도까지 가득 찼다.

실라스 왕 목사는 송요한의 초청을 주도했던 사람인데 다음과 같이 회상했다. "송 박사는 죄, 회개, 중생, 성화의 단계를 관통해서 가르쳐 주었습니다." 이 집회에서도 송요한은 겁내지 않고 죄를 공개적으로 맹렬하게 비난했다. 거짓 그리스도인의 죄에 대해서는 더욱 가차 없었다. 때때로 목사나 교회 제직을 개인적으로 지목하여 꾸짖었다. "당신의 마음속에는 죄악이 있습니다!" 그의 지적은 항상 틀림없었다.

송요한은 설교를 위해 새로운 예증을 사용하려고 노력했다. 한 번은 돌을 절반쯤 채운 작은 관을 들고 나타났다. 이것은 청중에게 저지른 죄와 그 결과를 선명하게 보여주기 위한 것이었다. 죄를 범할 때마다 돌멩이는 관에 하나씩 넣어졌고 나중에는 상여꾼의 허리가 휘청거릴 정도까지 되었다. 죄의 심각성을 이보다 더 잘 보여줄 수 있겠는가!

또 한 번은 중생을 강조하기 위해 낡은 긴 옷을 입고 강단으로 나왔다. 그 옷에는 온갖 죄목이 큰 글자로 쓰여 있었다. 설교 중 적당한 순간에 송요한은 입고 있던 낡은 옷이 십자가에 못 박혔다고 선언했다. 그리고 미리 준비한 새로운 '의의 예복'으로 갈아입었다. 새로운 삶을 이보다 더 잘 보여줄 수 있겠는가!

설교는 두 시간이나, 그 이상 계속되었고 설교 중에는 사람들이 즐겁게 부를 수 있게 편곡 된 찬양을 함께 불렀다. 전도 설교 이후에 새로운 회심자나 기존 교인을 위한 교훈이 이어졌고 마지막 부분은 치유를 위한 기도 모임으로 할애했다. 많은 사람이 기도를 받기 위해 강단으로 나왔다. 송요한은 고침을 받은 환자들을 며칠이 지난 후에도 알아보고 '어떠세요?'라고 인사할 만큼 기억력이 비상했다.

필리핀 마닐라 집회의 결과는 오래 지속되었다. 연합 복음 교회는 크게 부흥되어 복음에 대한 열정이 타오르기 시작했다. 당시에 만들어진 복음 전도단 조직은 전쟁을 겪으면서 어려움도 많았지만 18년이 지난 1953년까지 계속 왕성하게 활동하고 있었다. 전도단은 10개 부서로 나뉘어 있었고 부서마다 책임자가 있었다. 부서별로 교도소, 병원, 라디오방송 선교 등을 담당했고 개인 방문을 하거나 오지로 찾아가 작은 모임을 하는 등 여러 전도 활동을 하였다.

1954년에 한 선교사는 이렇게 보고했다. "지금 필리핀에는 많은 진정한 그리스도인이 있습니다. 이들은 모두 19년 전 송요한의 열매입니다."

마닐라 집회 장소는 수많은 사람으로 가득 차 있어서 답답함을 느낄 정도였다. 그러나 마닐라 지역 중국 총영사인 한 남자가 집회 장소에서 뛰쳐나간 것은 단지 공기의 탁함 때문만은 아니었다. 그는 마닐라로 부임하기 전에 싱가포르와 베이징에서 근무했는데 심한 술꾼이었고 홍콩에서 18만 불을 도박으로 탕진할 만큼 도박 중독에 깊이 빠져있었다. 첫 부인은 죽고 두 번째 부인이 될 여자가 그를 마닐라 집회에 데려왔다.

하지만 그의 눈에는 송요한이 미친 사람처럼 보였다. 자신을 향한 신랄한 죄의 지적에도 마음이 너무나 굳어서 회개할 줄 몰랐다. 그는 이후에 마닐라를 떠나 난징에서 근무했다. 새 부인의 끊임없는 기도와 권면에도 불구하고 계속 죄 속에서 살았다. 송요한이 이후에 난징으로 와서 집회를 인도할 때, 다섯째 날 밤 집회에서 이 강퍅한 남자는 드디어 지옥의 불을 벗어나 구원을 받았다. 그때 그의 나이는 38세였다.

그는 현재 인도네시아 자바에 새로 설립한 성서 대학의 학장으로 있다. 전에 그렇게 완악하고 방종한 삶을 살던 사람이라고는 믿어지지 않을 만큼 온유한 사람이 되었다.

중국으로 돌아오기 전에 세부를 방문했다. 이 섬은 필리핀 제도의 작은 섬이었는데 집회 장소는 큰 목재 저장소에 마련되었다. 이 특별한 집회의 소문은 한 타락한 여자 신자의 관심을 불러일으켰다. 이 여자는 신유의 기적과 같은 것에 대한 호기심으로 집회에 참석했다. 그런데 혹시 최면이라도 걸릴까 봐 송요한의 눈을 쳐다보지 않으려고 조심했다.

그날 설교는 여느 때와 같이 힘이 있었고 사람의 심령을 움직였다. 설교가 끝난 후에 그의 푸른색 두루마리는 땀에 흠뻑 젖어 있었다. 집회를 마치고 치유를 위한 기도 모임이 시작되었다. 그때 그 여자는 놀라운 광경을 목격했다. 집회에 참석했던 초우라는 한 신문사의 편집장이 치유되는 것을 두 눈으로 똑똑히 보았다. 초우는 허리가 굽고 등의 혹 때문에 고개를 들고 다니기가 힘들 정도로 심한 장애인이었다. 그런데 송요한이 기도하자 초우의 등이 순식간에 펴졌다. 그는 뛰쳐나와 똑바로 서서 뛰며 그의 사지를 움직이며 외쳤다. "몸이 펴졌어! 몸이 펴졌어!"

이 일을 목격했던 여 신도는 지금 세부 교회의 신실한 황 집사로서 오늘도 그날의 증인으로 살고 있다. 굽었던 등이 펴졌던 초우는 후에 '씨뿌리는 사람들'이라는 단체를 조직해서 오늘날까지 활발한 활동을 이어오고 있다.

세부의 신자들은 늦은 밤 송요한이 '아버지', '주님'이라고 부르짖는 필사적인 기도 소리를 듣기도 했다. 그들은 송요한의 놀라운 사역 이면에 하나님과의 깊은 관계가 있음을 의심치 않았다.

말씀의 사람

이즈음 송요한은 교회에 성경 공부가 부족한 점을 염려하고 있었다. 그래서 7월에 항저우에서 2주간의 첫 번째 전국 사경회를 연다고 발표했다.

송요한의 성경에 대한 가르침은 이 시대의 위대한 성경 교사들을 경악하게 만들 수도 있다. 그의 성경 해석은 지지하기가 힘든 면이 없지 않다. 그의 생각은 종종 기상천외한 데가 있었다.

예를 들어 북쪽 하늘에는 별이 적기 때문에 천국은 거기에 있다고 하거나 지구의 중심에는 불이 많으므로 지옥은 거기에 있을 것이라고 하는 것이다. 그런데도 송요한은 청중을 사로잡아 성경 내용의 깊은 곳으로 데리고 갈 수 있었다. 그만의 독특한 방법은 그가 미국의 정신병원에서 하나님의 계시를 40번 훑어보면서 습득된 것이었다.

그의 교수법 중 잘 알려진 방식이 있었다. 성경의 긴 부분을 놓고 청중과 함께 성경의 각 장의 이해를 위한 열쇠를 제시하며 풀어가는 방식이었다. 이런 방식은 이른바 답차(踏車; treadmill)라고 불리던 것으로 송요한이 설립한 성경학교 학생들에게 각광을 받았다. 이 이론에 따르면 구약 성경의 각 장은 거기에 대응하는 신약의 장이 있다는 것이다. 성경 학교 학생들은 신구약의 영적인 관계를 찾기 위해 대응하는 장들을 연구했다. 하지만 이런 것은 송요한과 같은 비범한 지성을 가진 천재가 아니고는 엄두도 못 낼 일이었다.

과학 분야에서 천재로 입증된 송요한은 또한 성경으로 충만한 사람이었다. 성경과 신문 외에는 어떤 출판물도 읽지 않았다. 하루 몇 시간씩 성경을 무릎 위에 올려놓고 성경 묵상하는 데 할애했다. 영적으로 깨닫는 부분이 있으면 바로 노트에 기록했다. 다른 사람과 나눈 부분은 그가 깨달은 계시의 작은 부분에 불과했다. 말 그대로 하나님의 말씀에 언제나 푹 젖어 있었다. 성경에 대한 열정과 사랑으로 충만한 사람만 특별한 해석으로 다른 사람에게 영향을 줄 수 있을 것이다. 송요한이 바로 그런 사람이었다.

벧엘 전도단원 중 가장 마지막까지 함께 사역했던 프랭크 링은 성경을 분석하는 송요한의 독특한 방법에 대해 이렇게 회상했다. "송 박사는 성경을 다른 사람과 나눌 때 한 본문만 사용하지 않았습니다. 항상 성경의 장과 장 혹은 단원과 단원을 서로 연결해서 해석했습니다. 물론 이런 형식을 그분만 사용한 것은 아닙니다. 그런데 다른 사람이 이런 식으로 하면 듣는 사람의 영적인 갈증은 해결되지 않습니다. 하지만 송 박사의 설명을 들으면 마치 생수를 마신 것처럼 흡족하게 됩니다. 그래서 성경 말씀에 대한 열정을 가지고 스스로 성경을 연구하게 됩니다. 그 결과 가는 곳마다 지역 성서공회에서는 성경이 매진되어서 성서공회 본부에 긴급하게 추가 주문을 하는 일이 벌어지곤 했습니다."

송요한은 신학자는 아니었지만, 진리를 수호하기 위해 논쟁하는 것을 주저하지 않았다. 그는 진리에 대한 자기의 신념을 굳게 고수하는 사람이었다. 올리버 박사의 종말론, 에디 박사의 진보적 성경 해석, 워치만 니의 교회론에 대한 논쟁 등에 항상 확신을 가지고 뛰어들곤 했다.

항저우에서의 사경회도 성공적으로 마무리되었다. 송요한은 신자가 직면한 위험을 인지하고 범할 가능성이 있는 수많은 잘못을 바로잡기 위해서는 올바른 성경 지식이 꼭 필요하다는 것을 사경회 참석자들이 깨닫게 하는 데 성공했다.

남양 지역 사역

그해 8월에 싱가포르를 처음으로 방문했다. 이후에 일곱 번이나 그곳을 방문한다. 싱가포르의 중국 교회는 푸젠과 광둥 지역의 교회와 긴밀한 관계를 맺고 있었기 때문에 송요한에 대해 잘 알고 있었다. 그만큼 기대감이 컸고 그래서 더 큰 환영을 받았다.

싱가포르는 세계로 연결되는 요충지였다. 그래서 송요한은 이곳에서 깊고 오래가는 영향력을 심으려고 노력했다. 현재 이곳의 많은 그리스도인은 송요한의 방문으로 인해 비로소 진정한 그리스도인의 삶을 살기 시작했다고 회고한다.

첫 집회는 8월 30일부터 9월 12일까지 열렸다. 지역 교회 연합회는 충실한 준비를 했다. 텔록 아예 감리교회에서 14일 동안 무려 40회의 설교를 했다. 싱가포르에서는 이런 일을 듣도 보도 못했다. 중국인 그리스도인 사회는 몹시 술렁거렸다. 외부인들도 범상치 않은 설교자를 보려고 몰려들었다.

1,300명이 넘는 사람이 신앙을 고백하고 결신 카드를 제출했다. 집회 중이었던 9월 7일에는 503명의 신자가 세 명 이상으로 구성된 111개의 전도대를 조직했다. 그리고 80명 이상의 젊은이가 전임 사역자로 헌신했다. 결신 카드를 제출한 사람 가운데 티모시 토우라는 젊은이가 있었다. 이후에 그는 중국에서 목회 훈련을 받고 지금은 싱가포르의 교회에서 목회자로 사역하며 말레이시아 개척 선교회 총무로 섬기고 있다.

송요한의 집회 때문에 태동한 선교 단체도 있었는데 싱가포르 기독 복음 연맹이 그것이다. 이 단체는 18년이 지난 지금도 싱가포르의 교회에 큰 영향을 끼치고 있다.

송요한은 싱가포르 집회 이후에 말레이 반도 전역을 다녔다. 조호르바루에서 시작해서 자동차로 파인애플 농장과 고무나무 재배 지역을 거쳐 남서 해안에 있는 무아르에 도착했다. 그다음에는 좀 더 북쪽으로 향해 유서 깊은 도시 멜라카로 갔다. 그리고, 내지로 방향을 돌려 느그리슴빌란 주의 주도인 스름반으로 갔다. 또 북서쪽 해안에 있는 동양의 진주라고 알려진 피낭에서도 집회했다. 클란탄의 동쪽 해안의 코타바루와 페락 서쪽 해안의 시티아완에서도 집회를 인도했다.

영국이 통치했던 말레이시아 전역의 도시는 중국인이 상권과 경제권을 쥐고 있었다. 하지만 영국은 이슬람교도인 말레이족을 원주민으로 인정하고 있었다. 이들은 어업과 농업이 주업이었고 말레이 반도 전역에 퍼져 마을을 이루며 살고 있었다. 이들은 복음의 영향을 거의 받지 않았다. 그래서 그 지역에는 유럽인과 중국인과 타밀족의 교회밖에 없었다.

송요한의 사역으로 말레이시아 지역의 그리스도인들은 자신들이 안락과 자기만족과 죄에 빠져 있다는 것을 깨닫고 큰 충격을 받았다.

이후에 배를 타고 피낭을 떠나 수마트라 북쪽의 메단으로 갔다. 그곳에서 성장하는 중국인 교회의 초청이 잇따랐고 그들은 송요한으로 인해 새로운 삶을 살게 되었다.

10월 18일에 싱가포르로 다시 돌아왔다. 이번에는 그리스도인을 위한 일주일간의 대회 형식의 사역이 기다리고 있었다. 21개의 새 전도대가 더 생겼고 부흥의 불길은 한결 더 높아졌다. 이렇게 남양 지역의 방문은 성공적으로 끝이 났다. 5,000명이 넘는 사람들이 송요한의 사역을 통해 회심했다.

떠나는 날에 너무나 많은 사람이 전송하러 몰려들었다. 상선회사는 안전 때문에 평소처럼 환송객이 자유롭게 배에 오르도록 허용할 수 없었다. 회사는 긴 줄을 만들어 한 사람씩 송요한과 악수하는 형식으로 환송식을 하도록 요청했다. 1,000명 이상이 이런 식으로 송요한과 일일이 인사할 수 있었다.

슬퍼하는 많은 사람을 보며 송요한은 가슴이 뭉클했다. 그들은 마치 목자 잃은 양과 같았다. 그때 두 번째 사경회를 샤먼에서 열기로 결심했다.

상하이에서 신자와 선교사를 연결하는 사역을 하고 있던 뉴만 시 목사는 그가 맡은 교회의 회중과 함께 남양 지역 사역을 위해 기도하고 있었다. 그는 송요한이 상하이로 돌아온다는 소식을 듣고 그에게 사역보고를 요청했다. 그런데 송요한은 단호하게 그 초청을 거절했다.

그러자 시 목사는 송요한을 직접 찾아가서 기도한 교인들은 그 기도의 열매를 볼 권리가 있다고 항의했다. "그들이 기도의 결과를 듣지 못하면 어떻게 계속해서 당신을 위해서 기도할 수 있겠습니까! 당신은 거절하기 전에 하나님이 정말로 거절하기를 원하시는지 직접 여쭈어 보셨습니까?" 결국, 송요한은 위층에 있는 자기 방에 올라가 기도하더니 잠시 후에 다시 내려와서 말했다. "좋습니다! 가겠습니다!"

시 목사는 기뻤다. 교인들은 해외 중국인 교회에 일어난 부흥을 듣고 힘을 얻어 송요한의 사역과 부흥을 위해 더욱 열심히 기도했다.

19. 중국을 흔들다

1935-1936

> 이전의 어떤 성경 선생이 이와 비견할 만한 것을 시도했던가! 확실히 이 일은 한 사람이 한 달간 한 일로서는 경이적인 것이었다.

1935년 말에 송요한은 고향 푸텐을 방문했다. 벧엘 전도단에 속한 전도대와 일시적으로 함께 해서 나흘간의 모임을 이끌었다. 감리교 감독교회의 스탠리 카슨 목사 부부의 집에서 열렸는데 한파로 인해 20명 정도의 지역 목회자만 참여했다. 집회 장소는 을씨년스러웠지만 젊은 설교자들의 기쁨에 찬 감화력 있는 간증, 말씀과 찬양은 감동이 있었다. 몇몇 환자들은 송요한의 기도로 나았다. 마지막 날에는 송요한이 학생을 위한 공개 모임에서 설교했다.

1935년 말과 1936년 초에 걸쳐서 상하이에서 집회를 열었다. 일련의 첫 집회는 상하이 복음 협회에서 주최하여 무어 기념교회에서 열렸는데 2,000명이 참가했다.

통역은 뉴만 시 목사가 했는데 그때의 경험을 절대 잊을 수 없다고 말했다. 청중은 자리를 꽉 메웠고 송요한은 평소처럼 활기차게 설교했다. 뉴만 시 목사는 통역하면서 자신이 성령의 놀라운 능력에 사로잡힌 사람 옆에 서 있음을 알았다. 그 능력은 집회장을 채웠고 사람들을 앞으로 나오게 하였고 죄를 고백하고 하나님과 바른 관계를 맺게 했다.

그다음 집회에서 뉴만 시 목사는 다른 통역자들이 가끔 받았던 수모를 당해야만 했다. 송요한은 설교 중에 상하이의 한 정치 단체를 심하게 비난했다. 뉴만 시 목사는 주저하며 내용을 약간 수정했다. 송요한은 가차 없이 통역자를 강단에서 내려가라고 명령했다.

다시 북쪽으로

송요한은 다시 한 번 북쪽을 향해 갔다. 3월에는 산둥 성의 지난과 덩저우에서 대규모 집회를 열었다. 지난의 한 선교사는 이 집회를 아주 놀라운 축복이라고 기록했다. 사람들은 송요한이 이전에 벧엘 선교단과 함께 덩저우를 방문했던 일을 잘 기억하고 있었다. 이곳은 기독교 교육사업의 중심부였지만 많은 사람을 수용할만한 건물이 없었다. 교회 지도자들은 집회를 위해서 도시의 공터에 1,000명을 수용할 수 있는 임시 건물을 만들었다.

마틴 홉킨스 박사는 다음과 같이 썼다. "신학생과 고등학생, 그리고 원근에서 온 그리스도인이 하루 세 번, 8일 내내 임시 건물을 가득 메웠다. 송요한은 은혜의 복음을 순전하게 전했다. 그가 설교하는 방식은 빌리 선데이와 얼마간 닮은 면이 있다. 500명이 신앙을 고백하고 재헌신했다. 복음 전도에 대한 부담감으로 집회가 마칠 즈음에는 주로 신학생과 성경학교 학생으로 구성된 130개의 전도대가 조직되었다. 그중 하나는 집회 장소로 사용했던 임시 건물을 만든 노동자로 구성된 전도대였다. 우리 학교의 학생들은 영적으로 크게 고양되었고 구원받지 못한 사람들에게 복음을 전하는 일에 열심을 가지게 되었다."

송요한은 3월에 장쑤 성의 루허에서 한 주간의 집회를 인도하였다. 거기서는 50개의 전도대가 발족했다.

타이완 집회

4월에는 타이완으로 건너갔다. 당시의 타이완은 일본이 지배하고 있었는데 주민은 거의 중국인이고 송요한의 고향인 푸젠 성의 방언을 사용했다. 이미 지난해에 두 명의 장로교 목사가 송요한을 초청했던 터였다.

타이완 사역은 섬의 주요 세 도시를 중심으로 짜였다. 북부의 행정 중심지 타이베이, 중부의 타이중, 남부의 타이난에서 각각 일주일씩 진행되었다. 집회마다 참석자가 너무 많아서 대나무와 짚으로 만든 임시 건물을 세웠다.

첫 집회가 열린 타이베이에서는 약 1,000명이 참석하였다. 그다음 주에 타이중에 내려왔을 때는 참석자가 두 배로 늘었다. 타이베이 집회에 참석했던 사람들이 다시 타이중으로 내려왔기 때문이었다. 타이난에서의 집회는 타이중의 두 배인 4,000여 명이 참석했다.

타이난에서의 마지막 간증집회는 많은 사람에게 오랫동안 회자되었다. 타이중과 타이난에서만 5,000명이 넘는 사람이 신앙을 고백했고 460명이 자비량 복음 전도자로 헌신했다. 금반지와 보석, 4,000불의 헌금이 그때 결성된 295개의 전도단 사역을 위한 후원금으로 사용되었다. 일본 당국은 치유 집회와 기름 붓는 의식을 금지했지만 많은 병자가 기도로 치유되었다.

모든 집회에서 성령이 남녀의 죄를 깨닫게 하시는 역사가 나타났다. 성령의 역사는 항상 사람에게 깊은 감동을 주었다. 오랜 원수가 화해하고 서로의 잘못에 대해 용서를 구했다. 알력과 분쟁으로 인해 기능이 상실된 많은 교회의 회중에 사랑과 일치의 정신이 임했다. 방탕한 자식들이 용서를 받으려고 어머니를 찾아왔고 금 간 부부가 재결합했다. 평생을 술주정뱅이, 아편쟁이, 도박꾼으로 살아왔던 자들이 극적으로 구원되어 오랜 중독에서 벗어나 자유를 얻었다.

교회 전반에 성경 읽기와 공중 전도가 크게 활기를 찾았다. 교회 출석 증가는 눈부셨다. 송요한이 떠난 후에도 수많은 세례가 베풀어졌다. 집회 다음 주에 타이중의 주일학교는 출석 인원이 배로 늘어 400명이 되었다. 100개가 넘는 전도대가 조직되어 일본이 노방전도를 금지하기까지 최소한 삼년간 시골 지역을 돌며 전도활동을 계속했다. 남부지방의 타이난에서는

400개의 전도대가 조직되었다.

　흥미로운 일도 있었다. 북부지방에서 한 장로가 집회에 참석했다. 송요한은 일면식도 없는 그를 갑자기 지목하며 이렇게 외쳤다. "당신은 위선자요!" 그는 자기 교회 목사가 송요한에게 자신을 험담했다고 생각하고 목사에게 앙심을 품었다. 그다음 날 밤 그 장로는 다른 자리에 가서 앉았다. 그러나 송요한의 손가락은 그를 찾아 다시 지목했다. 같은 선언이 반복되었다. "당신은 위선자요!" 그 장로는 죄의 중압감으로 마침내 신경쇠약이 되고 말았다. 교회는 그를 위해 특별기도회까지 열었다.

　그러던 어느 날 그 장로는 목사가 그의 추악한 과거를 폭로했다고 확신하고 목사를 죽이겠다고 협박했다. 더 나아가 그는 목사를 죽이려고 집에 불러들였다. 목사는 친구들의 만류에도 불구하고 그 초대에 응했다. 목사가 장로의 집에 들어서자마자 그 장로는 칼로 목사를 죽이려고 달려들었다. 목사는 무릎을 꿇고 울부짖었다. "주여, 이 장로님을 구원해 주소서!" 순간 장로는 칼을 놓쳤고 휘둘렀던 칼은 허공을 가르고 벽에 부딪쳐 떨어져 반 토막이 났다. 쨍그랑 소리가 났고 장로는 자신이 떨어뜨린 부러진 칼을 보았다. 마침내 주님이 승리하셨다. 장로는 목사 옆에 함께 무릎을 꿇고 자신의 모든 죄를 쏟아놓기 시작했다. 그는 주님의 용서를 받아 충성스러운 그리스도의 일꾼으로 거듭났다.

해안 지방을 거쳐 내륙으로

　송요한은 타이완 역사상 전례 없는 부흥의 현장을 뒤로하고 5월 9일에 가오슝 항구에서 상하이로 가는 배를 탔다. 내륙지방인 안후이 성으로 가기 전에 광둥 성을 비롯한 여러 해안지역에서 집회를 인도했다. 중국내지선교회의 조지 버치 선교사는 쉬안청에 있었는데 이런 편지를 썼다.

　"기쁜 소식이 있습니다. 송요한의 집회를 통해 일어난 부흥 이야기입니다.

집회는 우리 선교회와 이곳의 감리교회가 함께 준비하였습니다. 집회장은 수백 명의 신자와 구도자로 매일 꽉 찼습니다. 송요한의 설교는 훌륭했습니다. 분명히 하나님이 그를 사용하셨습니다. 그것은 완벽한 맞춤 설교였습니다.

사람들은 자신의 죄를 생생하게 자각했습니다. 진정한 회개와 죄의 고백이 터져 나왔습니다. 제가 아는 어떤 사람은 20불짜리 마작 세트를 불태워 버렸습니다. 다른 사람은 담배 제조 기계를 부숴버렸습니다. 한 도박꾼은 그가 집회 전에 딴 87불을 바로 감리교회에 헌금했습니다.

우리 집 식구들에게도 큰 변화가 있었습니다. 우선 저에 대해서 말씀드리자면 주께서 제게 큰일을 행하셨고 그래서 저는 지금 큰 기쁨에 차 있습니다. 게다가 제 일을 돕는 고용인이 구원을 받았습니다. 냉랭한 신자였던 그의 어머니도 이제는 친구들을 교회로 인도하고 있습니다. 또 저는 제 요리사의 부인이 구원을 받을 줄은 꿈에도 생각하지 못했습니다. 그러나 그녀는 자신을 구원하신 주님을 이야기하며 두 번이나 눈물을 흘리며 간증했습니다."

70개의 전도대가 집회 후에 결성되었다. 대다수가 적어도 10년간은 전도 활동을 계속해 왔다고 알려져 있다. 그때 구원받거나 회복한 많은 사람이 뛰어난 전도자나 지도자가 되어 안후이 성의 남부 교회에서 활동하고 있다. 중국내지선교회의 지역 총무였던 고든 던 씨는 1953년에 이런 기록을 남겼다. "나는 뛰어난 전도자와 지도자를 많이 만나보았다. 그들은 하나같이 송요한의 사역을 통해서 하나님과의 관계가 회복되고 자신의 삶을 하나님을 섬기는 데 드린 사람들이었다." 이처럼 송요한은 이 지역 전체 교회의 영적 생활에 지울 수 없는 자취를 남겼다.

송요한은 6월 14일에서 23일까지 열릴 일련의 집회를 위해 안후이 성에서 홍콩으로 돌아왔다.

진정한 사경회

마음에 큰 부담을 지고 있던 두 번째 전국 사경회가 다가왔다. 이것은 7월 10일부터 8월 9일까지 샤먼에서 개최될 것이라고 공지되어 있었다. 송요한은 일찍이 부흥이 일어난 남부와 북부 지방을 돌아보았다. 마음이 아팠다. 일부 신자는 부흥을 경험했는데도 그리스도를 향한 사랑이 식어 있었기 때문이다. 이단이 판치고 잘못된 성경 해석이 범람하는 현상에도 마음이 쓰였다. 성도가 성경으로 잘 무장되어 있기를 바랐다. 그래서 이번 성경 사경회가 그에게 중요했다.

중국 전역과 해외에서 온 1,600명의 대표가 샤먼에 모였다. 그들은 하얼빈, 베이징, 즈푸, 난징, 상하이, 한커우, 푸저우, 타이완, 싱가포르, 피낭, 말레이시아, 필리핀 등에서 왔다. 저마다 다른 방언을 사용하지만, 그리스도 안에서 하나였고 송요한의 사역을 통해 영적으로 큰 도움을 받은 경험을 공유하고 있었다.

그들은 여섯 개의 학교에서 숙박하며 트리니티 교회에서 열리는 사경회에 참석했다. 이 기간에 각 대표자는 전도단 조직과 활동에 대한 보고서도 제출했다.

개회식에서 각 지역의 대표들은 조별로 강단에 나가 찬양을 했는데 피아노 반주는 피터 청 목사의 부인인 에스더 시 여사가 했는데 그녀는 이후에 송요한의 통역자 겸 조력자가 되었다. 이 부부는 홍콩과 주룽에서 줄곧 주님을 섬겼고 외부의 전도 사역에 참여하기도 했다.

송요한의 첫 번째 설교 본문은 디모데전서 1:3-20이었다. 이 강해의 대지는 송요한의 성경 해석 방법을 보여줄 수 있어 여기에 소개한다.

1. 진리와 거짓의 분별(3-4절)
2. 사랑을 추구함(5절)

3. 겸손(6-11절)
4. 주님께 영광을(17절)
5. 선한 싸움을 싸우라(12-18절)
6. 선한 양심을 지키라(19-20절)

두 번째 시간부터는 시간표에 따라 수업을 진행했다. 오전 7시 30분부터 11시까지, 오후 7시에서 10시 30분까지 하루 두 번씩 수업했다. 한여름 남부 지방은 기온과 습도가 모두 높았다. 그러나 송요한은 창세기 첫 장부터 시작하여 요한계시록의 마지막 장에 이르기까지 한 장씩 다루어 나갔다.

한 달에 걸쳐서 모든 참가자는 성경 전체를 익힐 수 있었다. 전도에 관한 내용이나 부흥에 대한 것이 아니었다. 매시간이 모두 순수한 성경 연구였다. 거기에 송요한의 그리스도인으로서의 경험을 통한 수없이 많은 실례가 곳곳에 배치되었다. 매번 삶의 거룩과 성별의 필요성이 강조되었다. 이전의 어떤 성경 선생이 이와 비견할 만한 것을 시도했던가! 확실히 이 일은 한 사람이 한 달간 한 일로서는 경이적인 것이었다.

모든 강의가 정리되어 같은 해에 책으로 출판되었다. 그 책은 1952년에 타이완에서 다시 인쇄되었는데 554면이나 되는 분량이었다.

사경회의 마지막 순서에 송요한은 이런 말을 했다.

"사랑하는 형제자매 여러분. 30일간의 공부가 끝났습니다. 저는 주께서 제게 맡기신 말씀을 다 전했기 때문에 하나님과 사람 앞에서 조금도 부끄럽지 않습니다. 시작할 때에는 저와 통역자의 건강을 걱정했습니다. 그러나 30일이 지난 오늘 밤 강단에서 여러분 앞에 이렇게 서 있을 수 있군요.

주께서 우리에게 성경 전체를 책별로 공부할 수 있도록 힘을 주셨습니다. 이제 여러분은 공부했던 성경책을 가지고 집으로 돌아가시게 됩니다. 여러분이 저에게 받은 것은 성경을 여는 하나의 열쇠에 지나지 않습니다. 이제 여러분은 집에 가서서 스스로 성경을 계속 공부해 나가야 합니다. 성경책 안에는 찾아주기를 기다리는 숨겨진 보물이 가득 차 있습니다. 주께서 여러분을 이 마지막 시대의 선한 군사로 크게 사용하시기를 빕니다.

저는 언제 죽을지 모릅니다. 하지만 지상에 있는 동안에는 주께서 제게 맡기신 것을 나누는 의무를 수행해야 합니다. 그리고서 주께서 부르시면 평안 가운데 주를 뵈려 합니다. 사경회 기간 내내 저는 주님 앞에 떨며 서 있었습니다. 하나님의 말씀을 바르고 자세하게 여러분에게 설명했는지 늘 노심초사하였습니다. 이제 제 일은 끝나고 여러분은 집으로 돌아가셔야 합니다. 제가 할 수 있는 일은 여러분을 위해 계속 기도하는 것뿐입니다. 여러분의 믿음으로 인해 많은 열매를 맺으시도록 기도하겠습니다.

눈물로 씨를 뿌린 자는 기쁨으로 단을 거둔다고 말씀하셨습니다. 우리는 눈물로 씨를 뿌렸고 주께서 반드시 열매 맺으실 것을 믿습니다. 여러 저항과 비방이 있었습니다. 그러나 저의 양심은 하나님과 사람 앞에서 깨끗합니다. 저는 어떠한 이익을 바라지 않고 온 힘을 다해 복음을 전했습니다. 한 달 내내 감옥에 있는 것과 같았습니다. 저를 만나기를 원하시는 것을 알았지만 매일 영적 양식을 준비하느라 바빠 여러분에게 시간을 낼 수가 없었습니다. 편지를 읽을 여유도 없었습니다. 그 편지들은 배에서나 읽어야 할 것 같습니다.

하나님께서 여러분을 축복하셔서 집에서도 성경을 부지런히 공부하도록 하실 것입니다. 값없이 받으셨으니 값없이 주십시오. 여러분이 받은 은혜를 많은 사람과 나누십시오. 적게 주시면 여러분이 받으신 것마저 빼앗길지 모릅니다. 마지막으로 주께서 다시 오실 때까지 하나님이 여러분과 함께하시기를 빕니다. 아멘."

20. 중국의 세례 요한

1936-1938

> "나는 성경강해로는 워치만 니보다 못하고 설교자로서는 왕 밍다오에 미치지 못하고 작가로는 바커스 청과 비교할 수 없고 찬양 인도자로서는 티모시 차오보다 부족하네. 나는 알프레드 초우의 인내심도 없고 공인으로서 앤드루 기가 가진 사회성도 지니지 못했네."

송요한은 한 달가량 샤먼에서의 힘든 사역을 마친 후, 휴식이 죄라도 되는 듯 한달음에 인구 밀집 도시인 광둥, 홍콩 섬, 주룽으로 가서 집회를 인도했다. 그다음 싱가포르를 둘러 보르네오의 사라왁을 향했다. 도중에 보르네오로 가는 배편이 연기되어 싱가포르에 머무는 동안 그리스도인 복음 연맹에 있는 지도자를 위한 나흘간의 훈련을 소화했다. 거기서 송요한의 지도로 제2기 임원 선출이 이루어졌다. 그가 아니면 누구도 소화하기 힘든 일정이었다.

보르네오와 싱가포르에서

당시 보르네오는 영국이 지배하던 북부 보르네오와 네덜란드령 보르네오가 있었는데 양쪽 모두에 큰 규모의 중국인 지역사회가 있었다. 집회는 사라왁에 있는 시부에서 열렸는데 1,583명이 회개하고 그리스도를 믿는 역사가 일어났다. 9월 21일에 시작해서 10월 1일까지의 짧은 기간에, 외진 벽지에서 세기적 성령의 역사가 일어난 것이다. 시부와 인근 도시에서 송요한의 영향을 받지 않은 가정이 거의 없을 정도였다.

그때 집회에 참석했고 지금은 런던에 사는 한 중국인이 있다. 당시에 그는 어린 소년이었는데 친척들은 복음에 관심이 전혀 없었다. 하지만 송요한이 묘사한 극적인 성경 이야기와 기독교 진리는 그의 마음에 깊은 감명을 주었다. 어른이 되어서는 하나님을 떠나 방황했으나 마음에 심어진 씨앗은 열매를 맺어 결국 영국에서 그리스도께 돌아왔다. 송요한의 많은 열매 중 하나였다.

회개한 수많은 사람이 있었고, 하나님의 일을 위해 사역자로 헌신한 사람도 100명이 넘었다. 시부에서만 88개의 전도대가 결성되었고 주변 도시에도 38개가 더 생겨났다. 네 명의 젊은 여성이 사역자로 훈련받기 위해 난징으로 파송되었다.

후에 전쟁은 보르네오의 교회에 큰 타격을 주었다. 그런데도 그때 생긴 전도대는 일본 점령하의 큰 위험과 어려움 속에서도 전도의 사명을 굳건히 감당했다.

싱가포르로 돌아온 송요한은 12월 11일에서 20일까지 10일간의 사경회를 인도했다. 그는 구약에서 출애굽기, 레위기, 민수기, 여호수아, 다니엘을 택해 성막과 제사의 영적 의미를 자세히 설명했다. 신약은 누가복음, 로마서, 유다서를 강해했다.

12월 22일, 송요한은 꽁떼베르디 호를 타고 상하이로 돌아갔다. 송요한에 대한 환송객의 열광과 뜨거운 애정은 스트레이츠타임즈 기자의 관심을 끌었다. 다음은 1936년 12월 23일의 기사이다.

"어젯밤 한 젊은 중국인이 이탈리아 정기 여객선 꽁떼베르디 호의 대합실에 서 있었다. 그 한 사람 때문에 500명 이상의 눈에서 눈물이 흐르고 있었다. 주인공은 송요한이며 중국의 전도자이다. 그는 싱가포르에서 두 번째 전도사역을 마치고 중국으로 돌아가는 길이었다. 1,000명이 넘는 흥분한 중국인이 그를 배웅하기 위해 나왔는데 선창에는 십자가 깃발의 물결이 일렁였고 갑판과 휴게실도 사람으로 넘쳐났다. 송요한이 간단한 인사말을 하자 환송객은 밝은 얼굴로 찬송가를 불렀다. 그러나 그중 절반은 눈물을 흘리고 있었다. 어떤 이들은 조용히 울고 있었고 어떤 이들은 감정이 복받쳐서 격하게 흐느꼈다. 그들은 수많은 중국인에게 회개를 외친 한 남자에게 그렇게 작별을 고하고 있었다. 미국에서는 정신병동에 갇혀 있었으나 지금은 중국과 중국인에게 치열한 복음 전도자가 되어 있는 한 남자에게….

송요한은 복음 메시지를 정통적이지 않은 방법으로 전한다. 그의 그런 점이 늘 정통주의자들을 화나게 하였다. 그는 마치 세찬 회오리바람과도 같이 말레이시아 지역을 여행했는데 그 바람이 지나간 곳에는 회심자로 이루어진 전도대들이 남겨져 있다. 이제 오늘 밤 꽁떼베르디 호의 갑판에 서 있는 이 사람 주위에는 싱가포르에 사는 수백 명의 중국인이 있었는데 대부분 노동자였고 젊은 남자와 멋지게 차려입은 여자들도 제법 드문드문 섞여 있었다. 송요한은 여객선의 대합실을 순식간에 집회 장소로 변화시켜 버렸다.

배지를 달고 중국 복음 전도단의 기를 흔들고 있는 팬들은 그에게서 거의 눈을 떼지 못했다. 그는 몇 마디 연설을 한 뒤 가까이 있는 사람들과 다정하게 대화를 나누고 있었다. 갑자기 마음이 벅차오른 어떤 사람이 중국어 찬송을 힘차게 부르기 시작하자 한 소절이 가기 전에 모든 사람이 우렁차게 불렀다. 승무원도 여행객도 선창 공무원과 선원들도 모두 놀라 쳐다보았다.

그중 가장 놀란 사람들은 로마에서 동아시아 지역의 임지로 돌아가는 로마 가톨릭 신부들인 것 같았다. 나는 신부 중 두 사람이 십자가 휘장이 그려진 깃발의 홍수에 이끌려 대합실로 들어가는 것을 보았다. 그들은 송요한이 누구인지 매우 궁금해했지만 까무잡잡한 테니스 선수처럼 보이는 송요한이 그 유명한 전도자라는 것은 꿈에도 생각하지 못했을 것이다."

거친 인격

1937년 초에 송요한은 중국 북부 지역의 방문을 다시 한 번 감행했다. 외부적으로 일본과의 전쟁 위협이 훨씬 현실화되고 있었고 내부적으로는 공산당이 일본을 공격하도록 부추기고 있었다. 송요한은 즈푸, 톈진, 베이징, 바오터우, 타이위안과 여러 많은 도시에서 설교하였고 하나님이 함께하시는 표적이 따랐다.

즈푸에서 어떤 기독교 학교의 고등학생 중 회개하지 않던 소녀 대부분이 그리스도를 영접하는 일이 있었다. 그들 중 대다수가 지금도 곳곳에 흩어져서 그리스도를 섬기고 있다. 산시 성의 성도인 타이위안에서는 전역에서 몰려드는 청중을 수용할만한 건물이 없어서 1,000명이 모일 수 있는 천막을 설치했다.

6월 27일에 열린 첫 집회에서 송요한은 핑야오에서 온 성도들에게 안부를 물을 정도로 기억력이 놀라웠다. 4년 전에 핑야오에서 집회한 적이 있었는데 성령의 참역사에도 불구하고 송요한의 퉁명스러운 태도 때문에 많은 사람의 마음이 상한 일이 있었다. 송요한은 타이위안 집회에 참석한 핑야오 성도에게 이렇게 사과했다. "그때 저는 매우 육적인 그리스도인이었습니다! 이제 세월이 흘렀고 여러분이 보시기에 제가 좀 더 나아졌기를 바랍니다. 이제는 여러분이 저에게서 좀 더 영적인 면을 발견하실 수 있기를 바랍니다!"

6일간의 집회에서 300명 이상이 영적인 축복을 받았고 육체의 질병에서 놓인 사람도 많이 있었다. 집회는 7월 5일에 끝났다. 이날은 베이징 외곽의 마르코 폴로 다리 위에서 총격 사건이 일어난 쌍칠절 이틀 전이었다. 이 사건이 중일전쟁을 촉발했다. 집회가 마칠 즈음에는 긴장감이 느껴졌고 전쟁은 불가피해 보였다. 송요한은 베이징 약속을 취소하고 급히 상하이에 있는 가족을 만나러 갔다.

타이위안 집회에 참석했던 중국내지선교회의 레이놀드 선교사가 송요한과 같은 기차를 타게 되었다. 그는 좋은 자리를 확보하려고 역에 일찍 나갔다. 나중에 그리스도인 몇 사람이 송요한을 위해 자리를 잡으려고 기차에 올랐다. 송요한의 자리는 레이놀드 선교사가 앉아 있는 삼등칸 좌석에 잡혔다. 송요한은 고된 집회를 계속해 왔기 때문에 일등석 침상에서 편안하게 쉬며 여행할 수도 있었지만, 굳이 삼등석에서 테이블 위에 손과 머리를 얹고 불편하게 자는 것을 선택했다.

레이놀드 선교사는 송요한이 야단스러운 것을 싫어하고 외국인에 대해서 친절하거나 공손하지 않다는 것을 알았기 때문에 의도적으로 이 특별한 길동무에게는 관심을 끊고 다른 신자와의 대화에만 열중했다. 대화의 주제는 데이빗 양 목사가 이끄는 '기독 사역단'으로 옮겨 갔다. 이 단체는 산시 성에서 성공적으로 사역하고 있었다. 송요한은 처음 들어보는 사역이었기 때문에 오랫동안 유심히 듣고 있었다. 그러더니 마침내 레이놀드 선교사 쪽으로 몸을 기울이고 자세히 이야기해달라고 요청했다. 길고 유익한 대화가 계속되었다. 두 사람은 잠깐잠깐 잠을 자고는 다음 날까지 계속 이야기를 나누었다.

목적지에 도착해서 송요한은 레이놀드 선교사에게 지역교회 방문을 함께 하자고 제안했다. 그래서 자연스럽게 식사를 함께하게 되었다. 두 사람은 제공된 뜨거운 물수건으로 얼굴과 손을 닦고 차를 마시며 음식이 나오기를 기다렸다. 송요한은 이 틈에 일기장을 꺼내 들었다. 그리고는 평소와 다름없이 동행은 아랑곳하지 않고 멋진 글씨체로 일기를 적어나가기 시작했다. 레이놀드 선교사는 갑자기 홀로되어 이 특이한 인물의 짧은 시간의 푸대접을 견뎌야 했다.

이런 일화는 송요한의 인격의 거친 면을 보여준다. 특이한 행동이 교만에서 나온 것이 아니라는 점은 분명했으나 많은 사람에게 상처를 준 것도 사실이다. 필자가 굳이 송요한을 두둔하자면 그의 무뚝뚝함과 냉담함은 하나의 방어기제가 아니었을까 생각해본다. 유명하고 성공적인 설교자의 가장 큰 시험은 애호가의 지나친 존경과 찬탄을 허용하는 것이다. 특히 상대방이 감사와 칭찬을 표현할 때 그것을 아첨과 과찬인 양 받아들이는 무뚝뚝한 자세는 유혹에서 자신을 지키려는 반응이 아니었을까? 아마 그랬을 것이다!

신약시대의 기독교

1937년 7월 하순에 푸저우에서 세 번째 전국 사경회가 시작되었다. 이전과 같은 방식으로 진행되었지만, 전쟁 중이라 규모는 전 같지 않았다. 송요한은 상하이로 8월 13일에 돌아왔다. 바로 그날 일본 해군이 상하이를 공격했다. 계속되는 확전 상황도 아랑곳하지 않고 송요한은 북부와 북서부 지방의 집회 계획을 강행했다. 10월에 산시(陝西) 성의 성도였던 시안에서 이전과 다름없는 강행군이 시작되었다.

송요한은 직접 노래를 부르거나 가끔 찬양을 설교 중간에 부르게 해서 청중이 오래 졸 수가 없도록 했다. 설교는 그가 자주 하던 내용이었다. 잃은 양, 산상수훈, 부자와 나사로, 고린도전서의 사랑 장 등. 모든 것이 꾸밈없고 활기차게 극적으로 묘사되었다.

하루는 사울과 아말렉 사람에 대해서 설교하면서 항상 입고 다니던 소박한 흰색 두루마기를 벗어서 돌돌 말아 내의 안에 집어넣었다. 볼록한 그것은 청중에게 고백 되지 않은 죄처럼 보였다. 죄가 하나하나 고백 될 때마다 두루마기는 조금씩 그의 내의 속에서 끄집어내어 졌다. 마침내 모든 죄가 온전히 고백 되었다. 송요한은 큰소리로 할렐루야를 외치며 두루마기 전체를 확 잡아채었다. 그리고 수많은 청중이 모두 일어나 우렁차게 찬양하기 시작했다. "오 주 예수여! 제 마음에 오소서. 죄로 가득 차있던 제 마음에 주님의 자리가 마련되었나이다!"

영국 침례교 선교부의 선교사로서 그 집회에 참석했었고 송요한에게 겨누어진 여러 비판에 대해서도 잘 알고 있는 한 여성은 이후에 송요한에 대한 인상을 이렇게 기록했다.

"나에게 이것은 신약시대의 기독교와 같았습니다. 떨림이 있고, 생기가 넘치고, 강력한 그런 기독교 말입니다. 말 그대로 성령이 강림하셨습니다! 예배 때마다 수십 명의 결신자가 있었습니다. 정말로 감동적이었습니다. 집회가 끝나면 전도대가 결성되었고 복음의 영향력은 시안 평원 전체로 퍼져나갔습니다.

지금 와서 돌이켜보면 이런 전도자와 이런 사역은 하나님의 은혜로운 선물이 분명한 것 같습니다. 전쟁의 불같은 시련과 공산 치하의 더 극심한 시험을 앞두고 하나님이 송요한을 통해 중국에 있는 당신의 백성을 준비시키신 것이 분명합니다!"

각성한 교회

타일랜드를 방문하기 위해 방콕으로 출발하자마자 곧 일본과의 전면전이 시작되어 해외여행이 불가능해졌다. 이런 상황은 1938년 봄까지 계속되었다.

이때의 방문은 개인적인 초청이어서 교회의 공식적인 후원은 없었다. 미국 장로교 선교부의 마거릿 맥코드 선교사는 타일랜드의 중국 교인들과 송요한을 기다리고 있었다. 대표들이 영접하기 위해서 배에 올랐다. 송요한이 나타났을 때 맥코드 선교사는 그의 모습에 깊은 인상을 받았다. 그는 홀쭉했으며 검은 눈에 웃음을 띠고 있었고 부스스 엉클어진 머리카락이 앞이마를 가리고 있었다.

그런데 대다수 선교사는 그에 대한 놀라운 소문에 큰 감명을 받지 않았다. 오히려 혼란스러운 심정으로 송요한을 바라보았다. 그러나 중국인 그리스도인들은 그를 따뜻하게 영접했다. 송요한은 집회 기간에 분 마크 키테산 목사의 집에 묵게 되었다.

방콕 집회는 그로스벡 박사가 세운 큰 침례 교회당에서 열렸다. 한 달 내내 송요한은 하루 두 번 설교했는데 아침 집회는 그리스도인, 저녁 집회는 불신자가 대상이었다. 평균 천 명이 참석했는데 700명 정도가 회심했다. 회심자 가운데는 집회가 열린 교회의 담임 목사 부부도 있었다. 12명 정도는 여생을 주님의 사역에 자신을 바치기로 결단했고 약 200명의 성도가 70개의 전도대를 결성하여 일주일에 한 번 이상을 복음 전파에 헌신하기로 했다. 그들은 한 달에 한 번씩 모여 서로의 경험을 공유하고 정기적으로 연합하여 전도 집회와 헌신 예배를 드렸다.

타일랜드 선교사의 보고에 의하면 이 전도대는 1954년인 지금도 활동하고 있다. 맥코드 선교사는 타일랜드의 중국 그리스도인이 일찍이 이렇게 각성한 적이 없었다고 회상했다. 하나님께 부흥을 구했던 지난 30년간의 기도의 응답이었다고 했다. 집회를 마치고 15년이 지난 후에도 선교사들과 중국인 신자들이 집회 기간의 축복을 회상할 때마다 그들의 마음은 뜨겁게 불타오르고 있다고 했다.

기이한 전도자

송요한은 타일랜드에서의 집회가 끝나고 한 달 후에 인도차이나 지역을 방문했다. 중국인과 베트남인이 함께 집회에 참여하였다. 여느 때와 같이 송요한은 통역을 통해서 영어와 만다린어를 섞어서 빠른 속도로 말을 했다. 광둥어를 사용하는 목사가 있었는데 그는 통역을 맡을 마음도 없었고 자신은 통역자로 부적합한 사람이라고 생각하고 있었다. 할 만한 다른 사람이 있었지만, 송요한은 그가 꼭 맡아야 한다고 고집했다. 송요한은 머뭇거리는 이 예비 통역자에게 이렇게 이야기했다. 통역자가 평생 듣기 어려운 무서운 격려의 말이었다. "죽기를 두려워 마십시오!" 송요한은 비록 몸은 약했지만,

자신을 무자비하게 혹사할 뿐 아니라 다른 사람도 그에게 보조를 맞추라고 요구했다.

이 위대한 전도자를 처음 본 사람은 수수한 옷차림과 강단에서의 꾸밈없는 태도에 놀라지 않을 수 없었다. 송요한의 경우에는 이런 면을 너무 개의치 않아 문제였다. 겉으로 보기에 전혀 학자 같지도 설교자 같지도 않았다. 다른 사람이 잘난 체하거나 자기를 내세우는 것을 두고 보지 못했고 자기 자신도 허세를 부리지 않으려고 극도로 조심스럽게 처신했다. 예의상 하는 말들을 혐오했다. 상냥함은 눈을 씻고 봐도 없었기 때문에 만약 설교에서 비상한 능력을 나타내지 않았다면 분명히 그는 사람들에게 반감을 일으켰을 것이다.

집회와 집회 사이에도 쉬는 법이 없었다. 늘 사역의 무거운 부담을 느끼고 있었기 때문에 그의 삶은 긴장의 연속이었다.

사이공(호치민) 집회에서 송요한의 기벽이 드러났다. 복음서의 사건을 실연해 보이면서 실제로 옆에 있는 통역자에게 침을 뱉어버렸다. 서양과 마찬가지로 중국에서도 이런 행동은 심한 모욕이었다. 이 일로 통역자가 얼마나 당황했겠는가! 한번은 이런 일도 있었다. 집사 한 사람이 특정한 기도제목을 말하라는 요청에 응하지 않자 중국 사람이 중시하는 그 집사의 체면을 구겨버렸다. 집사의 실명을 거론하며 이렇게 빈정거렸다. "당신은 주님께 기도할 필요가 없군요. 모든 삶의 영역에서 이미 승리하셨으니 이제 앞으로 나와 기도제목 대신에 승리의 간증을 들려주시죠!" 또 한 번은 이런 일도 있었다. 사역자들에게 특별기도를 원하는 사람은 쪽지에 자신의 이름을 써서 제출하라고 요청했다. 그런데 그중 한 쪽지에 대해서는 보지도 않고 위선자라고 정죄하면서 기도를 거절했다. 그런데 알고 보니 그 사역자는 타락한 사람이었다.

이처럼 송요한은 위선과 교만을 묵인하지 않았다. 육체와 타협하는 어떤 것에 대해서도 강하게 대적했다. 누구도 이러한 정죄에서 벗어날 수 없었다. 송요한 앞에서 성령을 따르는 자에게는 진보가 있었고 성령을 거역하는 자는 더욱 강퍅해졌다.

사이공의 교외에 있는 촐론의 중국인 교회는 송요한의 방문을 따뜻한 감사의 마음을 가지고 회상하였다. 당시에 많은 성도가 영원한 복을 받았고 그 영속적인 결과로 교회는 아직도 증인의 역할을 감당하고 있다. 그때 조직된 전도단이 오늘날도 활발하게 전도하고 있다. 잠깐 송요한의 방법과 버릇까지 흉내 내려고 하는 자들이 있었으나 그들은 능력이 없는 비결 같은 그런 것들은 전혀 쓸모없다는 것을 곧 깨달았다.

겸손해지다

송요한은 1938년 여름에 중국의 남서부 지역을 단 한 번 방문했다. 중국 내지선교회의 멧카프 선교사는 송요한의 방문을 이렇게 증언했다. "윈난 성의 성도인 쿤밍의 교회가 이토록 각성한 적이 없었습니다. 리수족 세 사람이 집회에 참석했습니다. 그들이 돌아가서 리수족 교회를 각성시켰습니다. 성령이 역사하고 계십니다. 진정한 죄의 고백 후에 잃어버린 영혼에 대한 새로운 열정이 계속해서 뒤따르고 있습니다."

아름다운 도시 다리는 중국의 스위스라고 불리는 지역의 한가운데 있었다. 이곳의 소수민족과 티베트인은 시장 교역을 통해 중국인과 자주 교류하고 있었다. 송요한의 방문 결과 전도대가 조직되어 시골 지역에 복음을 전했다. 하지만 남서부지역은 부흥을 맞이할 준비가 되지 않은 것 같았다. 그런데 송요한은 이곳에서 자신 이상으로 희생하며 하나님을 섬기는 사람들을 보게 되었다. 아마 이것이 그가 더욱 겸손하게 된 이유일 것이다. 송요한이 상하이로 돌아왔을 때 친구들은 이런 말을 했다. "그는 지금은 훨씬 더 겸손해졌습니다! 심지어 시골 목사가 되겠다는 말까지 하고 있습니다!"

한번은 친구와 담소를 나누며 이런 고백을 하기도 했다. "나보다 훨씬 더 훌륭한 사람이 많다네. 나는 성경강해로는 워치만 니보다 못하고 설교자로서는 왕 밍다오에 미치지 못하고 작가로는 바커스 쳉과 비교할 수 없고 찬양 인도자로서는 티모시 차오보다 부족하네. 나는 알프레드 초우의 인내심도 없고 공인으로서 앤드루 기가 가진 사회성도 지니지 못했네. 내가 이 훌륭한 분들과 비교할 수 있는 점이 있다면 내 육신과 능력의 마지막 남은 한 터럭까지도 남김없이 드려 주님을 섬기는 것뿐이라네!"

회개의 선지자

송요한이 언급한 이 모든 사람은 하나님이 일으켜 세우신 그 시대의 증인이었다. 송요한은 그들 모두를 존경했으나 권면해야 한다고 생각할 때는 서슴없이 직언했다. 티모시 차오 목사가 일본의 침공을 피해 중국을 떠나 남양 지역으로 가기로 했을 때 송요한은 이렇게 훈계했다. "중국은 침략의 고통을 당하고 있습니다. 우리는 동포를 위로하기 위해 이곳에 머물러서 이들을 도와야 합니다. 당신이 하나님이 지명하신 사역지를 떠나 남양 지역의 평안한 삶을 찾아간다면 하나님은 틀림없이 당신을 징계하셔서 다시 불러오실 것입니다."

송요한이 말한 대로 일본은 전선을 자바 섬 일대까지 확대하여 그곳으로 도피한 사람들의 고통은 극심했다. 전쟁이 끝난 후 티모시 차오 목사는 상하이로 돌아왔고 그는 결국 송요한의 경고와 예언이 이루어졌다는 것을 알게 되었다.

뉴만 시 목사도 송요한이 많이 변했다는 것을 알게 되었다. 송요한이 상하이로 돌아온 직후인 1938년 8월에 두 사람이 만났는데 이전과 다른 겸손하고 조용한 태도에 시 목사는 깊은 감명을 받았다. 송요한이 이렇게 말했다고 한다. "저는 이제는 강단에 서서 사람들을 꾸짖고 싶지 않습니다. 오히려 이제는 성도들을 세우고 격려하고 싶습니다. 당신이 알다시피 시대가 변했습니다. 이제 고난의 시대에 접어들었습니다. 지금은 오히려 격려가 필요한 시대입니다."

송요한에게 성령의 능력이 너무나 충만하다는 것을 모두가 인정했기에, 기이한 행동과 성급함과 누가 보아도 알 수 있는 퉁명스러움과 죄에 대한 날카로운 지적조차도 사람들의 애정을 떨어뜨리지 못했다. 수많은 사람이 송요한을 광야의 소리요 하나님이 보내신 사자로 알고 사랑하고 따랐다. 중국어가 사용되는 곳이면 어느 곳에서나 송요한의 이름이 오르내렸고 수많은 사람이 그를 통해서 내리신 하늘의 양식을 행복한 추억으로 간직하고 있었다.

15년 전에 중국의 집회에서 회심하고 지금은 필리핀에서 주의 일을 하는 한 자매가 있다. 필자는 송요한의 전기를 쓰기 위해 그를 인터뷰한 일이 있다. 그녀는 송요한의 이름을 듣자마자 먼 곳을 바라보듯 눈동자가 일렁거리며 애정이 가득한 부드러운 목소리로 외쳤다. "아~아! 송 박사님!"

이렇게 전 세계 중국 그리스도인의 마음 깊은 곳에는 그에 대한 감사의 기억이 남아 있다. 송요한은 그들에게 중국 교회의 회개를 위해 하나님이 일으키신 중국의 세례 요한이었다.

21. 번제가 되다

1938-1939

> 일본 점령기에 많은 교계 지도자가 체포되어 옥살이했다. 몇몇은 변절했지만, 대다수는 결코 뒤로 물러나지 않았다. 부흥의 결과였다.

1938년, 여름의 더위가 가시고 송요한은 다시 남양 지역 네 번째 사역을 위해 싱가포르로 갔다. 이번에는 10일간의 큰 집회가 마련되어 있었다. 이전 집회와 마찬가지로 말씀에 성령의 뜨거움과 능력이 뒤따랐다. 51개의 새로운 전도대가 결성되어 이제 183개의 전도대가 활동하게 되었다.

송요한의 수고가 조직체의 형태로 가장 오랫동안 남아 있는 곳이 싱가포르였다. 그리스도인 연맹이 설립되었고 이른바 황금고리 성경학교도 1937년 5월 14일에 개교했다. 이 성경학교는 레오나 우와 응펙 루안이 함께 설립하였는데 송요한의 부흥 사역의 열매를 보존하고 전임 사역자로 헌신한 젊은 그리스도인을 훈련하기 위한 것이었다. 레오나 우는 그리스도인 연맹의 대표로 설립 당시부터 지금까지 섬기고 있다.

11월 13일과 14일 양일에 걸쳐 요한계시록 3장 7절부터 11절과 고린도후서 5장 14절의 말씀을 전했는데 그 제목은 각각 "볼지어다 내가 네 앞에 열린 문을 두었으되"와 "그리스도의 사랑이 우리를 강권하시는도다"였다. 두 번의 기억할만한 설교를 남기고 쿠알라룸푸르르 떠났다.

주석 채굴의 중심 도시인 에포, 폐광을 활용해서 만든 아름다운 공원이 있는 옛 도시인 타이핑, 해안 도시인 시티아완과 피낭 섬에서 일련의 집회를 열었다. 이 지역의 교회들은 지금까지도 활력이 있다. 이 모든 것이 한 사람, 하나님의 종의 섬김에서 시작되었다. 오늘날, 이곳 어느 도시를 가나 송요한의 집회에서 그리스도를 구원자요 주님으로 모시기 전까지는 단지 자신은 이름뿐인 그리스도인이었다고 고백하는 사람을 만날 수 있다.

육신의 고통

주변 사람들이 위대한 전도자의 건강을 걱정하기 시작했다. 질그릇이 닳는 것이 보이기 시작했다. 사실 의료기록만 본다면 그는 중환자였다. 골반 부위의 결핵이 재발했고 심장도 약했다. 심각한 증상이 자주 나타나기 시작했다. 그런데도 자신의 힘을 남겨두는 법이 없었다. 하루 세 번, 할 수만 있다면 네 번을 설교했고 집회는 연이어 계속되었다. 그리고 남은 시간은 개인 상담에 할애했다. 극심한 통증도 집회 약속을 어기게 하지 못했다. 마지막 여정인 피낭에서는 야전 침대에 실려 강단에 올라가 누운 채 설교하기도 했다. 이미 죽어가는 것을 아는 듯했다. 강단에서 죽고 싶다고 자주 말했다.

1938년 여름에 상하이로 돌아왔다. 집에서 얼마간 휴식을 취할 수 있었다. 하루는 가족과 친분이 있는 여자 사역자 한 사람이 송요한을 위해 가끔 통역하였던 젊은 여성과 함께 집으로 찾아왔다. 송요한은 신문을 보느라 손님들을 쳐다보지도 않았다. 부인이 다과를 내왔지만, 신문 전체를 자세히 읽기 전에는 대화에 참여하지도 않았다. 송요한의 이런 행동이 많은 추종자를 놀라게 했다.

한번은 안후이 성 집회 중에 경험이 풍부한 전도자이며 성경 교사인 시 멩치 목사가 송요한을 찾아왔다. 집회 이후의 사후 양육 문제를 의논하기 위해서였다. 그들은 초면이었다. 송요한이 문가에 나왔을 때 그는 송요한인 줄 모르고 공손하게 물었다. "송 박사님 계십니까?" 퉁명스러운 대답이 돌아왔다. "내가 송요한이요! 무슨 일로 오셨소?" 시 목사가 찾아온 용건을 말했으나 전혀 예상치 못했던 차가운 대답을 들어야만 했다. "사후 양육 문제는 내 일이 아니오. 그것은 하나님의 일이오!" 나이 많고 예절 바른 시 목사는 당황해서 사과하고 급히 자리를 뜰 수밖에 없었다.

이런 태도 때문에 사람들은 그를 비난하기도 하였다. 그러나 우리는 이러한 비난을 하기 전에 그가 계속해서 악화하는 육신의 고통 속에 살아가고 있었다는 사실을 잊으면 안 된다. 극심한 고통과 예민한 기질은 그를 평생 따라다녔고 그를 평생 힘들게 했다. 전반적으로 그의 생애 전체를 놓고 볼 때 우리는 오히려 사람에게 예절 바른 것과 하나님을 경외하며 섬기는 것에 대해 깊이 생각해 보아야 한다. 우리는 사람에게 신경 쓰는 만큼 하나님의 시선을 의식하는가!

시련을 위한 준비

타일랜드에서 긴급한 요청이 왔다. 이번에는 비중국인 교회를 위한 방문이었다. 그래서 1939년 1월, 송요한은 다시 가족과 작별하고 방콕으로 떠났다. 거기서 그는 장로교 선교회의 맥코드 선교사의 집에 머물렀다. 다른 손님으로는 밍테팡 씨와 첫 번째 방문 때에 송요한에게 숙소를 제공했던 분 마크 키테산 목사가 있었다.

타일랜드에서 두 번째로 큰 도시이며 북쪽의 철도 종착지인 치앙마이와 역시 북쪽에 있는 람빵을 방문했다. 그다음에는 나콘빠톰과 펫차부리를 방문했다. 집회 방식은 첫 번째 방문과 같았고 기대했던 그런 결과가 따랐다.

분 마크 키테산 목사는 송요한의 소박한 옷차림과 처신이 즉각적으로 시암 그리스도인의 마음을 끌었다고 회상했다. 그러나 분 마크 목사에게 감명을 준 것은 다름 아닌 그의 삶이었다. 그는 말을 최대한 절제하고 메시지는 많이 전하면서 기도는 더 많이 하는 사람이었다. 메시지는 항상 회개를 외치며 복음을 단순하게 전하는 것이었다. 그런데도 사람들은 깊은 죄책감으로 울부짖었고 많은 사람이 회심했다. 중국에서 있었던 병 고치는 기적이 타일랜드에서도 계속되었다.

분 마크 목사의 말에 의하면 시각장애인이 보고 지체장애인이 똑바로 걷고 언어장애인이 말하며 각종 질병이 치유되는 일이 있었다고 한다. 그는 이러한 일이 실제로 일어났으며 치료의 효과는 영구적인 것이었다고 증언했다.

송요한 방문 전, 1915년부터 1935년까지 20년 동안에 타일랜드의 장로교인 수는 8,000명에서 7,000명 이하로 감소했다. 그런데 송요한의 사역 후 2년 동안에 그 수는 9,000명으로 늘어났다. 일본 점령기에 많은 교계 지도자가 체포되어 옥살이했다. 몇몇은 변절했지만, 대다수는 결코 뒤로 물러나지 않았다. 부흥의 결과였다.

그런데 송요한의 사역이 시암인 교회에는 중국인 교회에 준 것과 같은 큰 영향을 주지는 않았다. 그래서 전쟁 기간에는 몇몇 독립교회의 경우를 제외하고는 시암인 교회의 전도 활동이 중지되었다. 그러나 분 마크 목사는 송요한의 활동을 이렇게 평가하였다. "그런데도 대부흥의 기억은 오늘날까지 많은 사람의 가슴에 남아 있습니다. 송요한을 보내주신 하나님께 감사드립니다. 그분은 하늘나라에서 가장 행복한 사람이 분명합니다. 왜냐하면, 그는 계속해서 많은 영혼을 인도해서 천국으로 들어갔기 때문입니다. 천국으로 들어간 모든 사람이 하나님께 감사드릴 것입니다. 그리고 송요한에게도 감사할 것입니다. 할렐루야, 아멘!"

1940년에 맥코드 선교사는 미국에 있었다. 거기서 볼티모어에서 박사후 과정을 밟고 있는 한 타일랜드인 박사를 만났다. 일본과의 전쟁이 발발하여 타일랜드가 침공을 당한 상황이었다. 맥코드 선교사는 박사에게 물었다. "타일랜드 교회가 이 전쟁에서 살아남을 수 있다고 생각하십니까?" 박사는 대답했다. "당연하지요. 모든 것이 송 박사님 덕분이지요!"

22. 송요한의 땅 끝

1939

> 송요한이 어린양의 생명책에 그 이름이 아직 기록되지 않은 모든 사람을 경고하고 있던 그때 청중들은 분명히 알 수 있었다. 송요한이 얼마나 그의 주님을 만나 뵐 것을 고대하고 있는지를!

1938년 말까지 일본군대가 화둥지방을 통제했다. 연안 교통도 정기적으로 운행되었고 국제 운송도 정상적이어서 상하이와 톈진으로도 배가 들어왔다. 하지만 내륙으로 전도 여행을 꾀하는 것은 무리였다.

부친의 임종 때에 본 환상이 실제로 이루어진다면 송요한에게 남겨진 시간은 이제 2년밖에 없었다. 그런데 아직도 그가 방문한 적이 없는 환태평양의 방대한 지역에는 수많은 중국인이 살고 있었다.

그중 하나가 네덜란드령의 동인도였다. 네덜란드의 통치하에서 이 지역은 정치적 안정을 누리며 6,000만 명의 주민이 거주했다. 말레이 사람 대부분은 이슬람교도였지만 자바, 수마트라, 보르네오, 술라웨시, 발리, 소순다 열도에 걸쳐 수많은 중국인 거주지가 있었다. 중국인 일부는 말레이인과 결혼해서 말레이의 언어와 풍습을 받아들이고 살았다. 이들을 페라나칸(쁘라나깐)이라 불렀다. '이 나라의 자녀'란 의미였다. 최근에 중국에서 이주한 사람들은 신케라 불렸는데 '새 손님'이란 뜻이었다. 이들은 인도네시아 말을 잘 사용하지 않았고 자신의 풍습을 유지하고 있었다. 동인도의 중국인들은 부지런하고 수완이 좋아서 상업에서 두각을 나타냈다. 많은 부가 그들의 손에 쥐어져 있었다. 그중 5,000명가량이 그리스도인이었다.

바타비아(자카르타의 옛 이름), 쿠더스(꾸드스), 방길, 마카사르, 서부 자바, 뉴기니 등의 교회에는 뛰어난 중국인 지도자들이 있었고 바타비아의 고등 성경학교에는 중국인 학생들이 있었다. 네덜란드 선교사 연맹은 여러 해 동안 중국인을 대상으로 선교 활동을 해왔고 그 결과 중국인 어린이를 위한 50개가량의 학교가 여러 섬에 흩어져 있었다. 중국어를 사용하는 교회는 중국에서 교역자를 모셔왔고 그들은 중국의 교회 조직과 긴밀하게 연결되어 있었다. 이것이 송요한의 동인도 방문이 가능했던 이유였다.

송요한은 그의 남은 힘을 동인도의 중국인을 위해 쏟아부었다. 그때 복음 진리의 씨앗은 충실하게 뿌려졌고 지금 그곳에서는 엄청난 수확을 하고 있다.

수라바야에 뿌려진 씨

송요한은 싱가포르에서 항공편으로 첫 번째 방문지인 자바로 이동하여 1939년 2월에 수라바야에 도착했다. 중부 자바의 네덜란드 선교사인 코넬리 바르브 양은 집회에 처음부터 끝까지 참석하게 되었다. 그녀는 처음에 중국에서 집회에 참석했던 친구의 말을 미심쩍게 생각했고 송요한에 대한 평가가 과장되었다고 생각했다. 그러나 친구의 설득으로 자와티무르의 큰 항구도시에서 열린 첫 집회에 참석했다.

집회는 평일에 열렸는데 온 교회가 중국에서 온 귀한 손님을 환영했다. 그녀의 눈앞에는 마른 체구에 값싼 천으로 된 흰색 두루마리를 입은 평범한 남자가 서 있었다. 사람들이 이야기 한 대로 한 타래의 머리가 앞이마를 가린 모습이 특이했다. 두 명의 통역자가 송요한의 옆에 서 있었는데 한 명은 말레이어로 다른 한 명은 지방 방언으로 통역했다.

청중은 송요한이 지은 "뿔랑라, 뿔랑라!"라는 곡을 금방 말레이어로 따라 했다. "집으로 오라! 속히 집으로 오라! 하나님의 품은 열려 있으니, 당신이 온다면 맞아 주시리! 속히 집으로 오라!" 송요한은 청중을 일어나게 하고 개인적으로 큰 소리로 기도하면서 하나님의 축복을 구하게 했다. 이곳 장로교 신자들에게는 생소한 기도 방법이었기에 한 문장 한 문장 자기를 따라서 기도하게 했다. 성경책을 가져오지 않은 신자도 있었는데 다음 시간에는 꼭 가져오도록 당부했고 없는 사람은 사라고 했다.

설교는 누가복음 15장의 잃은 양 비유였다. 본문을 읽고 나서 첫 문장에 귀를 기울이도록 요청했다. "모든 세리와 죄인들이 말씀을 들으러 가까이 나아오니" 송요한은 설교의 대가답게 성경의 이야기를 그림으로 극화해서 칠판에 그림을 그려가며 한 절 한 절 자세히 풀어서 설명했다. 이따금 "뿔랑라, 뿔랑라!"를 합창하며 이야기를 이어갔다. 성경의 잃어버린 양은 송요한의 재미있는 이야기를 통해서 흔히 볼 수 있는 이웃으로 탈바꿈했다. 멋쟁이 신사, 예쁘게 차려입은 숙녀, 뚱뚱한 사업가, 유흥가를 드나드는 사람, 점잖게 차려입고 교회에 가는 위선자. 송요한의 해학으로 청중은 웃음을 터뜨렸다.

그러다가 갑자기 메시지를 청중에게 개인적으로 적용하기 시작했다. 한 사람 두 사람 손을 들기 시작했다. 점점 그 수가 늘어났다. 누구도 성령의 책망을 피해갈 수 없었다. 마침내 모든 사람이 무릎을 꿇고 죄를 크게 뉘우치기 시작했다.

큰 감동이 있었고 송요한은 복음 메시지를 빠짐없이 전달하려면 모두 22번의 집회가 필요하므로 모든 집회에 빠짐없이 참여하라고 권면했다. 그렇게 하지 않으면 하나님이 자신에게 주신 메시지를 놓치게 될 것이라고 경고했다.

지역 주민들은 오후와 저녁 집회는 가능하지만, 아침에 모이는 것은 불가능하다고 항변했다. 하지만 송요한은 자신의 주장을 굽히지 않았다. "저는 일주일 후면 떠나야 합니다. 하지만 제게 주신 메시지를 남김없이 전해야만 합니다. 어떻게든 한 주간 안에 모두 전해야 합니다. 하나님의 메시지를 구겨 넣듯 할 수는 없지 않습니까!"

결국, 송요한이 이겼다. 장사로 먹고사는 중국인들이 상점문을 모두 닫고 오전 집회부터 참석하기로 했다. 놀라운 일이었다. 말씀에 대한 갈급함은 사람이 불러일으킬 수 없는 법이다. 이러한 것이 바로 기적이며 하나님이 일하시는 진정한 증거가 아니겠는가!

두 번째 설교는 보혈의 능력에 관한 것이었다. 누구도 송요한처럼 그리스도의 십자가를 생생하게 전할 수는 없을 것이다. 송요한은 그리스도께서 십자가에 달리시는 장면을 경외하는 마음으로 생생하게 전했다. 장엄한 침묵이 청중을 덮었다. 회중은 자신의 죄를 대신해서 그리스도께서 십자가에서 돌아가시는 것을 생생히 보았다. 예수가 당한 형벌은 모두 자신이 받아야 할 것이었다.

잊을 수 없는 설교 중의 하나는 고린도전서 13장에 대한 것이었다. 송요한은 자신의 과거와 그리스도의 무한한 사랑을 대조했다. 그리스도의 사랑은 특별하였고 오랜 고통을 참으시는 것이었고 충만한 자비였다. 그것은 그가 경험한 바로 그 사랑이었다. 그래서 자신은 그리스도의 십자가만을 자랑할 수밖에 없다고 했다.

"우리의 자기 과시와 그분의 침묵 사이에는 건널 수 없는 깊은 심연이 있습니다. 우리의 자랑과 그분의 겸손, 우리의 허영과 그분의 단순함, 우리의 자기 중심성과 그분의 자기 부인, 우리의 타인에 대한 의심과 그분의 우리에 대한 신뢰, 우리가 타락한 자들을 보며 느끼는 자기 의와 그분의 죄인을 향한 슬픔, 그 사이에는 우리가 건널 수 없는 깊은 심연이 있습니다.

그렇습니다! 우리 각자는 십자가에서 죽어야만 했습니다. 하지만 그리스도께서, 온전하시고 흠도 없으시고 죄도 없으신 바로 그분이 우리를 대신해서 십자가에 달리셨습니다!"

하루 세 번 메시지를 전했다. 각 집회는 두세 시간이 걸렸다. 중생, 회개,

성령의 열매, 생수, 재림, 예배와 같은 주제로 말씀을 전했다. 성령의 권능이 외과 의사처럼 내면의 숨겨진 동기를 파헤쳐서 드러내었다. 인간의 보편적 욕구라고 생각되었던 것이 제거되어야 할 죄로 드러났다. 집회 때마다 하나님에게 회개할 뿐만 아니라 사람에게도 용서를 빌 기회를 주었다. 원상회복이 계속해서 강조되었다. 모든 잘못은 바로잡아야 했다. 모든 관계는 회복되어야 했다. 죄에 대한 자백과 버리겠다는 결단 이후에 그리스도를 믿음으로 영접하고 성령을 모시는 일이 일어났다.

개인적인 만남을 가질 시간도 여력도 없었지만, 송요한은 편지를 받겠다고 공지했고 받은 편지들은 꼭 개인적으로 회신했다. 그리고 회심자에게 사진과 간증을 함께 보내주면 기도하겠다고 약속했다. 서신을 읽고 답장을 쓰느라 매일 늦은 시간에 잘 수밖에 없었지만, 송요한은 새벽 네 시나 다섯 시면 일어나서 무릎을 꿇고 성경을 읽고 기도하였다. 그의 통역을 맡았던 성서공회의 예친신 목사가 이것을 증언해 주었다.

성령 충만을 예시하기 위해 숯불 난로를 연단에 올려놓기도 했다. 시커멓고 차가운 숯 조각들은 교인에 비유되었다. 특별히 큰 숯들은 당연히 목사들이었다. 그 숯들이 시뻘겋게 타오르기 위해서는 반드시 불 속으로 들어가야 한다! 물론 크고 자만심이 강한 목사가 불이 붙기 위해서는 다른 사람보다 더 오래 걸리는 법이다! 그는 이런 말을 대놓고 하는 것을 꺼리지 않았다. 성령의 능력이 없는 사람을 깨끗한 생수를 담을 수 없는 더러운 물통으로 설명하기도 했다.

많은 설교자가 지금까지도 그가 즐겨했던 비유를 사용하고 있다. 그런데 설교자가 성경 읽기와 기도가 바탕이 되지 않은 채 같은 비유를 사용한다고 해서 그에게서 성령의 능력을 기대할 수는 없을 것이다. 교회 장의자에 앉은 평신도뿐만 아니라 목사와 장로들은 온전히 드려지지 못한 마음, 세상적인 삶, 능력이 없는 기도가 오순절의 성령의 권능을 그들로부터 강탈해가고 있다는 것을 알아야 했다.

송요한은 온전히 회개한 후에 성령의 충만을 원하는 사람은 누구에게나 안수해 주었다. 바르브 선교사는 이 장면을 기쁨과 거룩한 열정이 파도처럼 청중을 휩쓰는 것으로 묘사하였다. 송요한은 이렇게 생긴 열정이 제대로 쏟아부어 지기를 원했다. "그리스도가 아닌 열정을 추구하는 시대가 되고 말았습니다. 그러나 여러분의 뜨거움은 한낱 감정으로 낭비되어서는 안 됩니다. 그리스도를 알지 못하는 수많은 사람이 여전히 여러분 곁에 있습니다. 누가 그들에게 가서 전하겠습니까? 당장 당신이 가야 하지 않겠습니까!"

엄청난 반응이 있었다. 즉시 세 사람으로 이루어진 전도대들이 조직되었다. 빨간 십자가가 그려진 삼각형 깃발을 만들고 전도대 별로 번호와 이름이 신속하게 부여되었다. 바로 다음 날 수많은 전도대가 이웃에게 복음을 전하기 위해 병원으로 학교로 흩어졌다. 전도가 끝나고 모여서 그 결과를 서로 보고했다. 그렇게 자바의 첫 번째 전도단이 조직되었다.

송요한은 다음에 다시 돌아와서 자바의 모든 전도대를 위하여 10일간의 훈련 과정을 개설하겠다고 약속했다. 만약 모든 참가자가 들어갈 만한 큰 건물이 없다면 특별한 건물을 지으면 될 터였다.

수라바야를 떠나기 전에 송요한은 환자를 위한 기도회를 열겠다고 공지했다. 집회에 사흘 이상 참석한 사람들만 목사의 사인을 받아 참석하게 하였다. 집회가 시작되기 오래전부터 엄청난 인파가 몰려들기 시작했다.

송요한은 야고보서 5장 14절부터 16절까지의 본문으로 설교를 시작했다. 그는 손으로 자신을 가리키며 말했다. "여기 교회의 '장로'가 있습니다. 저는 아무 능력이 없지만 주 예수의 이름으로 여기에 서 있습니다. 제 손에 무슨 신비한 능력이 있다고 생각하지 마십시오. 저를 주목하지 마시고 제 옆에 계시는 주님만 바라보십시오. 저는 종일 뿐입니다."

그는 다시 누가복음 7장 22절과 마가복음 16장 18절을 인용하며 이렇게 말했다.

"제가 항상 이런 믿음을 가지고 있었던 것은 아닙니다. 믿음의 승리를 얻기 위해서는 격렬한 투쟁이 있었습니다. 중국에 돌아와서 처음 병자를 위해서 기도할 때에 저는 기도를 마치고 '아멘'이라고 큰 소리로 말했는데도 눈 뜨기가 너무나 두려웠습니다. 주께서 진정 내 기도를 들으셨을까? 나 혼자만의 주제넘은 확신은 아닐까? 단순하게 믿고 있는 이 사람들 가운데 사기꾼처럼 서 있는 일은 피했어야만 했는데! 오, 여러분! 제가 이런 의심을 했다는 것이 얼마나 부끄러운지요! 그런데도 놀라운 능력이 임했고 병이 나은 사람들의 찬양과 감사로 집회 장소가 진동했습니다.

저는 여러분이 모두 치유될 것이라고 보장할 수 없습니다. 주님도 모든 환자를 치유하시지는 않습니다. 예수님이 이 땅에 계실 때도 모든 환자를 다 고쳐 주시지 않았습니다. 그렇다면 주님의 미천한 종인 저는 더하지 않겠습니까!"

환자들은 걸어서 가거나 들려서 강단으로 나갔다. 송요한은 무릎을 꿇고 기름을 바르고 병마를 향해 물러가라고 명령했다. 같은 날 오후에는 찬양집회가 열렸다. 거기에서 치유를 받은 사람들의 간증이 있었다. 바르브 선교사가 살던 마을에서 온 어떤 여자는 각종 심한 질병에 시달리고 있었는데 깨끗하게 치유되어 그녀의 가장 인정받는 동역자가 되었다.

송요한의 집회에 참여한 사람은 모두 강단에서 흘러나오는 뜨겁고, 희생적이고, 지치지 않는 사랑을 처음으로 경험하였다. 설교자와 청중 사이에 애정 어린 유대감이 형성되고 있었다. 송요한은 가슴으로 임신해서 복음으로 출산하는 진정한 영적인 아버지와 같은 사람이었다.

   수라바야에 남겨진 중국인 그리스도인과 선교사들은 송요한이 돌아오겠다는 약속을 마음에 소중히 간직하고 어떤 경우에도 정상적인 그리스도인의 삶을 살아내기로 굳게 다짐하였다. 성령과 기쁨이 충만한 그런 삶이었다. 이전에는 그들의 빈약한 삶이 비정상인지도 모르고 살아왔으나 이제는 모든 것이 이전과 같지 않았다.

   비슷한 집회가 마디운과 수라카르타에서 열렸다. 이 쌍둥이 도시는 자바의 문화적 중심지였다. 그다음에는 서쪽의 아름다운 분화구로 둘러싸인 반둥에서 그리고 마지막으로는 네덜란드 식민통치의 행정 수도였던 바타비아에서 집회를 열었다. 집회는 2월 내내 쉴 새 없이 열렸다. 몇몇 큰 도시에서는 1,000명 이상이 참석하였는데 수라바야에서와 같은 축복이 쏟아져 내렸다.
   바타비아에서는 오래된 포르투갈인 교회에서 모였는데 매일 밤 2,000명의 청중으로 가득 찼다. 46개의 성경공부 모임이 만들어졌고 450명의 성인이 회심하였다. 반 도른 박사는 이런 기록을 남겼다. "이러한 일은 웨일즈 부흥 때나 있던 일이다!"

   송요한의 몸은 쇠약했고 심장의 통증도 계속되었고 새로운 질병의 징후가 나타나고 있었다. 네덜란드 선교사들은 이런 사람이 빡빡한 일정의 여행과 많은 일을 끈질기게 해내는 것을 보고 놀라움을 금할 수가 없었다.

   1939년 3월이 가까워졌을 때 급하게 상하이로 돌아왔다. 5월에는 다시 싱가포르로 가서 황금고리 성경학교의 제1회 졸업식에 참석했다. 같은 기간에 그는 말레이시아와 피낭으로 가기 전에 복음 전도단의 400명의 지도자를 위해 이틀간의 집회를 열었다.

바타비아에서

1939년 8월에는 약속했던 대로 인도네시아를 다시 찾았다. 이번에는 포르투갈 교회가 있는 수도인 바타비아에서 집회를 열기 시작했다. 이번에도 지난번과 같은 열광적인 참여가 있었다. 전체 증국인 지역사회가 떠들썩했다. 집회에 빠지는 사람을 찾아보기 힘들 정도였다.

보고르 교외의 멋진 집에 살고 있던 한 부자는 그리스도인이 아니었는데도 송요한에게 푹 빠져 사람을 통해 개인적으로 송요한을 만났다. 그는 송요한에게 많은 액수의 돈이 들어있는 상자를 선물이라고 하며 건넸다. 송요한의 사역에 큰 도움이 될만한 돈이었다. 하지만 송요한은 그가 회심하지 않은 사람임을 한눈에 알아보았다. 송요한은 그 부자의 감정이나 예절은 전혀 배려하지 않고 선물 상자를 집어 던져버렸다. 그리고는 그를 붙잡고 간곡하게 회개하고 주께 돌아오라고 권고했다. 이 일은 송요한이 돈에 전혀 관심이 없음을 보여준다.

그가 묵고 있던 숙소의 주인이 복음 전도자로서의 성공의 비결을 물은 적이 있다. 그의 대답은 솔직하면서도 오늘날의 상황을 생각할 때에는 계시와 같은 것이었다. 오늘날 믿음의 사람을 수없이 넘어뜨리고 있는 그것이 대답에 담겨 있었다. "돈을 조심하세요. 여자를 조심하세요. 그리고 조심스럽게 주님의 인도를 따라가세요. 주님이 부르실 때는 기회도 함께 주십니다. 억지로 문을 열지 마세요!"

송요한이 이민 당국에 의해 며칠을 바타비야에 억류되는 바람에 보고르 집회의 시작 시간에 늦게 도착하게 되었다. 지난번 집회 때의 협소한 장소를 고려해서 이번에는 테니스 코트에 2,000명을 수용할 수 있는 대형 천막이 세워졌다. 베벌리 호 목사가 송요한이 도착할 때까지 대신 설교했는데 그는 1930년에 송요한의 집회에서 찬양을 인도했던 사람이었다.

그런데 송요한은 통역자를 마음에 들지 않아 했다. 그래서 그 자리를 호 목사가 대신했다. 송요한은 설교할 때 골반 쪽의 통증이 너무 심해서 어디에든 기대야 했다. 매번 집회가 끝나면 온찜질을 해야 했다. 그런 몸 상태로도 설교의 능력은 여전했다. 설교가 끝나고 결신 요청이 있을 때마다 많은 사람이 울며 강단으로 나아갔고 집회가 끝날 때까지 900명이 결신 명부에 자신의 이름을 올렸다.

송요한은 이제 열대 정원으로 유명한 보고르의 아름다운 도심을 떠나 북쪽 해안의 치르본(찌르봉) 항구로 갔다. 이곳은 관개가 잘된 비옥한 평야였다. 논에서는 사계절을 쉬지 않고 파종과 추수가 계속되고 있었다. 해안을 따라 좀 더 올라간 세마랑에서는 1,000명이 넘는 군중이 운집했는데 대부분 중국인이었다.

송요한은 다시 자바의 허리를 남쪽으로 가로질러 화산이 산재하고 있는 중부 자바와 욕야카르타(족자카르타)의 여러 도시를 방문했다. 그곳은 자바 고대 문명의 중심부였다. 그곳에는 힌두교와 불교의 대표적인 고대 유적인 프람바난(쁘람바난) 힌두 사원과 보로부두르 불교 사원이 있었다. 수라카르타도 다시 방문했다. 그곳에서도 많은 청중이 몰려들었다. 하지만 송요한의 이번 여행의 절정은 그가 다시 수라바야로 돌아왔을 때였다.

사역의 절정

수라바야에서는 9월 19일부터 29일까지 열흘간 훈련 학교를 열기로 하였다. 전도단 회원들을 모두 참여하도록 권고했다. 송요한이 거기 도착했을 때 큰 이슬람교 사원 옆 마을 중앙에 4,000명이 앉을 수 있는 거대한 대나무 임시 건물이 이미 세워져 있었다. 큰 확성기도 설치되어 있었다. 모든 교회가 참여한 조직위원회가 있었고 공장을 경영하는 한 그리스도인이 위원장을 맡았다. 자바의 각 도시에서 자원해서 온 2,000명의 전도단원이 아침저녁으로 모였다. 주제는 마가복음서였다. 낮 강의의 목적은 자바 곳곳을 다니며 복음을 전파하기로 서약한 500개의 새로운 전도단 회원들을 교육하는 것이었다. 밤 집회는 그 도시의 전체 중국인들을 초청해 복음을 전하는 목적으로 열렸다.

집회에 가서 송요한의 설교를 듣는 것이 하나의 유행처럼 번졌다. 지역 신문도 비중 있는 기사로 송요한의 집회를 다루었다. 전체 중국인 사회의 여론이 기독교에 대한 호감으로 기울고 있다는 내용이었다. 특히 젊은이들이 많이 회심하였다. 매일 밤 5,000명의 여러 언어를 사용하는 종족이 임시 건물에 모였다. 그리스도와 그의 십자가에 관한 단순한 메시지를 듣기 위해 그토록 많은 사람이 모인 것이다.

송요한의 메시지는 성경에 대한 것이 아니라 성경의 메시지 자체였다. 낮에는 성경을 한 장씩, 한 절 한 절 해석해 나갔다. 성화의 교리와 그리스도와 함께 자신을 십자가에 못 박는 것에 대해 자세히 설명했다.

항상 그의 강조점은 죄를 정직하게 처리하는 데 있었다. 집회 후에는 무릎 꿇고 스스로 질문할 것을 요구했다. "다른 사람의 소유를 훔친 사람은 손을 드십시오! 손을 내리십시오. 이제 아내나 남편과 다툰 사람은 손드십시오! 손을 내리십시오. 고용주를 속인 사람은 손드십시오! 손을 내리십시오. 이제 당신이 잘못을 저지른 사람에게 용서를 구하며 당신의 죄를 고백하시겠습니까? 약속하시겠습니까?" 기도가 뒤따랐고 사람들은 약속을 지키기 위해 뿔뿔이 흩어졌다.

송요한은 마지막 날 저녁에 그리스도의 재림을 선포하였다. 그러나 그 일이 있기 전에 신자에게 큰 환란이 있을 것과 전쟁이 평화로운 섬을 휩쓸 것이라고 경고하였다. 이후에 실제로 전쟁이 일어났고 신자에게 큰 환란이 닥쳤다.

송요한이 어린양의 생명책에 그 이름이 아직 기록되지 않은 모든 사람을 경고하고 있던 그때 청중들은 분명히 알 수 있었다. 송요한이 얼마나 그의 주님을 만나 뵐 것을 고대하고 있는지를!

늘 하던 대로 마지막 집회는 환자를 위한 기도회로 모였다. 사람들은 과잉 흥분이나 심리적인 흥분 없이 조용한 분위기에서 시각장애인, 지체장애인을 데리고 왔다. 몸이 불편한 자들과 병든 자들이 예수의 이름으로 하나님 앞으로 인도된 것이다. 환자들은 미리 등록했다. 치유가 이루어진 명백한 경우에는 공개적으로 간증하게 함으로써 도시의 모든 사람이 이를 인정하게 되었다.

반 훅스트라텐 박사와 힐데링 목사는 집회에 참석하고 깊이 감동하였다. 힐데링 목사는 수라바야에서의 처음 집회 때는 비판적인 청중에 지나지 않았지만, 송요한이 두 번째 돌아왔을 때는 송요한의 설교에 깊은 감명을 받고 집회에 전적으로 헌신했다. 그는 매우 바쁜 사람이었지만 어떤 것도 그의 집회 참석을 방해할 수 없었다. 그는 깊은 영적 갱신을 경험했고 많은 죄인이 회개하고 구주께 돌아오는 희열을 함께 나누었다.

사람들은 얼마나 집회에 열심을 가졌는지 자리를 확보하기 위해 아침 8시부터 밤 일곱 시까지 임시 건물에서 떠나지 않을 정도였다.

집회의 영향은 놀라웠다. 성경 판매가 놀라울 정도로 증가했기 때문에 성서공회가 먼저 그것을 감지할 수 있었다. 창고에 있던 중국어와 말레이어 성경이 동났다. 새로운 번역으로 된 말레이어 성경을 보내달라고 성서공회 본부에 신속하게 요청했다. 찬양집을 5,000부나 인쇄하였는데 바로 다 팔려버려서 새로 인쇄해야만 했다.

장기적인 영향으로는 교회의 회중이 증가했다. 몰려드는 회중을 감당하기 위해 교회 건물을 신축하거나 확장해야만 했다. 물론 목회자도 많이 필요하게 되었다. 자바에 주어진 하나님의 특별한 기회였다.

10년 후, 일본이 물러가고 몇 년이 지난 1949년에 바르브 선교사는 이렇게 썼다. "자바에 아직 교회가 건재한 것은 송요한이 가져다준 부흥의 축복 때문이라고 감히 말할 수 있습니다."

송요한은 중국인 교회에만 영향을 주려고 의도한 것은 아니었지만, 결과적으로 그렇게 되고 말았다. 송요한 자신이 중국인이었으며 중국인 지역사회가 그를 초청했다. 말레이 그리스도인들도 많은 집회에 참석하였지만, 말레이 교회 전체적으로 보면 그 영향이 적었다고 볼 수 있다. 그런데도 동부와 서부 자바에서 적지 않은 회심자들이 있었다.

술라웨시 섬에 있는 마카사르와 말루쿠의 암본에서 송요한을 초청했다. 9월 30일 수라바야 항구에서 출발을 앞두고 있을 때 수백 명의 그리스도인이 부두에 나와 그를 환송했다. 배가 항구를 빠져나갈 때 슬픔에 겨워 "잘 가세요!"를 외치는 소리와 계속되는 기쁨의 찬양이 어우러졌다. 송요한으로 인해 자바의 교회는 얼마나 큰 은혜를 입었던가!

마카사르에는 많은 중국인이 살고 있었고 두 개의 커다란 중국 기독교 단체가 있었다. 제프리 박사와 리랜드 왕 목사가 중국 해외 선교사 연맹의 첫 번째 본부와 중국 선교사 협회를 만든 곳이 바로 이 도시였다. 이 단체들은 인도네시아의 모든 섬에 흩어져 있는 중국인에게 복음을 전하기 위한 목적으로 설립되었다. 송요한은 따뜻한 환영을 받았고 이곳에서의 집회에도 많은 은혜가 있었다.

지키지 못한 약속

송요한은 마카사르에서 배로 말루쿠에 있는 암본으로 갔다. 이 지역은 오래전부터 네덜란드의 지배를 받았는데 대부분이 명목상의 그리스도인이었다. 충성스러운 군인 기질이 있는 암본족 교회는 선교적인 마음을 가지고 있었다. 암본은 본래 "향신료 섬"이라고 불렸는데 지금도 향신료로 쓰는 육두구 열매와 정향을 생산하고 있다.

그런데 송요한에 대해 편견을 가진 사람들이 나서는 바람에 말썽이 생겼다. 특히 몇몇 제직회원들이 하멜 목사를 비난했는데 송요한이 환자를 위한 기도회를 연다는 이유였다. 송요한은 하멜 목사의 전언에 이렇게 반응했다. "정말 애석한 일이군요! 그 집사님들을 위한 치유기도회를 열어야겠는데요!" 여러 가지 반대에도 불구하고 암본에서도 큰 역사가 일어났다.

교사로 일하는 한 젊은 여성이 집회를 마치고 힐더링 목사에게 보냈던 편지가 남아 있다.

"목사님, 다른 직업을 구하는 것에 대해 편지하려고 했는데 지금은 제 마음에 느껴지는 주님의 엄청난 사랑에 대해 말씀드리고 싶어요. 그분의 경이로운 사랑을 간증하고 싶어 못 견디겠어요. 이 귀한 진주를 송요한 박사님이 제게 주셨어요. 저에게만 준 것이 아니라 수백 명에게 주셨어요. 우리의 마음을 만지고 변화시켰어요. 송요한 박사님이 하신 것이 아니라 성령께서 하신 일이라는 것을 알아요. 하지만 송요한 박사님은 우리가 십자가와 주님의 보혈을 바라볼 수 있도록 도와주셨어요. 마치 송요한 박사님에게서 위대한 주님의 사랑이 뿜어져 나오는 것 같았어요. 집회 시작부터 마칠 때까지 그분으로부터 흘러나오는 생수를 목이 타는 듯이 계속 마셨어요.

12일간 송요한 박사님은 집회를 계속하셨는데 저는 학교를 마치자마자 달려가서 세 시부터 매일 참석했어요. 예수님은 얼마나 달콤한 분이신지요!

저는 마음 깊이 송요한 박사님과 같은 종을 보내주신 주님께 감사하고 있어요. 이제 입을 닫고 가만히 침묵하는 것은 불가능해요. 제 주변의 모든 사람에게 알리고 싶어요. 아침에 일어나는 것이 너무나 힘들었는데 지금은 다섯 시에 일어나 성경 읽고 기도하는 것이 전혀 힘들지 않네요. 주께서 저를 완전히 바꾸신 것 같아요. 이제 성경 읽고 기도하는 것이 너무나 좋아요. 새로운 피조물이란 말이 이해가 돼요. 제 마음은 계속해서 찬양하게 돼요.

'주님의 십자가 무한 영광일세!' 몰랐던 사람과도 거리에서 만나 서로 기뻐하며 송요한 박사님이 우리에게 가져다주신 그 보물을 나누게 돼요. 성령께서 우리 마음에 역사하셔서 서로의 인종이나 교파 따위는 잊게 돼요. 정말로 우리는 그리스도 안에서 하나가 되었어요. 송요한 박사님은 우리가 주님의 재림을 준비하게 하려고 오셨어요. 이전과 너무나 달라요. 이제 제 눈은 세상에 대해서는 감겨 있어요. 그리스도의 십자가에만 고정되어 있죠. 저의 구주 예수님을 증거할 거예요. 그분을 위해서 죽을 거예요."

어떤 독자는 이런 식의 반응이 불편할 것이다. 그러나 독자는 집회가 끝나고 동부의 모든 섬이 일본에 점령당했다는 것을 알아야 한다. 많은 선교사가 수용소에서 죽거나 처형당했다. 그런데도 오히려 더 많은 사람이 그리스도께 믿음으로 나아갔고 교회는 더 강해졌을 뿐 아니라 수적으로도 늘어났다.

전쟁 말기에는 교회에 대해 더 큰 위협이 가해졌다. 독립 내전 중에는 많은 중국인이 학살을 당했고 갖가지 핍박이 그들을 덮쳤다. 그 결과로 중국인 교회는 인도네시아인 민족교회로부터 독립하게 된다. 이 모든 상황에도 불구하고 중국인 교회는 끄떡도 하지 않았다. 고난을 견디는 중국인 교회의 힘은 명백하게 송요한의 영향이라고 말할 수 있다. 그때의 부흥이 이어지는 전쟁과 내전과 핍박에도 불구하고 중국인 교회가 지탱하고 바른길로 나아갈 수 있도록 했다는 점은 누구도 부인할 수 없을 것이다.

한 주간의 집회가 푸젠 방언을 쓰는 세 교회를 위해서 열렸다. 349명의 회심자가 있었고 21개의 전도단이 새로 생겨났다. 더위와 습기, 육체의 병에도 아랑곳하지 않고 송요한은 매일 세 번 설교하고 집회 기간이 끝나자 바로 다른 집회를 위해 말레이시아로 출발했다. 그는 벤통, 클랑, 피낭으로도 가서 각 도시에서 한 주간씩 집회를 열었다.

주님께 대한 송요한의 왕성한 섬김은 거의 끝이 났다. 그는 싱가포르의 그리스도인에게 1940년에 다시 돌아오겠다고 약속했다. 그러나 그가 부두에 서서 "잘 계시오!" 라고 이야기할 때 그때가 마지막이었다.

23. 마지막 경주

1940-1944

> 송요한이 교회에 남긴 마지막 말은 거의 예언적이었다. 이 말은 전쟁 이후에 공산당의 집권으로 교회에 더욱 큰 환란이 왔을 때 베이징의 그리스도인 학생들이 구호로 채택해서 오늘날까지 남아있다. "미래의 사역은 기도가 될 것이다!"

허약한 육체를 가지고 15년간 있는 힘을 다했다. 그는 종종 사도바울과 같은 말을 했다. "저는 저 자신을 소중히 여기지 않습니다. 그저 하나님의 은혜의 복음을 증거하라는 사명을 주 예수께 받았으니 이것을 끝까지 기쁨으로 완수하고 싶습니다." 이제 경주는 막바지에 다다랐다. 허락받은 15년이 거의 끝났다.

1940년

수라바야에서의 마지막 집회 때는 골반의 통증 때문에 무릎 꿇고 앉아 설교해야 했다. 1940년 초에 상하이로 돌아오는 길에도 통증 때문에 계속해서 신음했다. 주일 아침에 그는 지인들을 집으로 불러 함께 둘러앉아 설교했다. 주로 예수의 사역에 대한 것이었다. 한 시간 남짓 설교한 후에 그는 기도했다. 설교하거나 기도할 때에는 통증을 의식하지 못했는데 기도가 끝나면 통증이 시작되었다.

그는 모인 사람들에게 자신의 통증은 못된 기질에 대한 주님의 훈육이라고 이야기했는데 실제로 이 시기에 기질의 변화가 눈에 띄게 나타났다. 뚱하게 말을 잘 하지 않는 성격이었는데 사람들과 정상적인 대화를 이어가곤 했다. 이 시기에 그가 일반적인 중국 예절을 지켜 사람들을 놀라게 한 적도 있었다. 예를 들어 손님을 문까지 전송하거나, 부엌에 있는 부인을 불러서 손님을 시중들게 하는 것 등이다. 친구 한 사람이 상하이를 떠나 베이징으로 가게 되자 송요한은 친구들을 초대하고 부인을 시켜 면과 달걀을 요리하게 하였다. 먼 길을 떠나는 친구에게 이런 음식을 대접하는 것이 지방 풍속이었다. 누구나 하는 이런 작은 배려에도 지인들은 감동했다.

매일 성경을 11장씩 읽고 간절한 기도를 드리는 것은 여전했다. 일기도 많은 시간을 들여 쓰는 것을 계속하였다. 주로 자신이 직접 썼지만, 기력이 딸려 동생을 시켜 쓰기도 했다. 동생이 글을 너무 느리게 쓰자 신학교의 한 여학생을 불러 쓰게 했다. 그 여학생은 샤먼 사람이었는데 속필이었다. 그녀는 매일 불러주는 일기를 받아 적었다.

1940년 10월의 일기에서 그는 중국에서 선교사들과 선교사 학교들이 모두 사라져버릴 것을 예견했다. 하지만 절망하지 않았다. 그는 이렇게 덧붙였다. "하나님은 평신도 제자들을 일으켜서 중국의 교회를 다시 부흥시키실 것이다."

상하이에서의 마지막 설교를 어느 큰 교회에서 하였다. 송요한이 설교한다는 소식을 듣고 많은 사람이 몰려왔다. 그 자리에 있던 한 사람이 후에 이렇게 말했다. "사람들을 좁은 공간에 쑤셔 넣은 것 같은 엄청난 군중이었어요. 아주 시끄러웠죠. 송 박사님은 조용히 들어와 테이블을 꽝 치며 말했죠. 여기가 극장이냐고요. 침묵이 흘렀어요. 그날 설교는 데살로니가전서 5장 2절, 주님은 도적같이 밤에 오신다는 내용이었어요."

고통이 점점 심해지고 몸이 쇠약해져서 11월 15일에는 결국 앓아누웠다. 의사는 즉시 베이징 연합 의과대학 병원으로 가라고 권유했다. 그 병원은 록

펠러 재단의 후원을 받는 중국에서 가장 유명한 곳이었다. 수술할 기회를 이미 놓쳤다는 것이 명백했다. 그런데 송요한은 연기하고 또 연기한 끝에 12월 4일에야 상하이에 부인과 가족을 남기고 베이징으로 출발했다. 마지막이 될지도 모르기에 찾아온 오랜 친구인 루실 존스 여사에게 이렇게 말했다. "나는 평생을 다른 사람을 위해 기도했습니다. 이제는 다른 사람이 저를 위해 기도해 줘야 합니다." 베이징에서 결핵뿐만 아니라 암에도 걸려 있다는 확진이 나왔다. 첫 수술은 12월 14일에 받았다.

1941년

두 번째 수술이 다음 해 1월 28일에 이어졌다. 그 후 6개월 동안 입원 치료를 받았다. 입원했던 병원에는 중국내지선교회의 글리텐버그 선교사의 아들이 수술하려고 입원하고 있었다. 어느 날 기독성막교회의 교역자인 왕밍다오가 두 환자를 문병 와서 글리텐버그 선교사 부부를 소개했다. 수술을 마치고 회복하는 동안 햇볕이 들어오는 방에서 많은 이야기 끝에 자신의 완고함과 좋지 않은 기질에 대해 솔직하게 말했다. 자신의 병이 하나님의 징계라고 이야기했다. 송요한의 특이한 성격에 대해 많이 들어왔던 글리텐버그 선교사는 잘못을 깨닫는 겸손을 보고 꽤 놀랐다고 한다.

수술이 6개월 지연된 것은 의학적으로 치명적인 것이었다. 그런데도 수술은 성공적이었다. 그는 7월 7일에 퇴원해서 요양하기 위해 베이징 서쪽에 있는 샹산(香山)으로 떠났다.

7월 18일에 하나 남은 아들인 여호수아가 상하이에서 죽었다는 소식을 들었다. 요양 중인 그에겐 너무나 큰 충격이었다. 고통스러웠지만, 하나님을 너무나 잘 알고 있었기에 하나님이 하시는 일에 불평할 수가 없었다. 그는 성경에서 말할 수 없는 위안을 얻었다고 기록했다. 계절이 바뀌었다. 바뀌는 계절의 아름다움과 샹산 주변의 고요함 속에서 송요한의 육체뿐만 아니라 심령도 새로워졌다.

8월 26일에 부인과 어린 세 딸이 샹산으로 와서 새집을 마련했다. 건강이 차차 회복되어 어느 정도의 일을 다시 시작했다. 매일 성경 연구반과 집회가 집에서 열렸다. 입원하기 이전의 강도로 기도와 성경 연구도 계속했다. 15개의 새로운 찬양을 작곡했고 중국 교회와 남양 지역의 복음연맹의 지도자에게 보내는 공개 서신을 19편이나 썼다. 그 내용은 주로 부흥을 위한 기도를 강력하게 권고하는 것이었다.

가을로 접어들면서 건강은 한층 회복되어 근처 언덕으로 먼 거리를 산책하러 나가기도 하고 수많은 절과 명소를 둘러보기도 했다. 단풍의 계절이었다. 옛 황제들이 즐기던 사냥터가 찬란한 붉은 빛으로 물들면 수많은 도시 사람들이 빼어난 경관을 감탄하며 이곳으로 몰려들었다.

1941년 이즈음, 성경의 각 책의 이야기를 풍유적으로 꾸민 책을 저술했다. 목적은 각 책의 핵심 교훈을 가르치는 것이었다. 이때 그는 성경에 더욱 푹 잠겨 있었다. 성경에 관한 책과 주석도 폭넓게 읽었다. 하지만 성경을 정통적인 방법으로 가르치고 강해 하는 것에는 별로 흥미가 없었다.

매일 저녁이면 가족과 친구들이 모여 예배를 드렸다. 이 모임에서 그의 유명한 '성경 우화집'이 형태를 갖추어 갔다. 성경을 처음부터 시작해서 체계적으로 설명하지 않고 마음에 특별히 떠오르는 책을 골라서 설명했다. 나중에 정식으로 출판된 우화집에서 부인이 쓴 서문에 보면 송요한이 우화로 이야기할 때는 개요도 없이 시작했다고 한다. 책을 하나 고르고 기도한 후에 설명을 시작했는데 그 자신도 이야기가 언제 어디까지 가서 끝날지는 몰랐다! 그는 종종 이러한 것이 어디서 부는지 모르지만 들을 수 있는 성령의 바람과 같다고 말했다. 이 풍유적인 방법이 그의 발명이 아니라 성령께서 가르쳐 주신 것이라고 주장했다. 이 모든 것이 잘 정리되어 후에 세 딸이 출판해 주기를 희망했다.

우화집은 여러 일로 인해 출판이 지연되어 송요한이 죽은 지 7년 후인 1951년에야 빛을 보았다. 부인인 위진후아 여사는 남편이 하나님의 말씀을 얼마나 사모했는지를 증언했다. 그녀는 남편의 해석이 다른 사람의 해석과 다른 부분에 대해서는 이렇게 말했다. "남편은 미국에서 정신 병원에 있는 동안 성경을 집중적으로 연구할 수 있었어요. 이 기간에 성령의 특별한 조명이 있지 않았을까요!"

우화집의 주제는 교회와 교회의 사역자였다. 어떻게 교회가 만들어지는가? 교회의 영적 생활은 어떠한가? 하나님은 어떤 일꾼을 부르시는가? 복음 전도자의 특성은 어떠한가? 이런 것들이 우화집의 내용이었다.

송요한은 우화집을 통해 성경에 통달하고 십자가에 못 박혔다가 다시 살아나 본 자만이 교회의 필요에 부응하고 하나님의 영원한 계획을 완수할 수 있다고 강력하게 권면했다. 이러한 정신이 이 우화집에 면면히 흐르고 있고 그 중심에는 항상 십자가가 있었다.

마지막 섬김

1942년, 송요한은 비공식적인 성경 공부반만 운영했다. 사람들은 그것을 '은혜의 전당'이라고 불렀다. 정규 학생은 없었지만, 시간을 낼 수 있는 사역자들이 와서 오랫동안 혹은 잠시 머물며 사랑하는 스승의 발치에서 수많은 것을 배웠다. 베이징이 일본에 점령당했을 때도 타협하지 않고 복음을 전했던 왕밍다오 목사와도 자주 교분을 쌓았다. 그런 사람 가운데는 산시에서 베이징으로 그리스도인 사역자 팀의 조직을 옮긴 데이비드 양 목사도 있었다.

매서운 추위의 겨울이 지나고 찬란한 봄이 왔다. 그러나 송요한의 병세는 점점 더 나빠졌다. 베이징에 머물고 있을 때 독일은 러시아를 침공했고 일본은 진주만을 폭격했다. 결국, 미국과 영국도 태평양 전쟁에 말려들었다. 송요한이 방문했던 나라 하나하나가 전쟁에 휘말려 들어갔다. 홍콩, 싱가포르, 인도차이나, 시암, 말레이시아, 필리핀과 동인도의 네덜란드령 등이었다. 고난받는 교회와 그리스도인을 위한 무거운 중보기도의 짐이 송요한에게 지워졌다. 이미 그들을 위해 온 마음을 다해 기도해오고 있던 터였다.

1943년 3월 27일에 톈진에서 세 번째 수술을 받았다. 그리고 3개월 후에는 다시 집으로 돌아왔다. 이제 하나님을 향한 섬김은 거의 끝이 난 듯했다. 미국에서 영적 위기를 경험한 지 15년이라는 세월이 흘렀고 아버지가 소천하며 예언한 7년의 기간도 이제 끝이 났다. 마지막까지 온 힘을 다해 복음을 증거했기에 설교하지 못하게 되었다고 슬퍼할 이유가 없었다. 집회를 인도할 수 없었지만, 원근 각처에서 오는 방문객이 끊이지 않았다. 찾아오는 한 사람 한사람과 기도하면서 주님과 동행하도록 격려했다. 많은 사람이 이러한 만남을 통해 축복을 받았다고 증언했다.

1944년 6월에 병세가 더 나빠졌다. 가족은 송요한을 베이징에 있는 독일 병원으로 옮겼다. 거기서 6월 12일에 한 차례 더 수술을 받았다. 주께 헌신한 독일인 간호사들이 최선을 다해 간호했다. 암으로 인해 침대에 누워 있을 수 없을 정도로 고통이 너무 심해서 천정에서 내린 커다란 홑이불 위에 누워 있었다. 그런 상태에서도 방문객은 끊이지 않았다.

존 구 목사도 방문객 중의 하나였는데 그는 목사가 되기 전에는 배우였고 송요한을 만날 당시에는 베이징에서 선교 활동을 하고 있었다. 전쟁으로 오랫동안 가족과 헤어져 지내다가 얼마 전에 아내와 가족을 만날 기대에 부푼 마음으로 기다리고 있다가 비보를 들었다. 상하이에서 오던 배가 침몰해서 모두가 익사했다는 소식이었다. 다시는 설교를 할 수 없을 것 같았다.

그런데 그의 머리에 죽음을 앞둔 송요한이 떠올랐다. 존 구 목사는 송요한을 만나 비통한 마음을 털어놓았다. 모든 이야기를 다 듣고 송요한(John Sung)은 같은 영어 이름을 가진 또 다른 존에게 이렇게 말했다. 부드러운 음성이었다. "자 이제 저와 함께 노래할까요? 이중창 어때요?" 존 목사는 소름이 돋았다. 잘못 들은 줄 알았다. 진심이라는 것을 아는 순간 존 구 목사의 내면은 소리쳤다. "노래라고! 이중창이라고! 지금 내가 노래를 한다고! 저 사람이 노래한다고!" 존 목사의 심정을 아는 듯이 송요한은 부드럽게 말을 이어갔다. "자 이제 함께 욥이 불렀던 노래를 합시다. 당신이 먼저 1절을 부르시면 제가 2절을 부를게요."

마지막 시간

7월 1일, 다시 요양하고 있던 베이징 서부 샹산의 집으로 돌아와서 가족과 함께하는 마지막 시간을 보냈다. 몸이 점점 쇠약해가고 고통이 깊어지는데도 송요한은 기도와 성경 읽기를 쉬지 않았다. 하루 대부분을 기도하고 성경을 읽는 데에 사용했다. 두 명의 충실한 자매들에게 자신이 매일 하나님의 말씀을 묵상하며 깨달은 것들과 옛 추억 등을 받아적게 하였다. 그들은 매일 기도도 함께했다.

송요한과 함께한 마지막 영적 교제는 이들의 영적인 삶을 헤아릴 수 없을 만큼 풍요롭게 했다. 함께 한 기도들은 자매들의 기억 속에 아직도 살아있다. 두 사람은 이후에도 젊은이들 가운데서 하나님의 강력한 영향력으로 살아가고 있다. 그 둘은 피영진과 리우수칭이다.

송요한이 교회에 남긴 마지막 말은 거의 예언적이었다. 이 말은 전쟁 이후에 공산당의 집권으로 교회에 더욱 큰 환란이 왔을 때 베이징의 그리스도인 학생들이 구호로 채택해서 오늘날까지 남아있다. "미래의 사역은 기도가 될 것이다!" 이 말은 모든 기독교 활동이 박탈당한 오늘의 중국 상황에서 많은 사람에게 영감을 주어서 기도하게 하였다.

필자는 탈고하기 직전에 1954년에 쓰인 베이징에서 온 한 통의 편지를 받았다. 거기에 송요한이 했던 이 말이 인용되어 있었고 덧붙여서 기도가 일으킨 수많은 기적이 적혀 있었다. 하나님은 오늘날에도 기도를 통해 일하신다.

1944년 8월 16일에 송요한의 병세는 더욱 나빠졌다. 그는 부인에게 하나님이 자신이 죽을 것을 알려주셨다고 이야기했다. 그날 밤에 송요한은 혼수상태에 빠졌다. 그런데 그다음 날에는 찬송가를 3곡이나 부를 수 있을 정도로 회복되었다. "해보다 더 밝은 저 천국" (새찬송가 606장) "십자가 십자가 무한 영광일세" (새찬송가 439장) "예수는 나의 힘이요" (새찬송가 93장)

송요한은 극심한 고통을 지나 큰 기쁨과 평안을 누리는 것처럼 보였다. 의사와 간호사뿐만 아니라 왕밍다오 목사와 같은 가까운 친구들도 그 자리에 함께했다. 부인 위진후아는 남편이 밤에 별세하지 않기를 기도했다. 자정쯤 되어서 송요한은 부인에게 마지막 말을 남겼다. "두려워하지 마세요! 주 예수가 문에 서 계십니다!"

8월 18일이 되었다. 창밖에는 이슬비가 내리고 있었다. 송상절이 기도하려고 손을 모으고 중얼거리는 소리가 들렸다. 12세 그의 딸 레위기는 다음과 같이 적었다. "아빠의 심장 박동은 새벽 5시경 점점 약해졌고 7시 7분, 아빠는 주님 곁으로 가셨다. 아빠의 얼굴에는 평화로운 미소가 남아 있었다." 날이 환하게 밝아오고 있었다. 송요한은 그가 사랑하던 주님과 영원히 함께했다. 42세였다.

같은 날 오후 5시에 집에서 입관예배를 드렸다. 자연스럽게 왕밍다오 목사가 장례를 집전하게 되었다. 시신은 향나무로 만든 관에 안치했다. 왕 목사가 요한계시록 14장 13절의 말씀으로 짧게 설교했다. "지금 이후로 주 안에서 죽는 자들은 복이 있도다 하시매 성령이 이르시되 그러하다 그들이 수고를 그치고 쉬리니 이는 그들의 행한 일이 따름이라"

장례식은 8월 22일에 거행되었다. 여러 교회에서 온 대표들이 참석했고 텐진에서는 친구들이 버스를 타고 왔다. 즈푸, 산터우, 샤먼과 푸저우에서도 사람들이 왔다. 약 300명이 모였다.

왕밍다오 목사는 예레미야 1장 4절부터 19절까지를 설교했다. 왕 목사는 송요한이 예레미야와 같은 부르심을 받은 것을 강조했다. 송요한은 예레미야처럼 교회와 사회의 죄를 책망하는 '쇠기둥'과 같은 사람이었다. 그는 진실로 예레미야처럼 사람을 두려워하지 않고 죽기까지 충성한 사람이었다.

위대한 하나님의 사람이 떠나갔다. 송요한이 영감을 주었던 여러 전도단의 지도자들이 장지까지 운구하면서 계속해서 찬양을 불렀다.

송요한의 육신은 그가 홀로 기도하기를 즐기던 나무그늘이 있는 조용한 풀밭에 누웠다.

에필로그

"너희가 무엇을 보려고 광야에 나갔더냐 바람에 흔들리는 갈대냐? 그러면 너희가 무엇을 보려고 나갔더냐? 부드러운 옷 입은 사람이냐? 보라, 화려한 옷을 입고 사치하게 지내는 자는 왕궁에 있느니라. 그러면 너희가 무엇을 보려고 나갔더냐? 선지자냐!"

송요한은 대부분 복음 전도자가 큰 성취를 기대하고 열심히 일할 가장 생산적인 때에 죽었다. 사역한 기간은 15년에 지나지 않았다. 그런데도 중국과 동남아시아의 중국인 지역사회와 교회에 끼친 영향력은 지대했다. 죽은 지 10년이 지난 지금에도 사역의 결과는 기념비가 되어 여전히 그곳에 우뚝 서 있다.

놀라운 성공의 비결이 무엇일까? 그가 바람에 흔들리는 갈대가 아니었던 것은 분명하다. 그에게 주어진 메시지는 사람들이 좋아할 만한 것이 아니었다. 하지만 똑바로 전했다. 결코, 사람에게 메시지를 맞추는 법이 없었다. 그는 부드러운 옷 입은 사람도 아니었다. 분명히 왕궁에는 어울리지 않는 사람이었다. 마치 세례요한처럼 촌스럽고 검소한 차림을 고수했고 돈이나 명예를 우습게 여겼다. 자신은 학자였지만 메시지 자체나 전하는 방식은 지식인들의 관심을 끌 만한 것이 아니었다. 오히려 그는 서민에게 인기가 있었다.

당신은 그에게서 무엇을 보려고 나갔는가? 틀림없이 자신에게 철저하게 정직한 사람을 보았을 것이다. 송요한은 스스로 기도하지 않을 핑곗거리를 결코 허락하는 법이 없었다. 간소한 음식이라도 거저 얻어먹거나 우표 한 장이라도 속이는 법이 없었다. 자신의 잘못이 바로 잡히기까지는 결코 마음이 평안하지 않았다. 돈 문제는 특히 신중하게 처신했고 어떤 명목의 선물도 거절했다.

송요한은 첫인상과는 달리 겸손한 사람이었다. 성과를 과시하는 법이 없었다. "당신은 누구요?"라고 물으면 틀림없이 자신은 소리에 불과하다고 대답했을 것이다. 그는 자신을 늘 "하나님의 종 중에 가장 작은 자"라고 불렀다. 그는 사람들이 자신을 칭찬할 때 오히려 화를 내었다. 그는 사람들이 자신보다 자신이 전하는 메시지를 주목해주기를 바랐다.

송요한은 말씀의 사람이었다. 하나님의 말씀을 열렬하게 사랑했다. 그는 성경에서 남이 이해하지 못한 것을 깨달았다. 오직 성경만 읽었고 죽을 힘을 다해 생애 마지막까지 그것을 계속했다. 그의 설교는 본질에서 성경에 충실한 강해였다. 하나님의 말씀에 대한 충성심을 잃은 사람들에 대해서는 맹렬한 비난을 퍼부었다.

또한, 송요한은 확실히 기도의 사람이었다. 기도하기 위해 새벽에 일어났다. 거의 끝이 없을 것처럼 보이는 회심자들의 명단을 늘 휴대했다. 그 명단에는 가능한 경우에는 사진까지 붙어 있었다. 그들을 위해 규칙적으로 기도했고 자주 눈물을 흘리며 간절히 기도했다. 기회가 있을 때마다 기도의 긴급한 필요성을 강조했다. 오늘날의 중국인 교회가 기도하는 교회가 된 것은 어느 정도 이 기도의 사람의 영향력과 모범 때문이라고 할 수 있다.

송요한은 또한 매우 부지런한 사람이었다. 단 1분도 허비하는 일이 없었다. 여행하건 집회를 하건 하루의 모든 시간을 유용하게 사용했다. 틈만 나면 공부하고 틈만 나면 글을 썼다. 그는 자기 목숨이 얼마 남지 않은 사람처럼 그렇게 일을 했다.

송요한은 뜨겁게 타오르는 불꽃이었다. 그는 완수해야만 하는 사명을 늘 의식했다. 이러한 의식은 말할 수 없는 영혼의 고통을 수반했다. 강단에서 유독 백열전구처럼 달아올랐다. 오직 하나님의 말씀이 전해지는 것이 중요했다. 그 외의 것은 상관이 없었다. 사람들을 끌어들이기 위한 어떤 노력도 하지 않았지만, 불타는 열정이 회중을 끌어당겼다.

그가 활동한 시기는 분명히 하나님이 예정하신 때였다. 중국 교회가 어려움을 당하던 시기에 하나님은 사용할 만한 사람을 찾으셨고 결국 송요한을 찾아내셨다.

결국, 우리는 무엇을 보게 되었는가? 우리는 무엇보다도 자신의 모든 것을 하나님께 바친 한 사람을 보았다. 재능도 성취도 명예도 가능성도 재물도 무익한 것으로 간주하고 하나님께 드리는 희생 제물로 태워버린 한 사람을 보았다. 그가 가진 모든 것은 하나님의 전리품이었다. 아무것도 남겨놓지 않고 다 죽여버렸다. 게다가 그 제물은 그의 생애 내내 하나님의 제단에 묶여 있었다. 단 한 순간도 후회가 없었다. 기준을 낮추는 법도 없었다. 결코, 자신과 타협하지도 않았다. 그가 가진 것은 매일의 자기 부정뿐이었다.

그의 사역은 쉬운 것이 아니었다. 그러나 그는 하나님 일을 하기 위해 자신을 오롯이 드릴 수 있는 능력을 성령으로부터 받았다. 송요한은 자신이 받은 교육과 학문에 어울리는 안락함과 직업이 아니라 오직 거친 십자가만 사랑했다. 십자가만을 기뻐했다. 그의 주님을 따르기 위해 문자 그대로 모든 것을 버렸다.

우리는 광야에 무엇을 보러 나갔는가? 우리는 그곳에서 온갖 단점을 가지고 있고 기이한 행실로 유명했던 하나님이 친히 세례 요한과 같은 이름으로 부르신 한 남자를 보았다. 그는 선지자였던가? 분명한 것은 교회가 그를 통해서 큰 복을 받았다는 사실이다. 그는 단점이 많은 우리와 같은 사람이었지만 다윗처럼 하나님의 마음에 합한 사람이었다.

그가 사랑했던 십자가 없이는 그러한 사람이 존재할 수 있었겠는가!

연표

1901	9월 27일	푸젠 성 푸톈에서 출생, 송주은으로 불림
1909		푸톈의 '오순절'
1912-1920		'작은 목사'로서 아버지의 목회를 도움
1919	6월	거스리 기념 고등학교 졸업
1920	3월 2일	나일호 미국으로 출항
	4월 20일	오하이오 웨슬리안대학교(OWU) 입학, 송상절로 등록
1921	여름	'누공'으로 첫번 째 수술
1922	8월 22일	위진후아(余錦华)와 편지로 약혼에 동의
	추수감사절	십자가 환상을 봄
1923	6월 13일	오하이오 웨슬리안대학교 졸업(B.A.)
	9월	오하이오 주립대학교(OSU) 입학
		유학생 협회 회장, 국제평화동맹 회장
1924	6월 10일	오하이오 주립대학교에서 이학 석사학위(M.Sc.) 취득
		과학 학술원 명예 회원증 수여
1926	3월 19일	동 대학교에서 화학 박사학위(Ph. D) 취득
	9월 20일	유니언신학교 입학
	12월	뉴욕 갈보리 침례교회 특별 집회 때 크게 감동
1927	2월 10일	중생, 이름을 요한(John)으로 바꾸라는 음성을 들음
	2월 17일	정신병원에 입원, 193일간 여러 방법으로 성경을 40번 읽음
	8월 30일	퇴원
	10월 4일	시애틀에서 증기선 출항
	11월 7일	중국 도착

	12월 18일	위진후아(余錦华)와 결혼
1928	1월-5월	푸톈의 거스리 기념 고등학교와 해밀턴 ∝자 고등학교에서 화학과 성경을 가르침
		작은 전도단을 이끌고 순회 전도 사역을 함
	5월	전임 사역을 위해 교사직을 사임, 벧엘 전도단과 조우
	6월	연안 지역 전도
	7월	푸톈 한장 천마산에서 전도단 회원을 훈련
	가을	세 사람이 순회 전도단을 만듦. 다섯 명의 학생으로 순회 신학교를 시작
	12월	남부 푸젠 성의 여러 곳에서 집회를 인도
1929	봄	샤먼, 취안저우, 창저우 방문
	10월	남부 푸젠 성의 여러 곳에서 집회를 인도
1930	1월-11월	장시 성, 후베이 성, 저장 성 전도
		시골 전도자와 푸젠 여러 마을의 젊은 제자를 위한 사경회를 실시
	12월	후저우의 기독교 가정교회 운동에서 역할을 담당함
1931	2~4월	장시 성, 안후이 성 전도
		난창에서 교회 부흥의 비결을 찾음
	5월-6월	장쑤 성과 산둥 성 사역을 위해 벧엘 전도간과 협력
	6월 27일	제4회 벧엘 여름 수련회 주제 설교
	10월-11월	벧엘 전도단과 랴오닝 성, 헤이룽장 성, 지린 성 전도
	11월 27일	벧일 전도단과 산둥 성 전도
	12월 10일	펑두에서 신유의 은사를 받음
1932	1월	상하이 전도
	2월	상하이에서 단기 성경학교 개설
	3월-5월	벧엘 전도단과 홍콩, 광둥 성, 광시 성 전도
	6월	푸젠 성 전도
	7월	제5회 벧엘 여름 수련회 주제 설교

	8~9월	광둥 성 전도
	9-12월	북부지역, 베이징 등 전도
	12월 20일	부인을 주님께 인도함
1933	1~4월	산둥 성 전도
	3월	허난 성, 허베이 성 전도
	4~5월	산시 성 전도
	6월	상하이 전도
	7월	제6회 벧엘 여름 수련회 주제 설교
	8~11월	벧엘 전도단과 허베이 성, 네이멍구, 베이징, 허난 성 전도
	12월	후난 성 전도, 벧엘 전도단과 결별
1934	1월	중국을 누비는 순회 설교자가 되는 계시를 받음
	1~12월	장쑤 성, 산둥 성, 톈진, 베이징, 저장 성, 광둥 성, 푸젠 성 순회 사역
	12월 8일	부친 별세
1935	1-5월	광둥 성, 푸젠 성, 톈진, 베이징, 허베이 성 순회 사역
	6월 6일	첫 해외 사역: 필리핀 마닐라 집회
	7월	항저우에서 전도단을 위한 첫 번째 전국 사경회를 실시
	8월-9월	두 번째 해외 사역: 싱가포르, 말레이시아, 바타비아(인도네시아)
1935	3월-1936년 3월	장쑤 성, 안후이 성, 허난 성, 톈진, 베이징, 산둥 성 순회 사역
1936	4월-5월	타이완 사역
	5월-6월	중국 남부 순회 사역
	7월 10일-8월 9일	샤먼에서 복음 전도단을 위한 두 번째 전국 사경회 실시
	9월~12월	세 번째 해외 사역: 싱가포르, 말레이시아, 사라왁, 버마(미얀마)
	12월	싱가포르 사경회
1937	1-6월	광둥 성, 푸젠 성, 쑤저우, 저장 성, 허난 성, 산시 성 순회 사역
	7월 7일	중일 전쟁 발발

	7월	중국 남부의 복음 전도단을 위한 세 번째 전국 사경회 실시
1937	8월-1938년 7월	저장 성, 산둥 성, 허난 성, 산시(陝西) 성, 산시(山西) 성, 안후이 성, 홍콩, 푸젠 성, 윈난 성, 안남(베트남) 순회 사역
1938	3~4월	타일랜드 전도
	4~5월	인도차이나 전도
	6~7월	중국 남서부 전도
	8월	상하이에서 부흥 집회를 인도
	9월-1939년 3월	네 번째 해외 사역: 시암(타일랜드), 싱가포르, 말레이시아, 바타비아(인도네시아)
1939	1월~1940 초	마지막 해외 사역: 시암(타일랜드), 바타비아(인도네시아), 말레이시아
1940	12월 14일	베이징 연합 의과대학 병원에서 수술
1941	1월 28일	베이징 연합 의과대학 병원에서 수술
	7월 18일	아들 여호수아의 죽음
	8월 26일	전 가족이 베이징 샹산으로 이주
1942		15년의 예고와 7년의 예고 끝나는 때
1943	3월 27일	톈진의 톈헤 병원에서 수술
1944	6월	병세 악화
	6월 12일	베이징 독일 병원에서 수술
	8월 18일	오전 7시 7분 별세, 42세
	8월 22일	장례식
1951		성경우화집 출판
1980	1월 15일	부인 위진후아 별세

주요 방문지(중국 지도)

주요 방문지(동남아시아 지도)

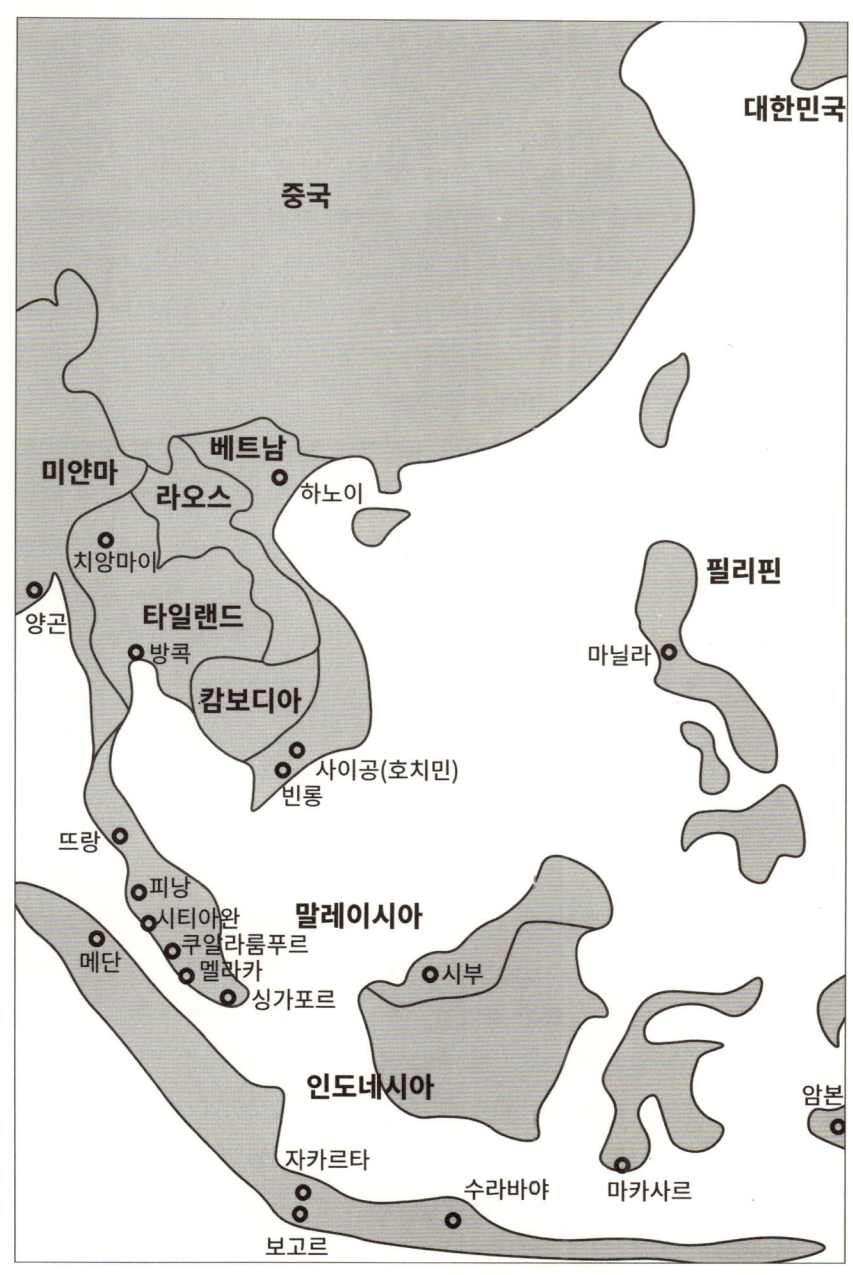

편집자의 편지

당신이 이 책의 앞부분을 읽지 않고 이 글을 먼저 읽고 있다면 운이 좋은 분이라고 말씀드리고 싶습니다. 표지의 부드러운 미소를 가진 겸손한 중국인의 이미지만을 기대하셨다면 책을 읽은 후 실망하실 수도 있습니다. 십자가는 아무리 부드럽게 포장해도 십자가일 뿐이고 이 책은 결국 십자가에 관한 내용입니다. 십자가를 질 마음 없이 이 책을 읽는다면 끝까지 읽어내기가 쉽지 않으리라는 것을 미리 말씀드립니다.

저자는 서문에서 이 전기는 완성되지 못한 조각 그림과 같다고 했습니다. 당시에는 충분한 자료를 입수하기가 불가능했기 때문입니다. 하지만 지금 우리 손에는 더 많은 자료가 들려있고 그중에는 문화혁명 때 몰수당했다가 기적적으로 되찾은 송요한의 일기도 있습니다. 그러므로 이 책을 읽은 사람은 이제 겨우 송요한을 알기 시작했을 뿐입니다. 이 책에서 송요한은 그의 삶으로 다음과 같이 우리에게 도전합니다.

첫째, 당신은 거듭났는가? 그런데 왜 삶의 변화는 그토록 지지부진한가? (남에게는 질문하지 마십시오. 이단으로 의심받을 수 있으니까요.) 송요한은 어린 시절부터 '작은 목사'로 불리며 주님을 위해 많은 일을 했습니다. 그러나 미국에서 회심을 경험하고 난 후에는 과거의 종교적인 경험을 모두 부정했습니다. 우리 회심의 실상은 과거의 진정성이 아니라 현재의 방향성입니다. 하루 이틀은 속일 수 있어도 긴 세월은 속일 수 없습니다. 중생은 관념이 아니라 실제입니다. 성령의 바람 소리는 누구에게나 분명합니다.

둘째, 당신은 하나님의 자녀인가? 그런데 왜 하나님과의 교제가 그토록 옹색한가? (주의하십시오. 사탄도 비슷한 질문을 할 때가 많습니다.) 송요한은 죽을 힘을 다해 성경을 읽었습니다. 온 힘을 다해 설교하고 밤늦게 자고도 새벽이면 꼭 일어나 회심자들의 끝없는 명단을 놓고 눈물로 기도했습니다. 그러나 우리는 섣불리 그를 본받으려고 해서는 안 됩니다. 그는 억지로가 아니라 좋아서 그렇게 했으니까요. 당신이 가장 좋아하는 것이 무엇입니까? 당신의 기호가 당신을 말해줍니다. 하늘의 사람인지 땅의 사람인지.

셋째, 당신은 성령을 받았는가? 그런데 왜 그토록 영향력이 없는가? (답을 발견하셨더라도 침묵하십시오. 그렇게 하지 않으시면 '교리파'와 '성령파'의 비난을 동시에 받을 수도 있습니다.) 송요한은 은사주의자를 멀리했습니다. "저들은 마약 중독자들이 더 센 마약을 찾는 것처럼 더 자극적인 현상을 찾아다닙니다. 과거의 사마리아 여인처럼 그들은 결코 생수를 얻을 수 없습니다. 여러분, 버리지 않고 얻는 법은 없습니다. 죄를 버리고 성령을 받으십시오!" 당신이 아는 교리와 다릅니까? 송요한은 교조주의자들의 공격도 많이 받았습니다. 그러나 그들도 부인할 수 없었던 것은 송요한을 통해서 놀라운 성령의 역사가 많이 일어났고 그가 지나간 곳에는 삶이 변화된 참된 회심자가 남았다는 사실입니다. 거짓 선지자들을 주의하십시오. 그들의 행위를 보십시오. 거짓 교사들을 주의하십시오. 그들이 해 놓은 일을 보십시오.

"죄의 아성이 무너져야 승리가 온다!" (본문 중) "너 자신의 영적 부흥을 추구하라. 그래야 교회에 부흥이 올 것이다." (송요한의 일기, 1931)

당신이 말랑말랑한 젤리 같은 복음으로 포장된 기독교 서적에 질려 이 책을 집어 들었고 거친 십자가의 상남자에게 마음이 끌려 여기까지 읽으셨다면 앞으로 당신의 마음을 따르라고 권하고 싶습니다. 십자가의 길이 당신 앞에 있습니다. 솔직히 말하자면 당신은 이 책에서 원하는 답을 발견하지 못할지도 모릅니다. 그러나 송요한은 진짜이고 이 시대에 가짜가 많다는 점은 분명히 알게 되실 것입니다. 나는 진짜인가! 그것이 하늘이 보낸 사람, 송요한의 이 땅에서의 출발선이었습니다.

하나님께 첫 책을 봉헌하며, 하늘씨앗을 대표하여 독자 여러분께 감사를 전합니다. 2016년 9월 1일.

하늘씨앗은 많이 팔 수 있는 책이 아닌 꼭 필요한 책을 출간하기 위해 수익의 전부와 성도의 후원금을 출판을 위해 사용하기로 뜻을 세웠습니다. 이 책이 하나님께 봉헌하는 저희의 첫 열매입니다.

설립 목적

하늘씨앗의 설립 목적은 사도와 선지자의 터 위에 세우신 교회와 '교회의 팔'인 선교 단체 등 신앙공동체를 지원하고 연결하는 것입니다. 특히 우리는 작은 교회, 작은 선교 단체, 작은 공동체를 돕는 일에 헌신하였습니다.

사역

연구: 성경과 사도의 전승을 연구하여 시대를 향한 하나님의 뜻을 발견한다.
출판: 연구의 결과물을 출판한다.
교육: 말씀과 영성으로 준비된 영적 인도자를 양성하고 배출한다.
연결: 영적 각성의 '씨앗'이 될 지체와 공동체를 소개하고 연결한다.

재정과 관련된 사역 원칙

- 우리는 사역의 모든 필요를 기도로 채우겠습니다.

- 우리는 빚으로 사역하지 않겠습니다.

- 우리는 다른 단체와 경쟁하지 않겠습니다.

- 우리는 사역자에게 합당한 사례를 지급하겠습니다.

- 우리는 재정이나 사역의 규모로 성공 여부를 평가하지 않겠습니다.

- 우리의 목표는 우리의 확장이 아니라 하나님 나라의 확장입니다.

수익에 연연하지 않는 지속 가능한 출판

연락처

웹사이트: www.heavenlyseeds.net
전화번호: 031-398-4650
이메일주소: info@heavenlyseeds.com

관련 공동체

송요한은 교회 개척에 대해서 "회개, 중생, 거룩, 승리, 복음전파" 다섯 가지를 이야기하였습니다. 또 "교회는 진정한 회개와 죄 고백의 토대 위에만 세워진다"고 말했습니다. 오늘날 일반적인 교회 개척 단계와 얼마나 다른지요!

또한, 송요한은 성령으로 세례받지 않고는 하늘로부터 오는 권세를 받을 수 없고 하나님의 일을 할 수도 없다고 가르쳤습니다. 오늘날 교회의 여러 문제는 물과 성령으로 거듭나지 않은 니고데모와 같은 사람들이 주도하기 때문인지도 모르겠습니다. (요 3:5)

이에 동의하는 작은 공동체가 있어 연락처를 남깁니다.

한국 경기도 군포: 요한공동체교회 info@johncommunity.org
미국 Champaign, IL: purelamb@gmail.com

1865년 허드슨 테일러가 창설한 중국내지선교회(CIM:China Inland Mission)는 1951년 중국 공산화로 인해 중국에서 철수하면서 동아시아로 선교지를 확장하고 1964년 명칭을 OMF International로 바꿨다. OMF는 초교파 국제선교단체로 불교, 이슬람, 애니미즘, 샤머니즘 등이 가득한 동아시아에서 각 지역 교회, 복음적인 기독 단체와 연합하여 모든 문화와 종족을 대상으로 예수 그리스도가 구세주이심을 선포하고 있다. 세계 30개국에서 파송된 1,400여 명의 OMF 선교사들이 동아시아 18개 필드에서 미완성 과제를 위해 사역 중이다.

OMF 사명
동아시아의 신속한 복음화를 통해 하나님을 영화롭게 하는 것이다.

OMF 목표
하나님의 은혜를 통하여 동아시아의 모든 종족 가운데 성경적 토착 교회를 설립하고, 자기 종족을 전도하며 타 종족의 복음화를 위해 파송되는 것을 목표로 한다.

OMF 사역 중점

우리는 미전도 종족을 찾아간다.
우리는 소외된 사람들에게 관심을 갖는다.
우리는 복음을 전하는 일에 주력한다.
우리는 현지 지역교회와 더불어 일한다.
우리는 국제적인 팀을 이루어 사역한다.

OMF International-Korea

한국본부 (06554) 서울시 서초구 방배중앙로 29길 21 호언빌딩 2층
전화 02-455-0261, 0271   팩스 02-455-0278
홈페이지 www.omf.or.kr   이메일 omfkr@omfmail.com

성령의 사람 ②

리즈 하월즈에게 배우는 중보기도의 실제(가제)

근간 예정!

이 책은 웨일즈의 위대한 설교자이며 하나님의 대사인 리즈 하월즈의 중보기도에 대한 교훈의 요약이다. 저자 도리스 러스코우는 1932년 리즈 하월즈가 학장으로 있던 웨일즈 성경대학에 부임했다. 그녀는 하나님을 새롭게 알고자 하는 진지한 열망에 가득 차 있었는데 리즈 하월즈가 그녀의 영적 인도자가 되어 주었다. 이 책의 독자도 그녀처럼 성령의 사람 리즈 하월즈를 영적 멘토로 삼을 수 있을 것이다.

책의 첫 두 장은 저자의 개인적인 기록이다. 거기에는 그녀가 리즈 하월즈와 만나서 영적인 지도를 받게 된 과정과 리즈 하월즈가 어떻게 하나님과 만나서 중보기도의 필요를 깨닫게 되었는지가 쓰여있다. 그다음 장들이 이 책에서 가장 빛나는 부분이다. 3장부터 9장까지 저자는 리즈 하월즈가 성경을 읽고 상세히 기록한 기도에 대한 개인적인 단상을 소개하고 있는데 독자들은 여기에서 리즈 하월즈의 입에서 나온 중보기도에 대한 주옥같은 말과 빛나는 발상과 삶의 적용을 배울 수 있다. 이 때문에 이 책은 리즈 하월즈에 대한 가장 중요한 1차 문헌으로 평가받고 있다. 우리는 다양한 교파와 신앙 색깔을 지닌 교회와 선교단체의 기도 그룹 안에 이 책을 통해 참된 기도를 격려하는 성령의 권고가 강하게 울려 퍼지기를 기대한다.

이 책에는 영국의 Lutterworth Press에서 출간한 'Rees Howells, Intercessor'〈한국어판: '성령의 사람 리즈 하월즈의 중보기도'(두란노서원, 2012)〉의 저자인 노만 그럽의 서문과 리즈 하월즈의 아들이며 웨일즈 성서대학의 이사인 사무엘 리즈 하월즈의 머리글이 포함되어 있다.